**Sammlung außerdeutscher Strafgesetzbücher in deutscher Übersetzung**

Herausgegeben vom MAX-PLANCK-INSTITUT
für ausländisches und internationales Strafrecht in Freiburg i. Br. durch
Professor Dr. Dr. h. c. mult. Hans-Heinrich JESCHECK,
Professor Dr. Albin ESER und Professor Dr. Günther KAISER

CIV

# Strafgesetzbuch der Republik Chile

1988

Walter de Gruyter · Berlin · New York

# Strafgesetzbuch der Republik Chile
## Amtliche Ausgabe vom 17. Mai 1984

Übersetzt und
mit Anmerkungen versehen
von
**Assessor Jörg Martin**

Mit einer Einleitung von
**Dr. Kurt Madlener**

1988

Walter de Gruyter · Berlin · New York

Gedruckt mit Unterstützung der Gesellschaft für Rechtsvergleichung

*CIP-Titelaufnahme der Deutschen Bibliothek*

**Strafgesetzbuch der Republik Chile** : amtl. Ausg. vom 17. Mai 1984 / übers. u. mit Anm. vers. von Jörg Martin. Mit e. Einl. von Kurt Madlener. — Berlin ; New York : de Gruyter, 1988
(Sammlung ausserdeutscher Strafgesetzbücher in deutscher Übersetzung ; 104)
ISBN 3-11-011646-4
NE: Martin, Jörg [Hrsg.]; GT



Printed in Germany

Satz und Druck: Hildebrand, Berlin 65
Buchbindearbeiten: Dieter Mikolai, Berlin 10

# Inhaltsverzeichnis

## Einleitung

1. Der vor mehr als 100 Jahren in Kraft getretene chilenische Código Penal, der bisher erste und einzige des Landes, ist das älteste unter den derzeit in Lateinamerika geltenden Strafgesetzbüchern. Mehreren Entwürfen, die es ablösen sollten, war kein Erfolg beschieden; der letzte dieser Entwürfe liegt inzwischen 40 Jahre zurück[1]. Bei der 1974 von RIVACOBA in Valparaiso veranstalteten Jahrhundertfeier, die mit einer internationalen Strafrechtstagung begangen wurde[2], hoben zwar viele Referenten die Reformbedürftigkeit des Gesetzbuches hervor. Seine gänzliche Abschaffung und Ersetzung durch ein neues Strafgesetzbuch scheint indessen gegenwärtig kein Ziel der chilenischen Strafrechtswissenschaft oder der Regierung zu sein. In Chile, von dem die Initiative für die Arbeiten am Musterstrafgesetzbuch für Lateinamerika[3] ausging

1 Es handelt sich um die Entwürfe Pedro Ortiz und Ludwig von Bohlen, eines für diese Aufgabe eigens verpflichteten Deutschen, (nur Allgemeiner Teil, 1929), Eduardo Erazo und Rafael Fontecilla (1929), Gustavo Labatut und Pedro Silva Fernandez (1938) sowie um den Entwurf 1948, an dem u.a. Luis Cousiño Mac Iver, Miguel Schweitzer, Eduardo Novoa Monreal und Abraham Drapkin mitarbeiteten (Gustavo Labatut Glena, Derecho Penal, Bd. I, 8. Aufl. 1979 durch Julio Zenteno Vargas, S. 51; Eduardo Novoa Monreal, Curso de Derecho Penal Chileno, Bd. V, Santiago 1960, S. 109/110. Zum Allgemeinen Teil des Entwurfs Erazo/Fontecilla siehe Ernst von Beling, Proyecto de Código Penal für Chile, Kritische Vierteljahresschrift für Gesetzgebung und Rechtswissenschaft, Dritte Folge, Bd. 24 (1931), S. 489 ff. Zu diesen vergeblichen Reformbemühungen siehe ferner Rafael Fontecilla Riquelme, Das chilenische Strafrecht, in: Mezger/Schönke/Jescheck (Hrsg.), Das ausländische Strafrecht der Gegenwart, 3. Bd., Berlin 1959, S. 7-132 (22 ff.).

2 Siehe dazu Manuel de Rivacoba y Rivacoba, Actas de las Jornadas Internacionales de Derecho Penal en Celebración del Centenario del Código Penal Chileno, Valparaiso 1975.

3 Siehe dazu Francisco Grisolía (Hrsg.), Código Penal Tipo para Latinoamérica, Parte General, 3 Bände, Santiago 1973.

und das einen erheblichen Anteil an dieser gemeinsamen Anstrengung der lateinamerikanischen Länder hatte, ist nach dem Aderlaß, den die Universitäten durch die politische Emigration der 70er Jahre erlitten haben, Elan für große Reformen nicht spürbar[4]. Freilich fehlt es dafür auch an den politischen Voraussetzungen. Es steht daher zu vermuten, daß das Strafgesetzbuch von 1874 noch längere Zeit in Kraft bleiben wird. Dies rechtfertigt es, eine neue deutsche Übersetzung vorzulegen, zumal die bereits im Jahre 1900 als Nr. 15 dieser Reihe erschienene Übersetzung von Alfredo HARTWIG durch Änderungsgesetze vielfach überholt ist.

2. Chile, das im 16. Jahrhundert unter spanische Herrschaft gekommen war, erklärte nach jahrelangen Kämpfen 1818 seine Unabhängigkeit. Die Geltung des spanischen Rechts endete damit freilich nicht. Der jungen Republik, die zunächst noch lange mit Unruhen zu kämpfen hatte, war umfassende Rechtssetzung aus verschiedenen Gründen nicht möglich. Ein juristisches Vakuum mußte indessen vermieden werden, und so blieb es im wesentlichen bei der Anwendung des kolonialen Rechts, einer Lösung, der sich auch in unserer Zeit die meisten der Staaten nach der Befreiung von der Kolonialherrschaft zunächst einmal bedienten[5]: Da es nicht möglich ist, sozusagen über Nacht eine neue Rechtsordnung aus dem Boden zu stampfen, gibt es kaum eine andere Wahl. Formell wurde die Weitergeltung des kolonialen Rechts am 7. Juni 1820 festgelegt[6].

Immerhin setzten schon früh Bestrebungen zur Gesamtreform ein, die freilich stets scheiterten, obwohl die Regierung sich bemühte, auch die materiellen Voraussetzungen für eine erfolgreiche Reformarbeit zu

4 Obwohl in den letzten Jahrzehnten in Lateinamerika umfangreiche Strafrechtsreformen erfolgt sind, ist seit geraumer Zeit weithin ein gewisser Reformpessimismus spürbar, den Enrique Bacigalupo auf folgende Formel gebracht hat: "Was in unserer Strafrechtsreform in Lateinamerika neu ist gegenüber dem geltenden Recht, das ist entweder nicht richtig oder nicht wichtig oder doch mühelos durch eine Novelle einfügbar." (Die gegenwärtige Entwicklung der lateinamerikanischen Strafgesetzgebung, in: Madlener/Papenfuss/Schöne (Hrsg.), Strafrecht und Strafrechtsreform, Köln 1974, S. 129 (133)).

5 Siehe Jescheck/Löffler (Hrsg.), Quellen und Schrifttum des Strafrecht, Bd. II, München 1980, S. 282 ff.

6 Siehe dazu Luis Cousiño Mac Iver, Derecho Penal Chileno, Parte General, Bd. I, Santiago 1975, S. 74.

schaffen: Die Autoren der Entwürfe sollten für die Dauer ihrer Arbeit wie Richter am Obersten Gerichtshof besoldet werden. NOVOA[7] zählt zwischen 1820 und 1870 nicht weniger als acht solcher Anläufe auf, von denen nur der letzte bis zur Vorlage eines Entwurfs führte. Dieser einzige der Ausarbeitung des Strafgesetzbuches von 1874 vorausgehende Entwurf stammte von Manuel CARVALLO und wurde 1859 veröffentlicht. Er bestand aus zwei Büchern mit 555 Artikeln, wurde jedoch nie Gesetz. Mehr als ein halbes Jahrhundert nach Erlangung der Unabhängigkeit blieb es daher in Chile bei der Fortgeltung des kolonialen Rechts, das lediglich in einzelnen Punkten geändert wurde.

Die Schwierigkeiten mannigfacher Art, mit denen die junge Republik noch viele Jahre nach ihrer Entstehung zu kämpfen hatte, reichen freilich als Erklärung für das Festhalten am kolonialen Recht über einen so langen Zeitraum nicht aus. Immerhin war bereits im Jahre 1738 in Chile eine Universität gegründet worden, die im Jahre 1757 den Vorlesungsbetrieb aufgenommen hatte[8], so daß ein im Land ausgebildeter Juristenstand schon vorhanden war. Zu berücksichtigen ist aber, daß das koloniale Recht für Chile kein eigentlich fremdes Recht war, auch wenn es weitgehend Recht der Metropole und nur z.T. örtlich gesetztes Recht war. Die Kolonialherrschaft war nicht von Angehörigen einer fremden Rasse oder einer fremden Religion ausgeübt worden, wie das regelmäßig in Afrika und Asien der Fall war. Chile und die Chilenen waren vielmehr durch Spanien und die Spanier, von denen sie meist abstammten, so stark geprägt, daß das koloniale Recht nicht in dem Sinne fremdes Recht war wie etwa in afrikanischen oder asiatischen Kolonialgebieten. Die Erhebung gegen Spanien hatte weniger den Charakter eines Kampfes gegen **Fremdherrschaft** als den eines **Bürgerkriegs**, der die Sezession aus dem Verband der Monarchie und die Einführung der republikanischen Staatsform mit allen ihren Freiheiten zum Ziel hatte. Daher störte das überkommene Recht nur, wo es in engem Zusammenhang mit der bisherigen Staatsverfassung stand, und nur insofern bedurfte es rascher Korrek-

7 Eduardo Novoa Monreal, (Anm. 1), S. 104 ff.

8 Siehe dazu Máximo Pacheco Gómez, La Universidad de Chile, Santiago 1953, S. 26 ff. Nach dem damals regierenden spanischen König wurde sie "Real Universidad de San Felipe" benannt. Zuvor hatten chilenische Juristen meist an der Universität in Lima ihre Ausbildung erfahren.

tur. Die Rechtsordnung als Ganzes dagegen entsprach dem Volksgeist in Chile etwa so wie dem Volksgeist in Spanien; ein Bedürfnis, diese Rechtsordnung mit dem Joch der Metropole abzuschütteln, bestand nicht.

Allerdings hatte das koloniale Recht vor allem zwei erhebliche Schwächen: sein Alter und seine Unübersichtlichkeit, die insbesondere darauf beruhte, daß viele Gesetze toter Buchstabe blieben und von der Praxis nicht angewandt wurden. Diese Schwächen teilte es mit dem spanischen Recht, denn es war in der Tat nichts anderes als spanisches Recht, das über die Jahrhunderte nach und nach eingeführt worden war. Spanien befand sich zu Anfang des 19. Jahrhunderts im Prozeß eines langanhaltenden Niedergangs, Folge insbesondere auch einer verfehlten Wirtschaftspolitik[9], für den sowohl die Wirren im Mutterland als auch die erfolgreichen Erhebungen in den hispano-amerikanischen Territorien Symptome waren. Nachdem es sich geistig als Reaktion auf die Reformation weitgehend vom übrigen Europa abgekapselt hatte, drangen auch die Ideen der Aufklärung nur langsam über die Pyrenäen. Während in vielen europäischen Staaten neue Gesetzbücher zur Rechtserneuerung beitrugen (Preußen 1794, Frankreich 1810, Bayern 1813), galt in Spanien ein in weiten Teilen noch mittelalterlich geprägtes Recht[10]. Diese Verhaftung im Recht des Mittelalters galt ebenso für das Strafrecht Hispano-Amerikas und insbesondere das Chiles.

Die **Recopilación de Indias** von 1680, eine Zusammenstellung der in den Überseegebieten anwendbaren Rechtsvorschriften, bestimmte, daß das spanische Recht anzuwenden war, soweit keine besonderen Vorschriften für die Überseegebiete ergangen waren[11]. Damit war das spanische Recht

9 Siehe dazu Alfonso García-Gallo, El origen y la evolución del derecho, Manual de historia del derecho espanol, Bd. I, Madrid 1979 (8. Aufl.), Nr. 200.

10 Der spanische Código Penal von 1822 war aufgrund der politischen Wirren (Bürgerkrieg und französische Invasion) eine ephemere Erscheinung; ob er überhaupt Anwendung fand, ist zweifelhaft. Siehe zu diesem Strafgesetzbuch Antón Oneca/Rodríguez Muñoz, Derecho Penal, Bd.I, Parte General von José Antón Oneca, Madrid 1949, S. 59 ff.

11 Buch 2, Titel 1, Gesetze 1 und 2 (Band 1, S. 217/218 der Ausgabe von 1791). Der Consejo de la Hispanidad hat von dem 1791 in Madrid erschienenen Druck eine Faksimileausgabe in drei Bänden herausgebracht: Recopilación de Leyes de los Reynos de las Indias, Madrid 1943.

insgesamt anwendbar und das Gesetzbuch der **Siete Partidas**, entsprechend seiner Stellung im spanischen Recht, subsidiär. Im Bereich des Strafrechts wandte die Praxis aber fast ausschließlich die **Siete Partidas** an oder, genauer, die **Séptima Partida**, also den 7. Teil dieses Gesetzbuches[12]. Daß dieses Werk bis 1875 die chilenische Strafrechtspflege bestimmen konnte, ist außerordentlich, stammt es doch aus dem 13. Jahrhundert und beruht vorwiegend auf römischem und kanonischem Recht. Alfons X. (1252-1284), genannt "der Weise" (**el Sabio**), versuchte, mit den **Siete Partidas**, auch als **Libro de las leyes** bezeichnet, das alte kastilische Recht zu beseitigen und zu einer Rechtsvereinheitlichung auf der Grundlage römischen und kanonischen Rechts zu gelangen. Dieser Versuch scheiterte zwar, denn angesichts der Proteste des Adels und der Städte mußte er 1272 sein Gesetzbuch aufheben und die Weitergeltung des alten Rechts anerkennen. Es behielt jedoch Einfluß auf Rechtsprechung und Juristen. 1348 wurde es als subsidiäre Rechtsquelle anerkannt, und im Laufe der Zeit erlangte es in der Praxis eine Bedeutung, die weit darüber hinausging[13]. Es läßt sich also in Spanien insofern eine Entwicklung beobachten, der die hispano-amerikanische entspricht: Die vom Gesetzgeber als subsidiär bezeichnete Rechtsquelle wurde zum eigentlich geltenden Recht. Auch die Verkündung der **Novísima Recopilación**, die das Strafrecht in ihrem 12. Abschnitt regelt, wenige Jahre vor dem Beginn des Kampfs um die Unabhängigkeit, änderte daran nichts. Dieses letzte umfassende spanische Gesetzeswerk, das in Chile eingeführt wurde, beließ nämlich die früheren Gesetze ausdrücklich in Kraft[14].

Die Geltung der **Partidas** wurde zwar in einzelnen Punkten durch Normen des chilenischen Gesetzgebers aufgehoben[15]. Sie blieben aber bis

12 Eduardo Novoa Monreal (Anm. 1), S. 103/104; Enrique Cury Urzúa, Derecho Penal, Parte General, Bd. 1, Santiago 1982, S. 113. Silvia Peña, Las raíces histórico-culturales del derecho penal chileno, Revista de Estudios Histórico-Jurídicos, Bd.VII/1982, S.289 ff. Zu den Siete Partidas siehe Luis Jiménez de Asúa, Tratado de Derecho Penal, Bd. I, 3. Aufl., Buenos Aires 1964, Nr. 203-207.

13 García-Gallo (Anm. 9), Nr. 188.

14 3. Buch, 2. Abschnitt, Gesetz 3. Der Verlag des Boletin Oficial del Estado (Madrid) hat um 1975 einen sechsbändigen Faksimiledruck der "Novísima Recopilación de las Leyes de España" (Madrid 1805) veröffentlicht.

15 Einen ausführlichen Überblick über die seit der Unabhängigkeit bis zum Erlaß des Strafgesetzbuches ergangenen Strafgesetze gibt Raimundo del Rio, Derecho penal, Bd.1, La teoría y la historia, S. 305 ff.

zum Inkrafttreten des Strafgesetzbuches am 1. März 1875 die wichtigste Quelle des chilenischen Strafrechts. Daß eine junge Republik des 19. Jahrhunderts so lange mit einem Strafgesetz des 13. Jahrhunderts auskam, ist zweifellos nicht zuletzt auch der chilenischen Richterschaft zu danken, die es bis zu einem gewissen Grad in der Anwendung den neuen Verhältnissen anzupassen verstand.

3. Die dann schließlich zum Erfolg führenden Reformbemühungen wurden durch ein Dekret vom 17. Januar 1870 eingeleitet, mit dem eine aus sieben Juristen bestehende Kommission ernannt wurde, die das neue Strafgesetzbuch auszuarbeiten hatte. Ihre Arbeit begann am 8. März 1870 und endete am 29. Oktober 1873 mit ihrer 125. Sitzung. Die Protokolle dieser Sitzungen sind erhalten, und RIVACOBA hat 1974 zur Jahrhundertfeier des Strafgesetzbuches einen Nachdruck veröffentlicht[16]. Die Entstehung des Gesetzbuches ist anhand dieser Protokolle gut zu verfolgen[17]. In der 1. Sitzung, die der Justizminister leitete, teilte dieser mit, daß er als Diskussionsgrundlage den belgischen **Code pénal** gewählt habe, der wegen seiner Genauigkeit, Klarheit und Einfachheit allen anderen Strafgesetzbüchern überlegen sei. In der Tat hatte die Regierung das belgische Gesetzbuch auch schon ins Spanische übersetzen lassen[18]. Dagegen erhob sich allerdings sofort Widerspruch seitens des Kommissionsmitgliedes REYES, das ausführte, daß der spanische **Código penal** (von 1848) vorzuziehen sei: Er sei besser aufgebaut, insbesondere aber sei es

16 Manuel de Rivacoba y Rivacoba (Hrsg.), Código penal de la República de Chile y Actas de las sesiones de la Comisión Redactora, Valparaiso 1974, S.245-561. Das Buch enthält außerdem eine Einführung aus der Feder Rivacobas und den Text des Strafgesetzbuches in der 1874 beschlossenen Fassung mit Angabe aller bis 1974 eingetretenen Änderungen in Fußnoten (ähnliche, wenn auch knapper gehaltene Fußnoten bringen die amtlichen Ausgaben der Editorial Jurídica de Chile, aus denen daher auch die seit 1974 erfolgten Reformen zu ersehen sind; zuletzt ist die 9. Aufl. 1984 erschienen, die der vorliegenden Übersetzung Jörg Martins zugrundeliegt).

17 Eine umfassende Darstellung der Kodifikation des chilenischen Strafrechts fehlt indessen noch, wie Bernardino Bravo Lira beklagt (Relaciones entre la codificación europea y la hispanoamericana, Revista de Estudios Histórico-Jurídicos, Bd. IX/1984, S. 51 ff., Anm. 44). Eine der Universidad Católica de Chile (Santiago 1968) eingereichte Diplomarbeit von Solange Doyharçabal Casse, Historia del penal código chileno (251 S.), ist unveröffentlicht geblieben.

18 Novoa Monreal (Anm. 1), S. 105.

angemessener (**más natural**), das spanische Strafgesetzbuch zum Vorbild zu nehmen, weil es eine Weiterentwicklung des in Chile geltenden (alten spanischen) Rechts darstelle. Die 2. Sitzung, die nach mehrwöchiger Pause erst am 26. April 1870 stattfand, wiederum unter Leitung des Justizministers, beschäftigte sich erneut mit der Frage des zu wählenden Vorbildes. REYES machte geltend, die Volkssitte in Chile sei ähnlicher der Spaniens als der Belgiens und das spanische Strafgesetzbuch sei umfassender (**más completo**) als das belgische. Wähle man das spanische als Vorbild, so habe man auch den Kommentar PACHECOS zum spanischen Strafgesetzbuch zur Hilfe[19], der sechs Strafgesetzbücher berücksichtige.

Die Kommission beschloß dann, als Vorbild das spanische Strafgesetzbuch zu nehmen, und begann mit dicht aufeinanderfolgenden Sitzungen, die unter dem Vorsitz von REYES standen. Nach FERNANDEZ[20] hat die Kommission stets mit dem Kommentar PACHECOS gearbeitet, der in der Tat für die Arbeit einer Reformkommission vorzüglich geeignet war. In seinem mehrfach aufgelegten Werk stellte er den Vorschriften des **Código Penal** von 1848 neben Hinweisen auf das römische Recht die entsprechenden Vorschriften des früheren spanischen Rechts gegenüber (**Fuero Juzgo, Fuero Real, Partidas, Novísima Recopilación, Código penal** von 1822 usw.) wie auch Normen der Strafgesetzbücher Brasiliens, Frankreichs, Österreichs und Neapels. Da PACHECO, der führende spanische Strafrechtler seiner Zeit, auch als Mitglied der spanischen Reformkommission an der Ausarbeitung des spanischen **Código Penal** von 1848 mitgearbeitet hatte, einer Aufgabe, die jener der chilenischen Kommission sehr ähnlich war (Übergang vom **ancien droit** zum modernen Recht), erhielt die chilenische Reformkommission damit zweifellos ein ausgezeichnetes Arbeitsmittel.

Am 22. Oktober 1873 beendete die Kommission ihre Arbeit mit dem Beschluß, den von ihr ausgearbeiteten Entwurf der Regierung vozulegen. Diese brachte ihn unverändert bereits eine Woche danach in das Gesetzgebungsverfahren ein, und zwar im Senat. Dort wie auch im Abgeord-

19 Zu dieser herausragenden Figur des spanischen Strafrechts im 19. Jahrhundert siehe Jiménez de Asúa (Anm. 12), Nr. 287, mit bibliographischen Hinweisen.

20 Pedro Javier Fernández, Código penal de la República de Chile, Bd. 1, 2. Aufl., Santiago 1899, S. 7.

netenhaus konzentrierten sich die Diskussionen auf wenige Artikel des Entwurfs, wobei auch eine Auseinandersetzung mit den Bischöfen eine Rolle spielte. Nachzulesen ist dies bei FERNANDEZ, der im Vorwort zu seinem Kommentar eine Zusammenfassung der Parlamentsdebatte gibt[21]. Am 12. November 1874 wurde das Strafgesetzbuch vom Präsidenten der Republik ausgefertigt, und seit dem 1. März 1875 ist es in Kraft.

4. Aus dieser Entstehungsgeschichte ergibt sich, daß das chilenische Strafgesetzbuch weitgehende Übereinstimmung mit dem spanischen von 1848 aufweist. Dieses wiederum hatte den Einfluß des brasilianischen von 1830 erfahren, das sich vom neapolitanischen herleitete, und dieses vom französischen von 1810[22]. Der Schritt vom mittelalterlichen Recht der **Siete Partidas** zu einem Gesetzbuch des 19. Jahrhunderts war damit getan.

Zum chilenischen Strafrecht ist in deutscher Sprache eine über 120 Seiten umfassende Darstellung von Rafael FONTECILLA RIQUELME, dem früheren Präsidenten des Obersten Gerichtshofs, erschienen[23], weswegen hier eine kurze Kennzeichnung und Hervorhebung der wichtigsten Charakteristika des chilenischen Strafgesetzbuches genügen mag.

Wie das spanische Strafgesetzbuch von 1848 besteht auch das chilenische aus drei Büchern: Das erste enthält den Allgemeinen Teil (Art. 1-105), das zweite den Besonderen Teil außer den Übertretungen (Art. 106-493), die das dritte Buch zusammenfaßt (Art. 494-501). Sein Umfang entspricht fast genau dem spanischen, das 1848, als es in Kraft trat, 506 Artikel enthielt.

Bei der Einteilung der Straftaten folgt das Strafgesetzbuch dem vertrauten Schema Verbrechen, Vergehen, Übertretungen je nach Schwere der Strafdrohung (Art. 3, 21). Auf Verbrechen finden von den Freiheitsstrafen die **penas temporales mayores** (fünf Jahre und ein Tag bis 20 Jahre) sowie die lebenslängliche Freiheitsstrafe Anwendung, auf Vergehen **penas**

21 Fernández (Anm. 20), S. 8-50.

22 Jiménez de Asúa (Anm. 12), Nr. 238, S. 760.

23 Rafael Fontecilla Riquelme (Anm. 1) S. 7-132. Die Literatur zum chilenischen Strafrecht wurde mit dem Stand vom März 1979 zusammengestellt von Kurt Madlener und Markus Maurer in Jescheck/Löffler (Anm. 5), S. 636 (644 ff.).

**temporales menores** (61 Tage bis fünf Jahre) und auf Übertretungen Gefängnis bis 60 Tage (Art. 21, 25).

Das **Schuldprinzip**[24] ist mehrfach durchbrochen. So legt Art. 1 Abs. 1 zwar fest, daß nur die **acción u omisión voluntaria** strafbar sei. Abs. 2 bestimmt jedoch, daß eine tatbestandsmäßige Handlung oder Unterlassung stets als willentlich anzusehen ist, "sofern nicht das Gegenteil feststeht". Diese wörtlich mit Art. 1 Abs. 2 des **Código Penal** von 1848 übereinstimmende Vorschrift, die in Spanien 1983 aufgehoben wurde[25], harrt in Chile noch der Reform. Im Besonderen Teil finden sich (widerlegliche) Schuldvermutungen bei den Vorschriften über Diebstahl (Art. 454) und Brandstiftung (Art. 483). Für Straßenverkehrsdelikte im innerörtlichen Bereich (**dentro del radio urbano de una ciudad**) normiert Art. 492 (widerlegliche) Fahrlässigkeitsvermutungen. Unter den weiteren Durchbrechungen des Schuldprinzips seien noch die erfolggsqualifizierten Delikte genannt.

Einen Fall der **aberratio ictus** regelt Art. 1 Abs. 3. Ansonsten findet sich im **Código Penal** keine Irrtumsregelung. Lediglich im Übertretungsrecht hat der Gesetzgeber 1941 eine Bestimmung eingeführt, gemäß der es dem Richter gestattet ist, "in den Fällen entschuldbarer Unkenntnis oder erwiesenen guten Glaubens" freizusprechen[26].

Die Strafmündigkeit beginnt mit 16 Jahren. Gegen einen Jugendlichen zwischen 16 und 18 Jahren kann ein Strafverfahren jedoch nur eingeleitet werden, wenn zunächst das **Tribunal de Menores** festgestellt hat, daß er

24 Siehe dazu Rivacoba, El principio de culpabilidad en el Código penal chileno, in: Rivacoba (Anm. 2), S. 49-126; Alfredo Etcheberry, Derecho Penal, 2. Aufl. 1976, Bd. 1, S. 224 ff. Zur (umstrittenen) Frage des versari in re illicita siehe Cury Urzúa (Anm. 12), S. 292-294 .

25 Siehe dazu Kurt Madlener, Strafrechtsentwicklung in Spanien 1983, in: Eser/Huber (Hrsg.), Strafrechtsentwicklung in Europa, Landesberichte 1982/1984 über Gesetzgebung, Rechtsprechung und Literatur, Freiburg i.Br. 1985, S. 786 f.

26 Gesetz Nr. 6827 vom 14.2.1941, Recopilación de Leyes por orden numérico, Edit. Nascimento 1942, S.107. Zum Stand der Diskussion über die Lehre vom Verbotsirrtum siehe Cury Urzúa, Derecho Penal, Parte General, Bd. II (1985), S. 65, 69 ff. Zu der Irrtumsregelung im Entwurf Erazo/Fontecilla (1929) siehe Beling, a.a.O. (Anm. 1), S. 498.

einsichtsfähig war (**que ha obrado con discernimiento**; Art. 10 Ziff.3)[27]. Daß nur natürliche Personen strafrechtlich verantwortlich sind, ergibt sich aus Art. 39 Abs. 2 des **Código de Procedimiento Penal**. Nach dieser Vorschrift haften strafrechtlich für juristische Personen diejenigen (natürlichen Personen), die bei der Straftat mitgewirkt haben (**los que hayan intervenido en el acto punible**).

Wichtig ist die Einschränkung der Bestrafung der Fahrlässigkeit durch Art. 4 und Art. 10 Nr. 13 auf die im Gesetz ausdrücklich genannten Fälle. Es gibt also keine dem Art. 480 des spanischen **Código Penal** von 1848 (Art. 565 des geltenden **Código Penal**) entsprechende Vorschrift, nach der grundsätzlich jeder Tatbestand des spanischen Strafrechts auch fahrlässig begangen werden kann. Die allgemeine Fahrlässigkeitsvorschrift des Art. 490 erfaßt im Gegensatz zu Art. 480 des spanischen **Código Penal** von 1848 (jetzt Art. 565) nur Verbrechen und Vergehen gegen die Person. Eine eigene allgemeine Fahrlässigkeitsvorschrift betrifft die Angehörigen der Heilberufe sowie die Halter wilder Tiere (Art. 491), die der Gesetzgeber anscheinend für gleichermaßen gefährlich angesehen hat. Die "archaische und unwissenschaftliche Bezeichnung" **cuasidelitos** für die Fahrlässigkeitsdelikte (Art. 2, 490) wurde ebenso wie die Vielfalt der Fahrlässigkeitsformen (darin übertrifft das chilenische Recht noch das spanische) in der Resolution II/6 des Jahrhundertkolloquiums von Valparaiso kritisiert[28].

Die Rechtfertigungs- und Schuldausschließungsgründe sowie mildernde und erschwerende Umstände sind vornehmlich in den umfangreichen Artikeln 10 - 13 geregelt, die sich eng an das spanische Vorbild anlehnen. Man liest daher auch mit Gewinn dazu die Literatur zum spanischen Recht[29]. Bemerkenswert ist, daß die Notstandsvorschrift (Art. 10 Ziff. 7)

27 Siehe zum Jugendrecht Jörg Martin/Joan Reimer/Ana Luisa Prieto: Aspekte des Jugendkriminalrechts und der Anwendung freiheitsentziehender Maßnahmen gegenüber Jugendlichen in Chile, in: Frieder Dünkel/Klaus Meyer (Hrsg.), Jugendstrafe und Jugendstrafvollzug, Stationäre Maßnahmen der Jugendkriminalrechtspflege im internationalen Vergleich, Teilband 2, Freiburg 1986, S. 1401 ff.

28 Abgedruckt in Rivacoba (Anm. 2), S. 236.

29 Siehe z.B. Walter Perron, Rechtfertigung und Entschuldigung im deutschen und spanischen Recht. Ein Strukturvergleich strafrechtlicher Zurechnungssysteme. Baden-Baden 1988.

nur die Verletzung fremden Eigentums rechtfertigt. Sie entspricht insofern wörtlich dem spanischen Vorbild von 1848 (Art. 8 Nr. 7). Freilich hat der spanische Gesetzgeber diese zu enge Vorschrift seit langem erweitert (Art. 8 Nr. 7 n.F.). In Chile ist sie dagegen unverändert geblieben[30].

Wie sein spanisches Vorbild, so droht auch der chilenische **Código Penal** viele verschiedene Strafarten an, nämlich nicht weniger als 13 Verbrechensstrafen, acht Vergehensstrafen und zwei Übertretungsstrafen sowie Geldstrafe und Einziehung, ferner als Nebenstrafen Einzelhaft und Kontaktsperre (**incomunicación**). Daß diese in Art. 21 enthaltene Aufzählung besondere Schwierigkeiten der Übersetzung bietet, sei nur angemerkt. Weitere Nebenstrafen beinhalten den Verlust politischer Rechte und Ämter, sowie Berufsverbote (Art. 22). Die eigentümliche Institution der Kaution (siehe Art. 46) wie auch die behördliche Aufsicht (Polizeiaufsicht) können sowohl Nebenstrafen als auch Maßregeln der Sicherung und Besserung (**medidas preventivas**) sein. Der Reichtum an Strafarten, den der Gesetzgeber zur Verfügung stellt, ist allerdings eher scheinbar als tatsächlich, jedenfalls was die verschiedenen Freiheitsstrafen anlangt. Sie unterscheiden sich praktisch nur noch durch ihre Dauer, wie das auch von anderen Ländern bekannt ist, in denen der Übergang zur Einheitsstrafe noch nicht vollzogen worden ist. Auch ist zweifelhaft, ob die verschiedenen Formen freiheitsbeschränkender Strafen kriminalpolitisch sinnvoll eingesetzt werden können. Verbannung mannigfaltiger Art, insbesondere Zwangsexil, hat General Pinochet seit dem Putsch, der ihn 1973 an die Macht brachte, häufig eingesetzt, aber im allgemeinen ohne Richterspruch: Es handelte sich regelmäßig nicht um die im **Código Penal** vorgesehenen Strafsanktionen, sondern um administrative Maßnahmen[31].

Auffallend ist, daß die Todesstrafe im chilenischen Recht immer noch ihren Platz hat, während sie in einer Reihe anderer lateinamerikanischer Staaten, zum Teil seit langem, abgeschafft ist. Freilich kann es nicht überraschen, daß eine Militärdiktatur, die sich zunehmendem Druck von

30 Zum (im chilenischen Código Penal nicht geregelten) entschuldigenden Notstand siehe die rechtsvergleichende Dissertation von Silvia Peña Wassaf, Der entschuldigende Notstand, Tübingen 1979.

31 Siehe dazu Lautaro Ríos Alvarez, El exilio chileno, Revista Chilena de Derecho, Bd. 13 (1986), S. 305-333.

innen und außen gegenübersieht, darauf nicht verzichten mag, Vollstreckt wird die Todesstrafe durch Erschießen (Art. 82).

Eigene Wege ist der Gesetzgeber bei der Reform der Geldstrafe gegangen, die wegen der andauernd hohen Inflationsrate erforderlich wurde. Auf die Angabe fester Beträge, die ständig, in manchen Jahren mehrfach, hätten angepaßt werden müssen, hat man verzichtet und statt dessen den **sueldo vital**, den amtlich festgesetzten lebensnotwendigen Mindestlohn, als Maßstab gewählt. Zum Leben reicht er übrigens im Gegensatz zur ursprünglichen Intention des Gesetzgebers nicht aus[32]. Dies scheint der Gesetzgeber dadurch berücksichtigt zu haben, daß bei der Ersatzfreiheitsstrafe an die Stelle eines **sueldo vital** nicht 30 Tage **reclusión**, sondern nur zehn Tage treten (Art. 49) oder sogar weniger (Art. 483b Abs. 2). Im Anhang zur amtlichen Ausgabe des Strafgesetzbuchs (9. Aufl. 1984) ist eine Tabelle abgedruckt, aus der für jeden Zeitraum von 1961 bis 1981 der für den **sueldo vital** festgesetzte Betrag zu ersehen ist. Sie beginnt 1961 mit 66,18 Escudos und erreicht 1975 62.000,00 Escudos. Nach der Währungsreform von 1975 setzt sie wieder etwa mit dem Betrag von 1961 ein, nämlich 77,00 Währungseinheiten, die jetzt Pesos ($) genannt werden. 1981 ist sie bei 1.155,15 $ angelangt, was in der früheren Entwicklung etwa Ende 1972 entspricht (1.016,96 Escudos).

Von der Möglichkeit, das Inflationsproblem bei der Geldstrafe durch die Einführung von Tagesbußen zu lösen, hat der Gesetzgeber bisher keinen Gebrauch gemacht, obwohl dies nahegelegen hätte: Das Musterstrafgesetzbuch für Lateinamerika, an dessen Ausarbeitung chilenische Strafrechtler bedeutenden Anteil hatten, sieht dieses System vor[33], das übrigens zum ersten Male in Lateinamerika bereits im vorigen Jahrhundert gesetzlichen Niederschlag fand[34]. Immerhin kann durch die

32 Der Begriff entstammt dem chilenischen Arbeitsrecht; siehe dazu die Fußnote von Heinz Mattes in der von Hans-Heinrich Jescheck und Heinz Mattes herausgegebenen 2. Aufl. (1968) des Werkes von Adolf Schönke, Die strafrechtlichen Staatsschutzbestimmungen des Auslandes (S. 655). An seine Stelle ist jetzt der Begriff "ingresos minimos" getreten, der aber in den Text des Strafgesetzbuches noch keinen Eingang gefunden hat.

33 Art. 45-48 Código Penal Tipo para Latinoamérica (Anm. 3).

34 In Art. 55 des Código Criminal do Império do Brasil von 1830.

Gewährung von Teilzahlung für einen Zeitraum bis zu einem Jahr eine Art Laufzeitgeldstrafe zustandekommen (Art. 70), deren Bezahlung durch die Inflation freilich erheblich erleichtert wird. Bei der Festsetzung der Geldstrafe sind im übrigen hauptsächlich (**principalmente**) Vermögen und Leistungskraft des Schuldners zu berücksichtigen (Art. 70 Abs. 1).

Außerordentlich komplex sind die Regeln, die der Richter anzuwenden hat, um die Strafe im Einzelfall festzusetzen (Art. 50 ff.). Durch Tabellen, die Teil des Gesetzestextes sind, wird ihre Anwendung erleichtert. Das System entspricht dem spanischen Recht, das diese Regeln ebenfalls bis heute enthält, übertrifft es indessen eher noch an Kompliziertheit. Aus ihm spricht das ganze Mißtrauen gegen die **penas arbitrarias** des **ancien droit**. Freilich stellt seine Beibehaltung bis heute auch einen Ausdruck des Mißtrauens - gewollt oder ungewollt, berechtigt oder unberechtigt - gegen den Richter dar. Wie im spanischen Recht beginnt jeder folgende Strafrahmen mit einem Tag zusätzlich zur Höchstdauer des vorhergehenden, also z.B. drei Jahre und ein Tag oder fünf Jahre und ein Tag. Bei Verurteilungen zu einer bestimmten Dauer "und einem Tag" handelt es sich daher regelmäßig um die jeweilige Mindeststrafe.

6. Über den **Aufbau des Besonderen Teils** spricht sich die Regierungsbotschaft, mit der 1873 der Entwurf dem Senat und der Abgeordnetenkammer zugeleitet wurde, ausführlich aus. Als Ausgangspunkt diente, wie es in der Botschaft heißt, die Organisation der Gesellschaft, für deren beständige Bewahrung das Gesetz vor allem zu sorgen habe.

Der Besondere Teil beginnt demgemäß mit den Staatsschutzdelikten (Titel I und II)[35]. Darauf folgen immerhin in Titel III die Strafvorschriften, welche die Ausübung individueller Freiheits- und Grundrechte schützen. Die Regierungsbotschaft begründet dies damit, daß ohne die Ausübung dieser Rechte die Ordnung sich in Tyrannei und Despotismus verwandle. Die Aktualität dieser Feststellung aus dem Jahre 1873 liegt auf der Hand.

35 Diese beiden Titel sowie der Titel VI und das Staatsschutzgesetz von 1958 sind 1968 in deutscher Übersetzung von Juan Bustos und Hartmuth Horstkotte zusammen mit Bestimmungen des Militärjustizgesetzbuches (Übersetzung: Hartmuth Horstkotte) und dem Pressegesetz (Übersetzung: Heinz Mattes) in der von Hans-Heinrich Jescheck und Heinz Mattes herausgegebenen 2. Auflage des in Anm. 32 zitierten Werkes von Adolf Schönke erschienen.

Der Titel IV beinhaltet, nach den Worten der Botschaft, den Schutz der anderen Rechte, die unmittelbar aus der Organisation des Staates folgen. Dazu zählen insbesondere Falschmünzerei, Urkundendelikte und Aussagedelikte. Titel V regelt die Beamtendelikte einschließlich der Rechtsbeugung und Titel VI Straftaten gegen die öffentliche Ordnung.

Insgesamt sind es mehr als 200 Artikel, die sich in den Titeln I - VI mit dem Schutz der Gesellschaft, wie es in der Regierungsbotschaft heißt, befassen. Darauf folgen in Titel VII die Straftaten "gegen die Ordnung der Familien und die öffentliche Moral" und danach in den Titeln VIII und IX die Straftaten gegen "das einzelne Individuum" (**el individuo aislado** in den Worten der Botschaft), sei es gegen seine Person oder gegen sein Vermögen. Auf diese rund 100 Vorschriften folgt der Titel X "Fahrlässigkeitstaten" (**De los cuasidelitos**), der lediglich vier Artikel umfaßt und das Buch II abschließt.

Das Buch III regelt in wenigen, aber zum Teil außerordentlich umfangreichen Artikeln die Übertretungen. Gegliedert sind die rund 80 Tatbestände in vier Artikeln nach der Schwere der angedrohten Sanktion. Daran schließen sich einige Vorschriften an, die für den Bereich der Übertretungen Regeln des Allgemeinen Teils ergänzen oder verändern.

Die Systematik des II. Buches hat erhebliche Kritik gefunden, zudem sie auch nicht konsequent durchgeführt ist. Nach dem Entwurf LABATUT/ SILVA (1938) sollte dieses Buch mit den Straftaten gegen die Person beginnen[36]. Eine neue Systematik haben auch Juan BUSTOS, Francisco GRISOLIA und Serge POLITOFF in ihrem auf sechs Bänden angelegten Lehrbuch des Besonderen Teils angestrebt, das aber bisher unvollendet geblieben ist[37]. So haben sie z.B. die Abtreibung bei den Tötungsdelikten eingereiht, die der **Código Penal** im Titel "Verbrechen und Vergehen gegen die Ordnung der Familien und die öffentliche Moral" behandelt.

36 Novoa Monreal (Anm. 1), S. 110.

37 Erschienen ist 1971 der Band 1 "Delitos contra el individuo en sus condiciones fisicas". Bustos und Politoff hat der Militärputsch von 1973 gezwungen, im Ausland Zuflucht zu suchen.

7. Der Besondere Teil (Bücher II und III) des **Código Penal** ist auf rund 60 Seiten in der zitierten Arbeit von FONTECILLA RIQUELME für den deutschsprachigen Leser dargestellt worden, so daß dazu einige wenige Bemerkungen genügen mögen.

Wie bereits erwähnt, gehört Chile zu den Ländern Lateinamerikas, die immer noch die Todesstrafe vorsehen[38]. Aus der Regierungsbotschaft, mit der 1873 der Entwurf den gesetzgebenden Kammer zugeleitet wurde, ergibt sich, daß die Kommission lediglich für ganz außergewöhnliche Fälle die Todesstrafe beibehalten wollte (siehe unten Seite 29), wie es dann auch geschah. Durch das Reformgesetz Nr. 17.266 vom 6.1.1970 der Regierung **Frei** entfiel die Androhung der Todesstrafe für Mord (Art. 391) und einige andere Tatbestände. Seit dieser Reform ist sie im **Código Penal** nur noch in wenigen Vorschriften angedroht, nämlich bei drei Staatsschutzdelikten (Art. 106, 107, 109) und bei Angehörigentotschlag (Art. 390)[39]. In keinem Falle ist sie seit 1970 im Código Penal einzige Strafdrohung[40]. Nach dem Militärputsch von 1973 ist indessen diese Entwicklung zur Einschränkung der Todesstrafe abgebrochen: Durch das Gesetz Nr. 18.222 vom 28.5.1983 wurde die Zahl der mit Todesstrafe bedrohten Straftaten wieder erweitert[41] Allerdings sind es kaum Todesurteile aufgrund der Vorschriften des **Código**

38 Der Entwurf Erazo/Fontecilla (1929), den die Regierung im Kongreß einbrachte, sah die Abschaffung der Todesstrafe vor, scheiterte aber; siehe Novoa Monreal (Anm. 1), S. 109.

39 Chile blieb somit hinter den lateinamerikanischen Staaten zurück, die bereits in der 2. Hälfte des 19. Jahrhunderts die Todesstrafe aus ihren Strafgesetzbüchern verbannten (siehe die Zusammenstellung bei Marino Barbero Santos, Pena de muerte (El ocaso de un mito), Buenos Aires 1985, S. 154/155). Im Vergleich zu anderen lateinamerikanischen Staaten, welche die Todesstrafe beibehalten haben, nimmt sich das Werk der Reformkommission, fortgeführt durch die Reform Frei, indessen fortschrittlich aus (siehe z.B. das kubanische Strafgesetzbuch von 1979, das, wie Günter Blau in seiner Einleitung zur Übersetzung dieses Strafgesetzbuchs durch Hans M. Semon - Band 100 dieser Reihe, S. 6 - feststellt, die Todesstrafe bei 29 Delikten vorsieht; der neue Código Penal von 1987 hat die Zahl dieser Delikte nur geringfügig vermindert, z.B. im Sexualstrafrecht; weitere Reformen sind jedoch zu erwarten; verhängt wird die Todesstrafe anscheinend nur selten).

40 Als einzige Strafdrohung wird sie dagegen außerhalb des Código Penal verwendet, z.B. im Código de Justicia Militar, allerdings nur im Krieg (siehe Art. 375), und in der Ley No. 17.798 sobre control de armas (Waffenkontrollgesetz) vom 6.12.1977 (siehe Art. 16 Abs. 3).

41 Siehe Art. 141, 142.

**Penal**, die in den letzten 14 Jahren, insbesondere aber in der ersten Zeit nach dem Putsch von 1973, zu Protesten des Auslands geführt haben, und auch nicht Urteile aufgrund des Militärjustizgesetzbuches von 1925, das freilich in vielen Vorschriften die Todesstrafe androht, sondern Tötungen ohne Verfahren und ohne Rechtsgrundlage, also staatlicher Mord[42]. Hinrichtungen aufgrund gerichtlicher Urteile sind seit langem außerordentlich selten.

Die angedrohten Freiheitsstrafen sind im allgemeinen als hoch einzustufen, was bei einem am spanischen Strafrecht orientierten Gesetzbuch nicht verwundern kann. Dies gilt insbesondere hinsichtlich der Vermögensdelikte, bei denen die Strafrahmen zum Teil starr nach der Höhe des Vermögensschadens abgestuft sind (z.B. Art. 446,467), auch dies nach spanischem Vorbild. Der Gesetzgeber hat diese Abstufungen noch in den letzten Jahren neu geregelt, indem er - wegen der hohen Inflation - an die Stelle fester Wertangaben **sueldos vitales** setzte. Diese Reform hatte somit rein technischen Charakter.

Auch sonst begegnet man manchem, was veraltet erscheint oder zumindest anderwärts Reformen weichen mußte. So befassen sich sieben Artikel (375-381) mit dem Ehebruch, die nach mediterraner Tradition unterschiedliche Tatbestände für die Ehefrau (grundsätzlich immer strafbar) und für den Ehemann (nur ausnahmsweise strafbar) enthalten. Originell ist freilich, daß die Gleichberechtigung vom Strafgesetzgeber hergestellt wird, wenn der Ehemann sich des Ehebruchs schuldig macht: Er verliert dann zeitweise das Recht, seine Ehefrau des Ehebruchs anzuklagen[43]. Modern mag die Normierung der Vergewaltigung erscheinen, da sie nicht unterscheidet, ob es sich um ehelichen oder außerehelichen Verkehr handelt (Art. 361). Insofern folgt das chilenische Gesetzbuch dem spanischen von 1848. Recht antiquiert mutet andererseits wieder an, daß der Vergewalti-

42 Siehe dazu Niall MacDermot/Kurt Madlener/Covey Oliver, Report on Mission to Chile on behalf of the International Commission of Jurists, Genf 1974, und weitere Veröffentlichungen der Internationalen Juristenkommission (Genf), von Amnesty International (London) und insbesondere der Vicaria de la Solidaridad des Arzobispado de Santiago (Santiago).

43 Erazo und Fontecilla wollten mit ihrem Entwurf von 1929 den Straftatbestand des Ehebruchs gänzlich beseitigen; siehe Novoa Monreal (Anm.1), S. 109.

ger sein lediges oder verwitwetes Opfer im Rahmen des Schadensersatzes mit einer Mitgift auszustatten hat (Art. 370 Ziff. 1).

8. Es entspricht einer chilenischen Tradition aus dem vergangenen Jahrhundert, daß wichtige strafrechtliche Vorschriften außerhalb des Strafgesetzbuches geregelt sind. Zu nennen sind insbesondere das Gesetz Nr. 11.625 vom 4.10.1954 über Antisozialität und Maßregeln der Sicherung, das Gesetz Nr. 18.216 vom 14.5.1983 zur Einführung von Surrogaten für Freiheitsstrafen von bis zu fünf Jahren Dauer[44] sowie das Antiterroristengesetz Nr. 18.314 vom 17.5.1984. Diese Gesetze sind im Anhang zur amtlichen Ausgabe des Strafgesetzbuches abgedruckt. Als lose Ergänzung zu dieser Ausgabe ist das neue Betäubungsmittelgesetz Nr. 18.403 von 1985 erhältlich. Von der Übersetzung dieser und anderer Strafgesetze außerhalb des **Código Penal** mußte abgesehen werden, doch finden sich in Fußnoten des Übersetzers dazu Hinweise.

Freiburg im Breisgau, November 1987

Kurt Madlener

44 Durch dieses Gesetz wird das Gesetz Nr. 17.642 vom 29.8.1944 über Strafaussetzung zur Bewährung (anwendbar auf Freiheitsstrafen bis drei Jahre Dauer) ergänzt.

## Vorwort des Übersetzers

Da das chilenische Strafgesetzbuch trotz aller Reformen, die seit seinem Inkrafttreten vorgenommen wurden, noch immer das von 1874 ist, entstand bei der Übersetzung das Problem, den Text mit seiner teilweise veralteten und komplizierten Sprache zu erhalten, gleichzeitig aber verständlich zu bleiben. Soweit es tragbar erschien, habe ich versucht, mich nahe am Original zu halten. Manche Ausdrücke entsprechen daher nicht dem heutigen deutschen juristischen Sprachgebrauch, wie z.B. Böswilligkeit als Vorsatzform und Unvorsichtigkeit und Nachlässigkeit als Fahrlässigkeitsformen. Dagegen wurden völlig veraltete Ausdrücke umschrieben (z.B. vellon, in Art. 167; cencerrada, in Art. 494) oder in zwei Fällen mehr oder weniger erraten (municiones de boca in Art. 109, congrua in Art. 41).

Um dem Benutzer den Zugang zum chilenischen Strafrecht auch in seiner Stellung im chilenischen Rechtssystem zu erleichtern, wurden zahlreiche Verweise in Fußnoten aufgenommen. Soweit diese sich auf strafrechtliche Nebengesetze beziehen, folgen sie weitgehend den Hinweisen, die in der amtlichen Ausgabe des chilenischen Strafgesetzbuches enthalten sind. Nicht in jedem Fall konnte überprüft werden, ob die Nebengesetze noch in gleicher Form gelten oder ob sie inzwischen Änderungen erfahren haben. Soweit sich Fußnoten auf andere Vorschriften, auf Legaldefinitionen oder auf andere Rechtsgebiete beziehen, wurden sie fast alle von mir unter Berücksichtigung der chilenischen Strafrechtsliteratur eingefügt. Auf alle Änderungen des StGB bis zum August 1986, die in der benutzten Textausgabe von 1984 nicht enthalten sind, wird gesondert hingewiesen.

In den Fußnoten wird, soweit auf andere Gesetze Bezug genommen wird, nach Möglichkeit erwähnt, ob diese im Anhang eines Gesetzbuches zu finden sind. Grund dafür ist, daß die wichtigsten Gesetzestexte in vom Justizministerium durch Dekret gebilligten amtlichen Ausgaben erscheinen, die regelmäßig einen umfangreichen Anhang mit den wichtigsten Nebengesetzen enthalten. Diese Nebengesetze sind meist nur in diesem Anhang auf neuem Stand zu finden, da Loseblatt-Sammlungen unbekannt sind.

Die benutzten Textausgaben sind im einzelnen:

**Código Penal (Strafgesetzbuch).** Edición oficial. Al 17 de Mayo de 1984, aprobada por Decreto No. 415, de 18 de Mayo de 1979, del Ministerio de Justicia (9. Aufl.).

**Código de Aguas (Wassergesetzbuch).** Edición Oficial, Al 1° de Junio de 1972, aprobada por Decreto No. 194, de 19 de Febrero de 1973, del Ministerio de Justicia.

**Código Civil (Zivilgesetzbuch).** Edición Oficial. Al 30 de Mayo de 1974, aprobada por Decreto No. 459, de 24 de Abril de 1975, del Ministerio de Justicia (6. Aufl.).

**Código de Comercio (Handelsgesetzbuch).** Edición Oficial. Al 20 de Abril de 1975, aprobada por Decreto No. 1.265, de 20 Noviembre de 1975, del Ministerio de Justicia (6. Aufl.).

**Código de Justicia Militar (Militärjustizgesetzbuch).** Edición Oficial. Al 31 de Marzo de 1979, aprobada por Decreto No. 633, de 26 de Abril de 1979, del Ministerio de Justicia (10. Aufl.).

**Código Orgánico de Tribunales (Gerichtsverfassungsgesetz).** Edición Oficial. Al 14 de Marzo de 1977, aprobada por Decreto No. 597, de 29 de Abril de 1977, del Ministerio de Justicia (7. Aufl.).

**Código de Procedimiento Civil (Zivilprozeßordnung).** Edición Oficial. Al 30 de Junio de 1976, aprobada por Decreto No. 2.004, de 9 de Diciembre de 1976 del Ministerio de Justicia (7. Aufl.).

**Código de Procedimiento Penal (Strafprozeßordnung).** Edición Oficial. Al 30 de Abril de 1979, aprobada por Decreto No. 1.039, de 18 de Julio de 1979, del Ministerio de Justicia (8. Aufl.).

**Código Sanitario (Gesundheitsgesetzbuch).** Edición Oficial. Al 30 de Noviembre de 1977, aprobada por Decreto No. 808, de 15 de Junio de 1978, del Ministerio de Justicia (4. Aufl.).

**Código Tributario (Steuergesetzbuch).** Edición oficial. Al 23 de noviembre de 1977, aprobada por Decreto No. 963, de 17 de julio de 1978 del Ministerio de Justicia (6. Aufl.).

**Constitución Politica de la República de Chile 1980 (Verfassung).**

Alle sind erschienen im "**EDITORIAL JURÌDICA DE CHILE**".

Jörg Martin

## Gesetzesübersicht

ERSTES BUCH

BOTSCHAFT DER REGIERUNG ALS BEILAGE
ZUM VORLIEGENDEN STRAFGESETZBUCH AN DEN KONGRESS

Mitbürger vom Senat und vom Abgeordnetenhaus:

Seit langer Zeit ist die Notwendigkeit einer Reform unserer Strafgesetzgebung spürbar, um den gegenwärtigen Zustand unserer Gesellschaft und die Entwicklung, die sie in allen ihren Wirkungskreisen erreicht hat, in Einklang zu bringen mit den Vorschriften, die ihre Grenzen und ihren Raum für eigene Handlungen bestimmen, indem die höchsten Regeln des Erlaubten und des Unerlaubten festgesetzt werden.

Die spanische Gesetzgebung, kaum geändert durch vaterländische besondere Gesetze, litt unter schwersten Mängeln, die ihren weiteren Fortbestand untragbar machten. Die Beschaffenheit einiger ihrer Strafen und die Bewertung verschiedener Straftaten lassen die herrschenden Gedanken der bewegten Zeiten verspüren, denen ein Großteil dieser Gesetzgebung entspricht. Darüber hinaus haben die sozialen Institutionen und die Erweiterung, die sie Tag für Tag erfahren, neue Rechte geschaffen und schaffen solche ohne Unterlaß, die das Gesetz unter seine Obhut nehmen muß, damit sie gedeihen und die Früchte des Fortschritts und Reichtums geben, die als feste Grundlage für die modernen Gesellschaften dienen. Von daher entstehen Lücken in unserer gegenwärtigen Gesetzgebung, die diese nicht vorhersehen konnte, da sie in einer Epoche gestaltet wurde, in der besagte Rechte nicht ihre vollkommene Entwicklung erreicht hatten oder vielleicht gänzlich unbekannt waren.

Vom Wunsch beseelt, diesem regelwidrigen Zustand der Dinge ein Ende zu bereiten, habe ich versucht, den Abschluß des Entwurfs des Strafgesetzbuches voranzutreiben, und den Eifer der Kommission gefördert, die mit seiner Redaktion beauftragt war; und es freut mich, Ihnen nun diese Arbeit zur Billigung vorzulegen, darauf vertrauend, daß Sie ihr die ungeteilteste Aufmerksamkeit widmen werden, auf daß sie bald Gesetz der Republik werde und den allerdringendsten Bedürfnissen nachkomme, die sie erfüllen muß.

Bei der Arbeit an diesem Entwurf hat es sich als ratsam erwiesen, dem Beispiel aller modernen Gesetzbücher folgend zuerst die allgemeinen Prinzipien festzulegen, die die Grundlage des Strafrechtssystems bilden, und im folgenden die verschiedenen besonderen Taten zu untersuchen, die den Wirkungen des Gesetzes unterworfen sind. Auf diese Weise erhält man eine logischere und geordnetere Aufteilung, die mit dem beginnt, was man die Strafrechtstheorie nennen kann, um anschließend zu ihrer praktischen Anwendung bei den verschiedenen Arten der Straftaten zu gelangen.

Um dieses System zu entwerfen, hätte die Schaffung zweier unabhängiger Teile oder zweier Bücher genügt. In dem Entwurf werden aber drei Teile unterschieden, von denen der erste Teil der allgemeinen Einordnung der Straftaten, der Strafen und der Umstände, bei denen die strafrechtliche Verantwortung sich verschärft, sich mildert und entfällt oder erlöscht, dient, der zweite Teil der Bestimmung und Strafbarkeit der Verbrechen und Vergehen, und der dritte schließlich der Aufzählung der Übertretungen und der Festlegung ihrer Strafen.

Dieser letzte Teil müßte streng genommen Teil des zweiten bilden, wurde aber dennoch als selbständiges Buch ausgestaltet unter Berücksichtigung dessen, daß die Materien, mit denen er sich beschäftigt, die Grundlagen zur Bestimmung der Abgrenzung der Gerichtsbarkeit zwischen den Rechtsgelehrten oder gelehrten Richtern und den höheren Beamten sein kann.

Es würde lange dauern, die Reformen aufzuzählen, die das erste Buch im Hinblick auf die Prinzipien erhält, die in der geltenden Gesetzgebung vorherrschen. Es wird jedoch genügen, von den wichtigsten die Aufnahme der festen Regeln unterworfenen mildernden und schärfenden Umstände zu erwähnen, die zur Wertung des Grades der aus den Straftaten erwachsenden Verantwortung dienen, ferner die präzise Bestimmung der einzigen Strafen, die das Gesetz anzuwenden erlaubt, und die Normierung der Regeln, denen die Verjährung sowohl der Strafe als auch der Straftat unterworfen ist; all dies Materien, die - wenn sie nicht als völlig von unseren Strafgesetzen vergessen zu erachten sind - sich in ihnen zumindest als von Zweifeln und Zweideutigkeiten umgeben darbieten, die sich schlecht mit der Klarheit vertragen, die sie auszeichnen muß.

Was das erste anbetrifft, wurde versucht, sehr verständliche, aber gleichzeitig sehr genaue Regeln zu geben, damit sie von dem Gericht in jedem ihm zur Entscheidung unterworfenen Fall leicht angewendet werden können. Auf diesem Gebiet, wie in allem, was das Strafrecht betrifft, ist es unerläßlich, der Aufrichtigkeit und dem gesunden Verstand des Richters einen Großteil dessen anzuvertrauen, was sich strenggenommen im Gesetz niedergelegt finden müßte; denn es gibt keinerlei allgemeine Vorschrift, wie klar und perfekt sie auch sein mag, die die richterliche Beurteilung der Taten ersetzen könnte, die dem Gericht eigen ist, das sie sieht und abwägt.

Die Aufzählung der Strafen läßt für immer Strafen aus dem Gesetz verschwinden, die barbarisch und unwürdig sind, in der Gesetzgebung eines zivilisierten Landes vorzukommen, die aber dennoch Teil der unseren bildeten, wenn sie auch wegen ihrer übermäßigen Strenge nicht mehr anwendbar waren.

Die Redaktionskommission war der Meinung, die Todesstrafe erhalten zu müssen, aber ausschließlich auf solche Straftaten beschränkt, die, wie Hochverrat und Verwandtenmord, den Straftäter zu einem erklärten Feind der sozialen Ordnung und eine sichere Gefahr für diese werden lassen. Die Strafschärfung bei Straftaten, denen in gewöhnlichen Fällen die schwerste Strafe außer der Todesstrafe zukommt, macht ebenfalls die Anwendung dieser letzteren unentbehrlich, damit das Gesetz in diesen außerordentlichen Fällen von Rücksichtslosigkeit eine Sanktion bereithalte.

Zwischen der Todesstrafe und den zeitigen Strafen wurde lebenslange Bestrafung als ein notwendiges dazwischenliegendes Strafmaß eingefügt, um das Fortschreiten der allgemeinen Strafgradskala aufrechtzuerhalten. Dem Tod vorzuziehen ist zweifellos lebenslanges Zuchthaus, sowohl weil es unser kostbarstes Gut erhält, wenn auch begrenzt und Einschränkungen unterworfen, als auch weil es die Hoffnung läßt, durch Begnadigung ein Ende oder Milderung der Bestrafung zu erlangen.

Die anderen Grade der Strafgradskala beziehen sich auf in der geltenden Gesetzgebung bekannte Bestrafungen, und es werden darin nur Änderungen eingefügt, um sicher ihre Bedeutung, ihr Ausmaß und ihre Wirkungen zu bestimmen.

Was die Verjährung anbetrifft, so enthält der Entwurf besondere Vorschriften für die Bestrafung der noch nicht abgeurteilten Straftaten, für die Anwendung schon durch Urteil auferlegter Strafen und zur Bestimmung des Gewichts, das bestimmten Umständen zukommt, die von der Wiederholung früherer Straftaten herrühren. In all diesen Fällen wurde zur Festlegung der längeren oder kürzeren Zeitdauer für die Verjährung die Schwere der Tat, auf die diese sich bezieht, berücksichtigt, wobei besondere kurze Verjährungszeiten für bestimmte Straftaten wie Beleidigung und Ehebruch gebilligt wurden.

Bei der Einteilung der Straftaten, mit der sich das zweite Buch beschäftigt, wurde als Ausgangspunkt die Organisation der Gesellschaft selbst genommen, für deren stabile Bewahrung vor allem das Gesetz sorgen muß.

Diesem Gedanken folgend prüft der Entwurf zuerst alle Handlungen, die einen Angriff auf die Souveränität oder die äußere Sicherheit des Staates darstellen können; er untersucht anschließend die Straftaten gegen seine innere Sicherheit, jene, die die freie Ausübung der öffentlichen Gewalten hindern und das reguläre Funktionieren des Staates zerstören.

Als Folge der Aufrechterhaltung der inneren Ordnung ist es notwendig, Vorschriften zu erlassen, um die vollständige und perfekte Ausübung der individuellen Freiheiten und aller Rechte zu sichern, die das Grundgesetz jedem Bürger besonders garantiert; denn ohne die Ausübung dieser Rechte würde die Ordnung zu Tyrannei und Despotismus werden.

Jedoch war man nicht der Auffassung, daß das dauerhafte Strafgesetzbuch die besonderen Presse- und Wahlgesetze enthalten sollte, denn ständigem und mehr von den politischen Bewegungen als von der stabilen Organisation der Gesellschaft abhängigem Wandel unterworfen, müssen diese getrennt und unabhängig zugleich mit diesen Bewegungen gehen, ohne die Hindernisse, welche ihre alleinige Einordnung in einem allgemeinen Gesetzbuch ihnen entgegenstellen würde.

Nach der Bestimmung der sich auf die verfassungsmäßigen Rechte beziehenden Vorschriften beschäftigt sich der Entwurf, die gleiche Idee weiterführend, damit, solide Garantien für die Ausübung der sonstigen

Rechte zu geben, die direkt von der Organisation des Staates abhängen, und erläßt Regeln zur Stärkung des öffentlichen Glaubens und des Vertrauens, mit dem auch die individuelle Zeugenaussage ausgestattet sein muß, wenn sie als Beweismittel dienen soll.

Sind auf diese Weise die äußere Sicherheit des Staates, die innere Ordnung und Ruhe gemeinsam mit der freien Ausübung der Rechte verbürgt, die ihren Ursprung in der Organisation des Staates selbst haben, so wird es notwendig, jegliche Handlung zu unterdrücken, die diese erreichten Gewährleistungen in Gefahr bringen könnte; dies wird erreicht mittels der Bestrafung der öffentlichen Amtsträger, die die Pflichten ihres Amtes verkennen, und der Privatpersonen, die auf irgendeine Weise dessen reguläre Ausübung behindern, ohne unmittelbar die errichtete Ordnung anzugreifen.

Nachdem der Entwurf sich unter allen ihren Gesichtspunkten mit der Gesellschaft in ihrem Zusammenhang befaßt hat, geht er auf die Einzelheiten ein und beginnt - wie es natürlich ist - mit der Familie, ihrer Beschaffenheit und den Angriffen, die gegen sie gerichtet sein können, sei es durch fremde Personen oder durch solche, die ihr angehören.

Nach der Familie kommt das einzelne Individuum, das in seiner Person, in seiner Ehre, in seinem Eigentum verletzt werden kann; und hieraus entstehen weitere unterschiedliche Strafbestimmungen zur Verhinderung oder Ahndung solcher Verletzungen.

Schließlich zählt das dritte Buch ohne anderes Unterscheidungsmerkmal als das ihrer Schwere die verschiedenen Übertretungen auf, die der Wirkung des Strafgesetzes unterliegen, und beschließt die verschiedenen Materien, mit denen sich der Entwurf beschäftigt.

Solcher Art sind der in dieser Arbeit angenommene Plan und die Hauptpunkte, welche die bei seiner Redaktion ins Auge gefaßten Ziele hervortreten lassen. Die Grundlagen ihrer Vorschriften finden sich in den eigenen Ideen der Redaktionskommission, in verschiedenen vaterländischen Gesetzen, die zur Reform der veralteten spanischen Gesetzgebung erlassen wurden, die uns bis heute beherrscht, in dieser Gesetzgebung selbst, in den modernen Gesetzbüchern der führenden Nationen Europas und vor allem in dem spanischen Gesetzbuch, dessen Gebote für uns, wenn sie gleichzeitig mit den heutzutage überall anerkannten Strafrechtstheorien in Einklang stehen, den Vorteil bieten, daß sie sich auf einen Zustand der Dinge beziehen, der in vieler Hinsicht dem unseren ähnelt, indem es aus der gleichen Quelle entstandene Überzeugungen und Sitten bis hin zu Besorgnissen aufnimmt.

Ich zweifle nicht, daß Sie, überzeugt davon, welche Bedeutung die Verkündung des Entwurfs des Strafgesetzbuches, das ich Ihnen zur Zustimmung vorlege, als Gesetz der Republik hat, ihm ein entsprechendes Verfahren, wie es für das Bürgerliche und das Handelsgesetzbuch befolgt wurde, gewähren werden.

Demzufolge und in Übereinstimmung mit dem Staatsrat unterbreite ich Ihnen zur Zustimmung den folgenden

GESETZESENTWURF:

Einziger Artikel. Es wird das vorliegende Strafgesetzbuch verabschiedet, das am 1. Juni 1874 in Kraft treten wird.

Zwei Exemplare einer zutreffenden und gewissenhaften Ausgabe, die sofort zu erstellen ist, werden durch den Präsidenten der Republik autorisiert, mit dem Siegel des Justizministeriums versehen, und in den Sekretariaten beider Kammern niedergelegt, zwei in dem Archiv des Justizministeriums und weitere zwei in der Nationalbibliothek.

Der Text dieser zwei Exemplare gilt als authentischer Text des Strafgesetzbuches, und mit ihm müssen die Ausgaben und Veröffentlichungen, die von besagtem Gesetz gemacht werden, übereinstimmen.

Santiago, den 29. Oktober 1873

FEDERICO ERRAZURIZ - José María Barceló

Santiago, den 12. November 1874

Der Präsident der Republik

Nach seiner Verabschiedung im Nationalkongreß verkündige ich folgendes

# STRAFGESETZBUCH

## ERSTES BUCH

### Titel I

### Von den Straftaten und den Umständen, die die strafrechtliche Verantwortung ausschließen, sie mildern oder schärfen

#### § 1 Die Straftaten

**Art. 1** Straftat ist jede durch das Gesetz unter Strafe gestellte willentliche Handlung oder Unterlassung.

Die durch das Gesetz unter Strafe gestellten Handlungen oder Unterlassungen werden immer als willentlich angesehen, sofern nicht das Gegenteil feststeht.

Wer eine Straftat begeht, ist strafrechtlich dafür verantwortlich und unterliegt der vom Gesetz angeordneten Strafe, auch wenn das Übel eine andere Person trifft als diejenige, die er zu verletzen beabsichtigte. In diesem Fall werden von den dem Täter unbekannten Umständen die strafschärfenden nicht berücksichtigt, wohl hingegen die mildernden.

**Art. 2** Handlungen oder Unterlassungen, die vorsätzlich oder böswillig begangen eine Straftat darstellen würden, sind Fahrlässigkeitsdelikte (cuasidelitos), wenn nur Fahrlässigkeit vorliegt bei dem, der sie begeht.

**Art. 3** Die Straftaten werden nach ihrer Schwere in Verbrechen, Vergehen und Übertretungen eingeteilt, wofür die jeweils angedrohte Strafe gemäß der allgemeinen Strafenskala des Artikel 21 maßgebend ist.

**Art. 4** Die Einteilung der Straftaten ist auch auf die Fahrlässigkeitsdelikte anwendbar, wobei das Strafgesetzbuch bestimmt, in welchen besonderen Fällen ein solches vorliegt und wie es bestraft wird.

**Art. 5** Das chilenische Strafrecht ist für alle Einwohner der Republik verbindlich, die Ausländer eingeschlossen. Die im Territorialgewässer oder im Küstenmeer begangenen Straftaten unterliegen den Vorschriften dieses Gesetzbuches.*

**Art. 6** Verbrechen oder Vergehen, die außerhalb des Hoheitsgebietes der Republik von Chilenen oder Ausländern begangen werden, sind in Chile nur in den gesetzlich ausdrücklich bestimmten Fällen strafbar.

**Art. 7** Strafbar sind nicht nur vollendete Verbrechen oder Vergehen, sondern auch fehlgeschlagene und versuchte.

Ein fehlgeschlagenes Verbrechen oder Vergehen liegt vor, wenn der Täter alle zur Ausführung des Verbrechens oder Vergehens erforderlichen Handlungen vornimmt, dieses jedoch aus vom Täterwillen unabhängigen Gründen ausbleibt.

Versuch liegt vor, wenn der Schuldige mit der Ausführung des Verbrechens oder Vergehens durch darauf gerichtete Handlungen beginnt, zu dessen Vollendung jedoch eine oder mehrere Handlungen fehlen.

**Art. 8** Die Verabredung und der Vorschlag zur Begehung eines Verbrechens oder Vergehens sind nur in den Fällen strafbar, in denen das Gesetz sie ausdrücklich unter Strafe stellt.

Die Verabredung ist gegeben, wenn zwei oder mehr Personen übereinkommen, ein Verbrechen oder Vergehen zu begehen.

**Zu Art. 5**: Nach Art. 593 Código Civil (Zivilgesetzbuch) erstreckt sich das Küstenmeer eine spanische Seemeile (5,572 km) von der Linie der tiefsten Ebbe an gerechnet.

Der Vorschlag ist erfolgt, wenn derjenige, der sich zur Begehung eines Verbrechens oder Vergehens entschlossen hat, dessen Ausführung einer oder mehreren anderen Personen vorschlägt.

Jede Bestrafung wegen Verabredung oder Vorschlags zur Begehung eines Verbrechens oder Vergehens ist ausgeschlossen, wenn der Schuldige vor Beginn von dessen Ausführung und vor Eröffnung eines Verfahrens gegen ihn von dessen Durchführung Abstand nimmt, sofern er das Vorhaben und seine Umstände der Behörde anzeigt.

**Art. 9** Übertretungen werden nur dann bestraft, wenn sie vollendet sind.

## § 2 Von den Umständen, die die strafrechtliche Verantwortung ausschließen

**Art. 10** Von der strafrechtlichen Verantwortung sind ausgenommen:*

1. der Geisteskranke oder Schwachsinnige, sofern er nicht in einem lichten Augenblick gehandelt hat, sowie derjenige, der aus irgendeinem von seinem Willen unabhängigen Grund seines Verstandes völlig beraubt ist.

Hat ein Geisteskranker oder Schwachsinniger eine vom Gesetz als Verbrechen bezeichnete Tat begangen, oder ist er rückfällig geworden in Bezug auf andere, die Vergehen darstellen, so ordnet das Gericht seine Unterbringung in einer der Anstalten an, die für derartig Kranke bestimmt sind. Diese darf er ohne vorherige Genehmigung des Gerichts nicht verlassen.

Andernfalls wird der Kranke gegen Sicherheitsleistung seiner Familie übergeben. Solange besagte Sicherheit nicht geleistet wird, ist das im vorigen Absatz Bestimmte zu befolgen;

**Zu Art. 10**: Siehe auch Art. 489; siehe ferner Art. 73.

2. wer jünger als 16 Jahre ist;*

3. wer älter als 16 und jünger als 18 Jahre ist, sofern nicht feststeht, daß er mit Einsichtsvermögen gehandelt hat.

Das zuständige Jugendgericht muß über diese Frage entscheiden, bevor ein Verfahren gegen den Täter eingeleitet werden kann:*

4. wer zur Verteidigung seiner Person oder Rechte handelt, wenn folgende Umstände erfüllt sind:*

(1) rechtswidriger Angriff;

(2) angemessene Notwendigkeit des angewendeten Mittels zur Verhinderung oder Abwehr des Angriffs;

(3) Fehlen zureichender Provokation seitens des sich Verteidigenden.

Es wird vermutet, daß diese drei Voraussetzungen bezüglich desjenigen erfüllt sind, der einen anderen daran hindert, bei Dunkelheit die Umzäunungen, Mauern oder Eingänge eines bewohnten Hauses, einer Wohnung oder ihrer Nebenräume zu übersteigen oder aufzubrechen, sowie bezüglich desjenigen, der die Begehung der in den Art. 433 und 436 genannten Straftaten verhindert oder zu verhindern sucht, wobei das Ausmaß des dem Angreifer zugefügten Schadens ohne Bedeutung ist.

5. wer zur Verteidigung der Person oder Rechte seines Ehegatten, seiner ehelichen Blutsverwandten in der gesamten geraden Linie und in der Seitenlinie bis einschließlich dem 4. Grad, seiner ehelichen Verschwä-

**Zu Art. 10 Nr. 2, 3**: Nach Art. 28 Ley de Menores Nr. 16618 vom 3.2.1967, (Jugendgesetz; im Anhang des Código Orgânico de Tribunales) kann der Jugendrichter über alle Jugendlichen unter 16 Jahren und die Jugendlichen zwischen 16 und 18 Jahren, die ohne Einsichtsvermögen gehandelt haben, für Straftaten Erziehungsmaßregeln verhängen, die in Art. 29 dieses Gesetzes aufgeführt werden. Siehe auch Art. 72 StGB. Vgl. ausführlich Martin/Prieto/Reimer, Aspekte des Jugendkriminalrechts und der Anwendung freiheitsentziehender Maßnahmen gegenüber Jugendlichen in Chile, in: Dünkel/Meyer, Jugendstrafe und Jugendstrafvollzug, Teilband 2, Freiburg 1986, S. 1401 ff.

**Zu Art. 10 Nr. 4**: Vgl. auch Art. 145.

**Zu Art. 10 Nr. 4, 5, 6**: Nach Art. 24a Ley de Seguridad del Estado (Staatssicherheitsgesetz Nr. 12.927; im Anhang des Código de Justicia Militar) ist der sich in Notwehr Verteidigende in den Fällen des Art. 10 Nr. 4, 5 und 6 StGB von der Strafbarkeit nach Art. 11 Ley Nr. 17.798 sobre Control de Armas (Waffenkontrollgesetz; im Anhang des Código de Justicia Militar) für das Tragen von Waffen befreit, wenn es sich um Anschläge auf die öffentliche Ordnung handelt.

gerten in der gesamten geraden Linie und in der Seitenlinie bis einschließlich dem 2. Grad oder seiner natürlichen oder anerkannten illegitimen Eltern oder Kinder handelt, sofern der erste und zweite der in voriger Nummer aufgeführten Umstände erfüllt sind, und wenn im Falle einer vorangegangenen Provokation seitens des Angegriffenen der Verteidigende sich daran nicht beteiligt hat;*

6. wer zur Verteidigung der Person und Rechte eines Fremden handelt, wenn die in voriger Nummer genannten Umstände erfüllt sind und der Verteidiger nicht durch Rache, Abneigung oder einem anderen mißbilligenswerten Grund dazu getrieben wurde;*

7. wer zur Vermeidung eines Übels eine Handlung vornimmt, die fremdem Eigentum einen Schaden zufügt, wenn folgende Umstände erfüllt sind:

(1) Vorhandensein oder unmittelbare Gefahr des zu vermeidenden Übels;

(2) dieses ist größer als das zu seiner Vermeidung verursachte;

(3) zu dessen Verhinderung gibt es kein anderes anwendbares und weniger schädliches Mittel;

8. wer bei der Ausführung einer erlaubten Handlung unter Beachtung der erforderlichen Sorgfalt einen Schaden durch reinen Zufall herbeiführt;*

9. wer von unwiderstehlicher Gewalt gezwungen oder von unüberwindbarer Furcht getrieben handelt;

10. wer in Erfüllung einer Pflicht oder in rechtmäßiger Ausübung eines Rechtes, einer Hoheitsgewalt, eines Berufes oder Amtes handelt;

**Zu Art. 10 Nr. 5:** Legaldefinitionen der Verwandtschaftsgrade finden sich in Art. 27- 40 Código Civil. - Das chilenische Recht kennt eheliche (legítimos) und nichteheliche (ilegítimos) Kinder, wobei hier zwischen natürlichen und bloß illegitimen (naturales o simplemente ilegítimos) unterschieden wird (Art. 36 Código Civil). Nach Art. 270 ff. Código Civil gelten als natürliche Kinder diejenigen nichtehelichen, deren Abstammung entweder vom Elternteil förmlich anerkannt oder festgestellt wurde. Nach Art. 40 werden die Bezeichnungen ehelich, illegitim und natürlich auch für die Eltern verwendet.

**Zu Art. 10 Nr. 5, 6:** Siehe Anm. zu Art. 10 Nr. 4, 5, 6 auf der vorigen Seite.

**Zu Art. 10 Nr. 8:** Siehe auch Art. 71.

11. (aufgehoben);

12. wer eine Unterlassung begeht, sofern er durch einen rechtmäßigen oder unüberwindbaren Grund am Handeln gehindert wird;*

13. wer ein Fahrlässigkeitsdelikt begeht, mit Ausnahme der vom Gesetz ausdrücklich unter Strafe gestellten Fälle.

## § 3 Von den Umständen, die die strafrechtliche Verantwortung mildern*

**Art. 11** Mildernde Umstände sind:*

1. die im vorigen Artikel genannten, wenn nicht alle zur Strafausschließung jeweils erforderlichen Bedingungen vorliegen;*

2. (aufgehoben);

3. wenn eine der Straftat entsprechende Provokation oder Drohung seitens des Verletzten unmittelbar vorangegangen ist:

4. wenn die Tat zur baldigen Vergeltung einer dem Täter, seinem Ehegatten, seinen ehelichen Blutsverwandten oder Verschwägerten in der gesamten geraden Linie und in der Seitenlinie bis einschließlich dem 2. Grad oder seinen natürlichen oder anerkannten illegitimen Eltern oder Kindern zugefügten schweren Verletzung ausgeführt wurde;*

5. wenn die Handlung durch Beweggründe veranlaßt wird, die so heftig sind, daß sie natürlicherweise Erregung und Verblendung hervorrufen;

**Zu Art. 10 Nr. 12**: Nach Art. 110 Código Tributario (Steuergesetzbuch) und Art. 152 des Gesetzes Nr. 13.305 vom 6.4.1959 kann bei Verletzung steuerrechtlicher Bestimmungen die strafrechtliche Verantwortung gemäß Art. 10 Nr. 12 StGB ausgeschlossen bzw. gemäß Art. 11 Nr. 1 gemildert sein, wenn der wenig begüterte Rechtsbrecher glaubhaft machen kann, daß er unvollständige Kenntnis von der Reichweite der verletzten Normen hatte.

**Zu § 3**: Zur Strafzumessung bei Vorliegen mildernder Umstände siehe Art. 62 ff.

**Zu Art. 11**: Siehe auch Art. 103.

**Zu Art. 11 Nr. 1**: Siehe Anm. zu Art. 10 Nr. 12.

**Zu Art. 11 Nr. 4**: Zu den Verwandtschaftsgraden siehe die Anm. zu Art. 10 Nr. 5.

6. wenn die frühere Führung des Straftäters tadellos gewesen ist;

7. wenn er sich eifrig bemüht hat, das verursachte Übel wiedergutzumachen oder seine weiteren schädlichen Auswirkungen zu verhindern;*

8. wenn er sich stellt und die Straftat gesteht, obwohl er sich durch Flucht oder Verstecken der Strafverfolgung hätte entziehen können;

9. wenn sich in dem Strafverfahren kein anderer Beweis gegen den Angeklagten ergibt als sein spontanes Geständnis;

10. wenn er aus Gerechtigkeitseifer gehandelt hat.

## § 4 Von den Umständen, die die strafrechtliche Verantwortung schärfen*

**Art. 12** Strafschärfende Umstände sind:

1. die Straftat gegen Personen mit Heimtücke zu begehen, wobei vermutet wird, daß diese vorliegt, wenn verräterisch oder ohne eigene Gefahr gehandelt wird;

2. wenn sie für Geld, eine Belohnung oder ein anderes Versprechen begangen wird;

3. wenn die Straftat durch Überschwemmung, Brandstiftung, Gift oder ein sonstiges Mittel begangen wird, das schwere Verheerungen herbeiführen oder andere Personen verletzen kann;

4. wenn das Übel der Straftat absichtlich erhöht wird, indem zusätzliche, für die Tatausführung unnötige Übel verursacht werden;

5. wenn bei Straftaten gegen Personen erkennbar mit Vorbedacht gehandelt oder List, Täuschung oder Verkleidung benutzt wird;

**Zu Art. 11 Nr. 7:** Bei Raub und Diebstahl beachte Art. 456, 456bis Abs. 3.

**Zu § 4:** Zur Strafzumessung siehe Art. 62 ff. Siehe auch Art. 456 bis. Art. 4 Abs. 8 des Gesetzes Nr. 16.282 vom 28.7.1965, das Vorschriften für Fälle von Erdbeben und Katastrophen enthält, geändert durch Art. 1 des Gesetzes Nr. 16.289 vom 21.8.1965, bestimmt: "Bei Straftaten gegen Personen oder das Eigentum wird der Umstand als strafschärfend betrachtet, daß die Straftat in der betroffenen Zone begangen wurde."

In Art. 21 des Gesetzes Nr. 18.043 vom 14.2.1985 über illegalen Betäubungsmittelhandel (tráfico ilícito de drogas y estupefacientes) sind weitere straferhöhende Umstände zu finden. (Das Betäubungsmittelgesetz Nr. 17.934 vom 16.5.1973 wurde aufgehoben).

6. wenn der Täter die Überlegenheit aufgrund seines Geschlechtes, seiner Kräfte oder von Waffen in solcher Weise mißbraucht, daß das Opfer sich nicht mit der Aussicht verteidigen kann, den Angriff abzuwehren;

7. wenn die Straftat unter Mißbrauch von Vertrauen begangen wird;

8. wenn der Schuldige sich seine öffentliche Stellung zunutze macht;

9. wenn Mittel angewendet oder Umstände herbeigeführt werden, die über die der Tat eigenen Wirkungen hinaus zur Entehrung beitragen;

10. wenn die Tat bei Gelegenheit eines Brandes, Schiffbruches, Aufruhrs, Krawalls, Volksaufstandes oder sonstigen Unglücks oder Unheils begangen wird;

11. wenn sie mit Hilfe bewaffneter Leute oder von Personen, die die Straflosigkeit sichern oder verschaffen sollen, ausgeführt wird;

12. wenn sie bei Dunkelheit oder an einem unbewohnten Ort ausgeführt wird.

Das Gericht kann je nach Beschaffenheit und Gegebenheiten der Tat diesen Umstand berücksichtigen oder nicht.

13. wenn sie unter Geringschätzung oder Beleidigung einer Behörde oder an dem Ort, wo diese ihre Tätigkeit ausübt, begangen wird;

14. wenn die Tat während der Verbüßung einer Strafe oder nach erfolgter Strafentziehung und innerhalb der Frist begangen wird, in der der Täter wegen der Strafentziehung belangt werden kann;

15. wenn der Täter wegen Straftaten, für die das Gesetz gleiche oder höhere Strafe anordnet, vorbestraft ist;*

16. wenn er bei Straftaten derselben Art rückfällig wird;*

**Zu Art. 12 Nr. 14**: Vgl. Art. 90-92.

**Zu Art. 12 Nr. 15 und 16**: Siehe auch Art. 92 und 104. - Art. 8 Abs. 1 des Gesetzes Nr. 17.155 vom 11.6.1969 verfügt: "Zur Bestimmung dessen, ob Rückfall oder Gewohnheitsverbrechen bezüglich der in § 14 des VI. Titels des Zweiten Buches des Strafgesetzbuches behandelten Straftaten vorliegt, werden die in einem ausländischen Staat rechtskräftig verhängten Verurteilungen berücksichtigt, es sei denn, sie wurden unter Verletzung der Rechtsprechung der nationalen Gerichte verhängt." Dies gilt nach Art. 15 des Gesetzes Nr. 18.403 vom 14.2.1985 über illegalen Betäubungsmittelhandel auch für Rauschgiftdelikte. - Siehe für Raub und Diebstahl auch Art. 452 . - Siehe auch Art. 509 Código de Procedimiento Penal (StPO), wo für gleichartigen und ungleichartigen Rückfall Strafzumessungsregeln zu finden sind. Nach dessen Abs. 5 werden als Straftaten der gleichen Art jene angesehen, die im selben Titel des StGB oder des jeweiligen Gesetzes, in dem sie unter Strafe gestellt werden, enthalten sind.

17. wenn die Tat an einem Ort begangen wird, der für die Ausübung einer in der Republik erlaubten Religion bestimmt ist;

18. wenn die Tat unter Beleidigung oder Geringschätzung des dem Opfer aufgrund seiner Würde, seiner Autorität, seines Alters oder seines Geschlechts gebührenden Respektes oder in seiner Wohnung begangen wird, vorausgesetzt, daß es das Ereignis nicht provoziert hat;

19. wenn sie mittels Einbrechen oder Einsteigen in einen umschlossenen Raum ausgeführt wird.

### § 5 Von den Umständen, die je nach Beschaffenheit und Gegebenheiten der Straftat die strafrechtliche Verantwortung mildern oder schärfen

**Art. 13** Strafmildernder oder strafschärfender Umstand ist je nach Beschaffenheit und Gegebenheiten der Tat, daß der Verletzte Ehegatte, ehelicher Blutsverwandter oder Verschwägerter in der gesamten geraden Linie und in der Seitenlinie bis einschließlich dem 2. Grad oder natürliches oder anerkanntes illegitimes Elternteil oder Kind des Täters ist.*

## Titel II

## Von den für die Straftaten verantwortlichen Personen

**Art. 14** Strafrechtlich verantwortlich für die Straftaten sind:

1. die Täter,
2. die Gehilfen,
3. die Begünstiger.

**Art. 15** Als Täter wird angesehen:

1. wer an der Tatausführung beteiligt ist, sei es unmittelbar und direkt oder sei es, indem er verhindert oder zu verhindern versucht, daß sie verhütet wird;

**Zu Art. 13**: Zu den Verwandtschaftsgraden siehe die Anm. zu Art. 10 Nr. 5.

2. wer einen anderen unmittelbar zwingt oder dazu bewegt, sie auszuführen;

3. wer sich zu ihrer Ausführung verabredet hat und die Voraussetzungen zu ihrer Durchführung schafft oder dabei anwesend ist, ohne unmittelbar an ihr teilzunehmen.

**Art. 16** Gehilfe ist, wer, ohne unter die vorige Bestimmung zu fallen, an der Tatausführung durch vorangegangene oder gleichzeitige Handlungen mitwirkt.

**Art. 17** Begünstiger* ist, wer in Kenntnis der Begehung eines Verbrechens oder Vergehens oder der Handlungen zu dessen Durchführung und ohne daran als Täter oder Gehilfe teilgenommen zu haben, nach dessen Ausführung auf eine der folgenden Weisen teilnimmt:

1. indem er sich selbst die durch das Verbrechen oder Vergehen erlangten Gegenstände zunutze macht oder den Täter dabei unterstützt;

2. indem er den Gegenstand der Tat, die Beweisgegenstände oder die Tatwerkzeuge eines Verbrechens oder Vergehens versteckt oder vernichtet, um dessen Entdeckung zu verhindern;

3. indem er den Schuldigen beherbergt, versteckt oder ihm zur Flucht verhilft, sofern einer der folgenden Umstände vorliegt:
   (1) es liegt Mißbrauch von Amtsstellungen seitens des Begünstigers vor;
   (2) der Straftäter ist schuldig des Landesverrats, der Tötung eines Verwandten oder der einfachen Tötung, begangen unter einem der in den Nr. 1, 2, 3, 4, 5, 6, 9 und 11 des Artikels 12 genannten strafschärfenden Umstände, wovon der Begünstiger wußte, oder wenn der Täter als Gewohnheitstäter anderer Verbrechen oder Vergehen bekannt ist;

4. indem er Übeltäter gewohnheitsmäßig und im Wissen, daß es sich um solche handelt, und zwar auch wenn er keine Kenntnis von den konkreten Verbrechen oder Vergehen hat, die sie begangen haben, bei

**Zu Art. 17**: "Encubridor". Dieser Begriff erfaßt sowohl Hehler als auch sachliche und persönliche Begünstiger.

sich aufnimmt, verbirgt oder beschützt, oder ihnen erleichtert, sich zu versammeln oder ihre Waffen oder das erlangte Gut zu verstecken oder ihnen Hilfe oder Informationen verschafft, damit sie sich schützen, vorsehen oder in Sicherheit bringen können.*

Von der Bestrafung wegen Begünstigung sind diejenigen ausgenommen, die zugunsten ihres Ehegatten, ihrer ehelichen Blutsverwandten oder Verschwägerten in der gesamten geraden Linie und in der Seitenlinie bis einschließlich dem 2. Grad und ihrer natürlichen oder anerkannten illegitimen Eltern oder Kinder gehandelt haben, wobei eine Ausnahme davon nur für die in Nr. 1 dieses Artikels enthaltenen Fälle besteht.

## Titel III

## Von den Strafen

### § 1 Von den Strafen im allgemeinen

**Art. 18** Keine Straftat wird mit einer anderen Strafe geahndet als der, die ein vor ihrer Begehung verkündetes Gesetz anordnet.

Wenn nach der Tatbegehung und vor dem Urteilsspruch* ein anderes Gesetz verkündet wird, das eine solche Tat nicht mehr unter Strafe stellt oder weniger streng bestraft, muß sich ihre Beurteilung nach ihm richten.

Wird das die Tat nicht unter Strafe stellende oder weniger streng bestrafende Gesetz nach der Rechtskraft des Urteils verkündet, so hat, ungeachtet dessen, ob der Täter die Strafe schon verbüßt hat oder nicht, das Gericht der ersten Instanz, das besagten Urteilsspruch gefällt hat, diesen von Amts wegen oder auf Antrag und nach Rücksprache mit dem jeweiligen Appellationsgericht abzuändern.

In keinem Fall ändert die Anwendung dieses Artikels etwas an den Folgen des ursprünglichen Urteils in bezug auf bezahlten Schadensersatz oder die Aberkennung von Befähigungen.

**Zu Art. 17 Nr. 4**: Die Strafe für diese Alternative ist in Art. 52 bestimmt.

**Zu Art. 18**: Sentencia de término. Gemeint ist wohl das die Tatsacheninstanz abschließende Urteil.

**Art. 19** Die Strafverfolgung wird nicht dadurch ausgeschlossen, daß das Opfer dem Täter verzeiht, außer bei Straftaten, die nur auf Anzeige oder mit Zustimmung des Verletzten verfolgt werden können.

**Art. 20** Nicht als Strafen werden angesehen die Freiheitsentziehung der Untersuchungsgefangenen, die von den Behörden in Ausübung ihrer Befugnisse oder vom Gericht während des Prozesses oder zu seiner Einleitung beschlossene Amtsenthebung öffentlicher Bediensteter, und auch nicht die Geldstrafen oder sonstigen Maßnahmen, die Vorgesetzte ihren Untergebenen und Unterstellten in Ausübung ihrer Disziplinargewalt oder Verwaltungsbefugnisse auferlegen.

## § 2 Von der Einteilung der Strafen

**Art. 21** Die Strafen, die nach diesem Gesetzbuch verhängt werden können, sowie ihre Abstufungen sind enthalten in der folgenden

**Allgemeinen Strafenskala**

**Strafen für Verbrechen:**

Todesstrafe,

lebenslange Zuchthausstrafe,

lebenslange Gefängnisstrafe,

schwere Zuchthausstrafe,

schwere Gefängnisstrafe,

lebenslanger Zwangsaufenthalt (relegación),*

schwere Zwangsverschickung (confinamiento),*

schwere Verbannung (extrañamiento),*

schwerer Zwangsaufenthalt,

lebenslange absolute Aberkennung der Befähigung zur Bekleidung öffentlicher Ämter, zur Ausübung politischer Rechte und betitelter Berufe,

**Zu Art. 21**: Siehe die Legaldefinitionen dieser Strafen in Art. 33-35.

lebenslange spezielle Aberkennung der Befähigung zur Bekleidung eines bestimmten öffentlichen Amtes oder zur Ausübung eines bestimmten betitelten Berufes,

zeitige absolute Aberkennung der Befähigung zur Bekleidung öffentlicher Ämter sowie zur Ausübung betitelter Berufe,

zeitige spezielle Aberkennung der Befähigung zur Bekleidung eines bestimmten öffentlichen Amtes oder zur Ausübung eines bestimmten betitelten Berufes.*

**Strafen für Vergehen:**

minder schwere Zuchthausstrafe,

minder schwere Gefängnisstrafe,

minder schwere Zwangsverschickung,

minder schwere Verbannung,

minder schwerer Zwangsaufenthalt,

Ortsverweisung,

zeitweilige Enthebung von einem öffentlichen Amt oder betitelten Beruf,

lebenslange Aberkennung der Befähigung, ein mechanisch betriebenes oder durch Tierkraft gezogenes Fahrzeug zu führen,

vorübergehende Aberkennung der Befähigung, ein mechanisch betriebenes oder durch Tierkraft gezogenes Fahrzeug zu führen.

**Strafen für Übertretungen:**

Arrest,

lebenslange Aberkennung der Befähigung, ein mechanisch betriebenes oder durch Tierkraft gezogenes Fahrzeug zu führen,

vorübergehende Aberkennung der Befähigung, ein mechanisch betriebenes oder durch Tierkraft gezogenes Fahrzeug zu führen.

**Zu Art. 21:** Betitelte Berufe (profesiones titulares) sind die, für deren Ausübung eine Lizenz oder ein Titel erforderlich ist, deren Erwerb oder Anerkennung durch Gesetz oder Verordnung geregelt ist, vgl. Etcheberry, Derecho Penal Bd. 1, 2. Aufl., Santiago 1976, S. 118.

**Gemeinsame Strafen für die drei obigen Deliktstufen:**

Geldstrafe,

Verlust oder Einziehung der Tatwerkzeuge oder der durch die Straftat erlangten Gegenstände.*

**Nebenstrafen für Verbrechen und Vergehen:**

Einzelhaft,

Kontaktsperre gegenüber anstaltsfremden Personen.*

**Art. 22** Ebenfalls Nebenstrafen sind die zeitweilige Amtsenthebung und die Aberkennung der Befähigung zur Bekleidung öffentlicher Ämter, zur Ausübung politischer Rechte und betitelter Berufe, wenn das Gesetz bestimmt, daß andere Strafen sie mit sich bringen, auch wenn es sie nicht ausdrücklich anordnet.*

**Art. 23** Die Kaution und die Stellung unter die behördliche Aufsicht können als Nebenstrafen oder als Sicherungsmaßregeln in den besonderen Fällen verhängt werden, die dieses Gesetz und die Strafprozeßordnung bestimmen.

**Art. 24** Jede Strafverurteilung beinhaltet die Verpflichtung der Täter, Gehilfen, Begünstiger und der sonstigen rechtlich Verantwortlichen zur Zahlung der Gerichtskosten, des Schadensersatzes sowie des Schmerzensgeldes.*

## § 3 Grenzen, Wesen und Folgen der Strafen

**Art. 25** Die Dauer der zeitigen schweren Strafen beträgt von fünf Jahren und einem Tag bis zu 20 Jahren, die der zeitigen minder schweren von 61 Tagen bis zu fünf Jahren.

**Zu Art. 21 (gemeinsame Strafen):** Vgl. aber auch Art. 31.

**Zu Art. 21 (Nebenstrafen):** Diese Nebenstrafen sind nur in Art. 90, 91 vorgesehen.

**Zu Art. 22:** Vgl. Art. 27-30.

**Zu Art. 24:** Siehe Art. 2.314 ff. Código Civil (Zivilgesetzbuch).

Die Dauer der zeitigen absoluten und speziellen Aberkennung der Befähigung zur Bekleidung öffentlicher Ämter und zur Ausübung betitelter Berufe beträgt von drei Jahren und einem Tag bis zu zehn Jahren.

Die zeitweilige Enthebung von einem öffentlichen Amt oder einem betitelten Beruf dauert von 61 Tagen bis zu drei Jahren.

Der Arrest dauert von einem Tag bis zu 60 Tagen.

Die Höhe der Geldstrafe darf bei Verbrechen 30 Mindestlöhne nicht überschreiten; bei Vergehen nicht 20 Mindestlöhne, und bei Übertretungen nicht fünf Mindestlöhne; ungeachtet dessen kommen bei bestimmten Delikten wegen ihrer Schwere auch höhere Geldstrafen in Betracht.

Der Ausdruck "Mindestlohn" (sueldo vital) bedeutet in allen Bestimmungen des Strafgesetzbuches, der Strafprozeßordnung, des Militärgesetzbuches und der sonstigen besonderen Strafgesetze den monatlichen Mindestlohn, der zum Zeitpunkt der Tatbegehung im Bereich der Hauptstadt, also Santiago, gilt. Zu diesem Zweck wird besagter Mindestlohn ab dem ersten Tag des Monats, der dem der Veröffentlichung im Gesetzblatt folgt, als geltend betrachtet.*

Wenn das Gesetz Geldstrafen auferlegt, deren Höhe in Beziehung zu bestimmten Beträgen errechnet werden muß, dürfen sie auf keinen Fall 30 Mindestlöhne überschreiten.

Bezüglich der Höhe der Kaution sind die für die Geldstrafe aufgestellten Regeln zu befolgen, wobei die betreffenden Beträge verdoppelt werden, und ihre Dauer darf die der Strafe oder Verpflichtung, deren Erfüllung sie sichern soll, oder in den übrigen Fällen fünf Jahre nicht übersteigen.

Die Dauer der Nebenstrafen Einzelhaft und Kontaktsperre gegenüber anstaltsfremden Personen darf außer in den Fällen des Artikels 90 Nr. 2 und des Artikels 91 Abs. 2 nicht 180 Tage überschreiten, und innerhalb dieses Rahmens darf sie nicht für mehr als die Hälfte der als Hauptstrafe angeordneten Zeit verhängt werden. In jedem Fall und zu jeder Zeit kann

**Zu Art. 25**: Durch Art. 8 des Gesetzes Nr. 18.018 vom 14.8.1981 wird die Berechnung der Geldstrafen in allen Gesetzen von "Mindestlöhnen" (sueldos vitales) auf "Mindesteinkommen" (ingresos mînimos) umgestellt. Der Umrechnungsfaktor wurde vom Justizminister durch Decreto Supremo Nr. 51 vom 14.1.1982 festgelegt.

das Gericht, das die Strafe verhängt hat, unter Beachtung der Umstände von Amts wegen oder auf Antrag die Nebenstrafe aufheben.

**Art. 26** Die Dauer der zeitigen Strafen wird von dem Tag der Festnahme des Beschuldigten an gerechnet.

## Strafen, die Nebenstrafen mit sich führen:

**Art. 27*** Die Todesstrafe, sofern sie an dem Täter nicht vollzogen wird, und die lebenslange Bestrafung mit Zuchthaus, Gefängnis oder Zwangsaufenthalt führen die lebenslange absolute Aberkennung der Befähigung zur Bekleidung öffentlicher Ämter und zur Ausübung politischer Rechte sowie die Stellung unter behördliche Aufsicht für die höchste von diesem Gesetzbuch festgesetzte Dauer mit sich.

**Art. 28*** Schwere Zuchthaus- und Gefängnisstrafe, Zwangsverschickung, Verbannung und schwerer Zwangsaufenthalt führen die lebenslange absolute Aberkennung der Befähigung zur Bekleidung öffentlicher Ämter und zur Ausübung politischer Rechte sowie für die Dauer der Strafe die absolute Aberkennung der Befähigung zur Ausübung betitelter Berufe mit sich.

**Art. 29** Minder schwere Zuchthaus- und Gefängnisstrafe, Zwangsverschickung, Verbannung und minder schwerer Zwangsaufenthalt in ihren höchsten Graden führen die lebenslange Aberkennung der Befähigung zur Ausübung politischer Rechte, sowie für die Dauer der Strafe die absolute Aberkennung der Befähigung zur Bekleidung öffentlicher Ämter mit sich.

**Art. 30** Minder schwere Zuchthaus- und Gefängnisstrafe, Zwangsverschickung, Verbannung und minder schwerer Zwangsaufenthalt in ihren mittleren und niedrigen Graden sowie Ortsverweisung und Arrest führen die zeitweilige Enthebung von dem öffentlichen Amt für die Dauer der Strafe mit sich.

**Zu Art. 27:** Siehe auch Art. 105.

**Zu Art. 28:** Siehe auch Art. 105.

**Art. 31** Jede wegen eines Verbrechens oder Vergehens verhängte Strafe führt den Verfall der dadurch erlangten Gegenstände sowie der bei seiner Ausführung verwendeten Werkzeuge mit sich, falls sie nicht einem Dritten gehören, der für das Verbrechen oder Vergehen nicht verantwortlich ist.*

## Wesen und Folgen einiger Strafen

**Art. 32** Die Zuchthausstrafe unterwirft den Sträfling den in der jeweiligen Strafanstaltsordnung vorgeschriebenen Arbeiten. Die Gefängnisstrafe und der Arrest verpflichten ihn nicht zur Arbeit.*

**Art.33** Zwangsverschickung (confinamiento) ist die Verweisung des Verurteilten aus dem Gebiet der Republik mit Zwangswohnsitz an einem bestimmten Ort.

**Art. 34** Verbannung (extrañamiento) ist die Verweisung des Verurteilten aus dem Gebiet der Republik an einen Ort seiner Wahl.

**Art. 35** Zwangsaufenthalt (relegación) ist die Überführung des Verurteilten an einen bewohnten Ort innerhalb des Gebietes der Republik mit dem Verbot, diesen zu verlassen, wo er aber in Freiheit verbleibt.

**Art. 36** Ortsverweisung (destierro) ist die Verweisung des Verurteilten von einem bestimmten Ort der Republik.

**Art. 37** Für die rechtlichen Folgen werden als peinliche Strafen (penas aflictivas) angesehen alle Strafen wegen Verbrechen sowie in bezug auf Vergehen minder schwere Zuchthaus- und Gefängnisstrafe,

**Zu Art. 31:** In Art. 17 des Gesetzes Nr. 18.403 vom 14.2.1985 que sanciona el tráfico ilícito de drogas y estupefacientes (über illegalen Betäubungsmittelhandel) wird insbesondere die Beschlagnahme der für Rauschgiftdelikte benutzten Fahrzeuge angeordnet.

**Zu Art. 32:** Zum Vollzug der Freiheitsstrafen siehe Martin/Prieto/Reimer a.a.O. (Anm. zu Art. 10 Nr. 2, 3) S. 1427 ff.

Zwangsverschickung, Verbannung und minder schwerer Zwangsaufenthalt in ihren höchsten Graden.*

**Art. 38** Die Strafe der lebenslangen absoluten Aberkennung der Befähigung zur Bekleidung öffentlicher Ämter und zur Ausübung politischer Rechte und betitelter Berufe, sowie die der zeitigen Aberkennung der Befähigung zur Bekleidung öffentlicher Ämter und zur Ausübung akademischer Berufe bewirken:

1. die Enthebung von allen öffentlichen Ehrentiteln, Ämtern, Stellen und betitelten Berufen, die der Bestrafte innehatte, auch wenn er sie durch Volkswahl erlangt hat;

2. den Verlust aller aktiven und passiven politischen Rechte, sowie die lebenslange Unfähigkeit zur Wiedererlangung derselben;

3. die Unfähigkeit zur Erlangung der erwähnten Ehrentitel, Ämter, Stellen und Berufe, und zwar auf Lebenszeit, wenn die Aberkennung der Befähigung lebenslänglich ist, und für die Dauer der Strafe, wenn sie zeitig ist;

4. (aufgehoben).

**Art. 39** Die Strafen der lebenslangen und zeitigen speziellen Aberkennung der Befähigung zur Bekleidung eines bestimmten öffentlichen Amtes oder zur Ausübung eines bestimmten betitelten Berufes bewirken:

1. die Enthebung von dem betreffenden Amt, der Stelle oder dem Beruf sowie von den damit verbundenen Ehrentiteln, und zwar auf Lebenszeit, wenn die Aberkennung der Befähigung lebenslänglich ist, und für die Dauer der Strafe, wenn sie zeitig ist;

2. die Unfähigkeit zur Wiedererlangung besagten Amtes, der Stelle oder des Berufes oder von anderen in der gleichen Laufbahn, und zwar auf Lebenszeit, wenn die Aberkennung der Befähigung lebenslänglich ist, und für die Dauer der Strafe, wenn sie zeitig ist.

**Zu Art. 37**: Die Unterscheidung zwischen "peinlichen" und anderen Strafen ist für das Strafgesetzbuch ohne Bedeutung. Relevant ist sie hingegen für die Bürgerschaft (Art. 13, 17 der Verfassung) und u.a. auch für die Anordnung der Untersuchungshaft nach Art. 356 ff. Código de Procedimiento Penal (StPO); vgl. Martin/Prieto/Reimer a.a.O. (Anm. zu Art. 10 Nr. 2, 3) S. 1419 f.

**Art. 40** Die zeitweilige Enthebung von einem öffentlichen Amt oder von einem betitelten Beruf bewirkt die Unfähigkeit zu dessen Ausübung für die Dauer der Strafe.

Die zeitweilige Enthebung, die während des Verfahrens angeordnet wird, hat für den Beschuldigten die Entziehung der Hälfte seines Gehalts zur unmittelbaren Folge, welches ihm nur im Falle eines Freispruchs zurückerstattet wird.

Die durch Strafe erfolgte zeitweilige Enthebung bewirkt für den Enthobenen den Verlust des vollen Gehalts für deren Dauer.

**Art. 41** Wird von den Strafen der Aberkennung von Befähigungen und der zeitweiligen Enthebung ein Geistlicher betroffen, so erstreckt sich deren Wirkung nicht auf Ämter, Rechte und Ehrentitel, die er für die Kirche innehat. Die kirchliche Rechtsprechung und die Seelsorge der Geistlichen, die solcherart bestraft werden, wird im Gebiet der Republik für die gesamte Strafdauer nicht anerkannt, und sie dürfen kein Einkommen aus dem Staatsvermögen mehr beziehen, außer der vom Gericht festgesetzten kirchlichen Besoldung (congrua).

Diese Bestimmung erstreckt sich nicht auf Bischöfe, soweit es die Ausübung der ihnen zukommenden ordentlichen Gerichtsbarkeit betrifft.

**Art. 42** Die aktiven und passiven politischen Rechte, auf die sich die obigen Artikel beziehen, sind: die Fähigkeit, wahlberechtigter Bürger zu sein; die Fähigkeit, durch Volkswahl ein Amt zu erhalten, und die Fähigkeit, Geschworener zu sein.* Wer diese Rechte verloren hat, kann nur auf dem in der Verfassung geregelten Weg wieder in deren Ausübung eingesetzt werden.**

**Art. 43** Erfolgt die Aberkennung der Befähigung zur Bekleidung öffentlicher Ämter oder zur Ausübung betitelter Berufe als Nebenstrafe, so schließt der Erlaß der Hauptstrafe diese nicht ein, es sei denn, daß er sich ausdrücklich darauf erstreckt.

**Zu Art. 42**: Da das Geschworenenamt 1925 durch Decreto Ley Nr. 425 vom 20.3.1925 abgeschafft wurde, hat diese letzte Alternative keine Bedeutung mehr. - Gemäß Art. 17 der Verfassung von 1980 erfolgt die Wiedereinsetzung in diese Rechte durch den Senat.

**Art. 44** Der Erlaß der lebenslangen oder zeitigen Aberkennung der Befähigung zur Bekleidung öffentlicher Ämter und zur Ausübung betitelter Berufe setzt den Bestraften nur in letztere wieder ein, nicht aber in die öffentlichen Ehrentitel, Stellen oder Ämter, deren er enthoben wurde. Die gleiche Wirkung hat die Verbüßung der Strafe der zeitigen Aberkennung der Befähigung.

**Art. 45** Die Stellung unter behördliche Aufsicht berechtigt den erkennenden Richter dazu, bestimmte Orte festzulegen, deren Aufsuchen dem Bestraften nach der Verbüßung der Strafe verboten ist, und ihm alle oder einige der folgenden Verpflichtungen aufzuerlegen:

1. vor der Entlassung in die Freiheit seinen beabsichtigten Wohnort anzugeben;

2. einen Reiseschein zu empfangen, in dem die Strecke, die er einhalten muß und von der er nicht abweichen darf, und die Dauer seines Aufenthalts in jedem Durchreiseort festgesetzt werden;

3. sich binnen 24 Stunden nach seiner Ankunft bei dem im Reiseschein bezeichneten Beamten zu melden;

4. den Wohnort nicht wechseln zu können, ohne dies drei Tage im voraus dem gleichen Beamten gemeldet zu haben, welcher ihm den mit einem Sichtvermerk versehenen ursprünglichen Reiseschein aushändigt, damit er sich an seinen neuen Wohnort begeben kann;

5. ein Gewerbe, ein Handwerk, eine Arbeit oder einen Beruf aufzunehmen, sofern er nicht bekanntermaßen über eigene Unterhaltsmittel verfügt.

**Art. 46** Die Strafe der Kaution verpflichtet den Bestraften, einen zahlungsfähigen Bürgen dafür zu stellen, daß er entweder das zu verhütende Übel nicht ausführen oder die Strafe verbüßen wird, und der sich verpflichtet, bei Herbeiführung des Übels oder Strafentziehung den vom Gericht festgesetzten Betrag zu bezahlen.

Stellt der Bestrafte keinen Bürgen, so erleidet er eine der Höhe der Kaution entsprechende Gefängnisstrafe, wobei ein Tag für jedes Fünftel des Mindestlohnes berechnet wird, die aber in keinem Fall sechs Monate überschreiten darf.

**Art. 47** Die Verurteilung zur Zahlung von Kosten umfaßt sowohl die Gerichtskosten als auch die Honorare sowie darüber hinaus die Unkosten, die anläßlich des Verfahrens entstanden sind und nicht zu den Kosten zählen. Diese Unkosten werden vom Gericht nach vorheriger Anhörung der Parteien festgesetzt.

**Art. 48** Reicht das Vermögen des Schuldigen für die Deckung der Zahlungsverpflichtungen nicht aus, so werden diese in der folgenden Reihenfolge befriedigt:

1. Gerichtskosten und Honorare;
2. Ersatz der anläßlich des Verfahrens entstandenen Unkosten;
3. Schadenersatz und Schmerzensgeld;
4. Geldstrafe.

Im Falle des Konkurses oder Bankrottes werden diese Forderungen als eine einzige betrachtet und zu denen gezählt, die kein Vorrecht haben.

**Art. 49** Reicht das Vermögen des Verurteilten zur Erfüllung der Geldstrafe nicht aus, so wird als Ersatz und zur Erzwingung Gefängnisstrafe verhängt, wobei ein Tag für jedes Zehntel des Mindestlohnes berechnet wird, die aber niemals sechs Monate überschreiten darf.

Von dieser Erzwingungshaft ausgenommen ist der zu minder schwerer Gefängnisstrafe in ihrem höchsten Grad oder zu einer schwereren Strafe Verurteilte.

## § 4 Von der Anwendung der Strafen

**Art. 50** Den Tätern der Straftat wird die Strafe auferlegt, die das Gesetz dafür anordnet.

Wenn das Gesetz für eine Straftat eine Strafe bestimmt, meint es damit die für die vollendete Straftat zu verhängende.

**Art. 51** Den Tätern eines fehlgeschlagenen Verbrechens oder Vergehens und den Gehilfen eines vollendeten Verbrechens oder Vergehens wird die Strafe auferlegt, die in ihrem Grad unmittelbar niedriger ist als die vom Gesetz für das Verbrechen oder Vergehen angeordnete.

**Art. 52** Den Tätern eines versuchten Verbrechens oder Vergehens, den Gehilfen eines fehlgeschlagenen Verbrechens oder Vergehens und den Begünstigern eines vollendeten Verbrechens oder Vergehens wird die Strafe auferlegt, die um zwei Grade niedriger ist als die vom Gesetz für das Verbrechen oder Vergehen angeordnete.

Von dieser Vorschrift ausgenommen sind die Begünstiger, die von Artikel 17 Nr. 3 erfaßt sind, sofern sie dessen erste Voraussetzung erfüllen. Ihnen wird die Strafe der lebenslangen speziellen Aberkennung der Befähigung zur Bekleidung ihres Amtes auferlegt, wenn der Begünstigte Täter eines Verbrechens war, und die der zeitigen speziellen Aberkennung in einem beliebigen Grad, wenn er Täter eines Vergehens war.

Ebenfalls ausgenommen sind die von Artikel 17 Nr. 4 erfaßten Begünstiger, für die minder schwere Gefängnisstrafe in einem beliebigen Grad Anwendung findet.

**Art. 53** Den Gehilfen eines versuchten Verbrechens oder Vergehens sowie den Begünstigern eines fehlgeschlagenen Verbrechens oder Vergehens wird die Strafe auferlegt, die um drei Grade niedriger ist als die vom Gesetz für das Verbrechen oder Vergehen angeordnete.

**Art. 54** Den Begünstigern eines versuchten Verbrechens oder Vergehens wird die Strafe auferlegt, die um vier Grade niedriger ist als die vom Gesetz für das Verbrechen oder Vergehen angeordnete.

**Art. 55** Für die Anwendung der allgemeinen in den vier vorstehenden Artikeln enthaltenen Vorschriften ist kein Raum in den Fällen, in denen das Gesetz die fehlgeschlagene Straftat, den Versuch, die Beteiligung oder die Begünstigung ausdrücklich unter Strafe stellt.*

**Art. 56** Die teilbaren Strafen bestehen aus drei Graden, nämlich aus dem niedrigen, dem mittleren und dem höchsten Grad, deren Dauer festgelegt ist in der folgenden Übersichtstabelle:

**Zu Art. 55:** Beispiele finden sich in Art. 111, 167, 169, 175, 177, 191, 371, 450.

## Übersichtstabelle

| Strafen | Dauer der ganzen Strafe | Dauer ihres niedrigen Grades | Dauer ihres mittleren Grades | Dauer ihres höchsten Grades |
|---|---|---|---|---|
| Schwere Zuchthaus- oder Gefängnisstrafe, Zwangsverschickung, Verbannung und schwerer Zwangsaufenthalt | von 5 Jahren und einem Tag bis zu 20 Jahren | von 5 Jahren und einem Tag bis zu 10 Jahren | von 10 Jahren und einem Tag bis zu 15 Jahren | von 15 Jahren und einem Tag bis zu 20 Jahren |
| Absolute und spezielle zeitige Aberkennung von Befähigungen | von 3 Jahren und einem Tag bis zu 10 Jahren | von 3 Jahren und einem Tag bis zu 5 Jahren | von 5 Jahren und einem Tag bis zu 7 Jahren | von 7 Jahren und einem Tag bis zu 10 Jahren |
| Minder schwere Zuchthaus- oder Gefängnisstrafe, Zwangsverschickung, Verbannung und minder schwerer Zwangsaufenthalt sowie Ortsverweisung | von 61 Tagen bis zu 5 Jahren | von 61 bis zu 540 Tagen | von 541 Tagen bis zu 3 Jahren | von 3 Jahren und einem Tag bis zu 5 Jahren |
| Zeitweilige Enthebung von einem öffentlichen oder einem betitelten Beruf | von 61 Tagen bis zu 3 Jahren | von 61 Tagen bis zu einem Jahr | von einem Jahr und einem Tag bis zu 2 Jahren | von 2 Jahren und einem Tag bis zu 3 Jahren |
| Arrest | von einem bis zu 60 Tagen | von einem bis zu 20 Tagen | von 21 bis zu 40 Tagen | von 41 bis zu 60 Tagen |

**Art. 57** Jeder Grad einer teilbaren Strafe bildet eine Strafe für sich.

**Art. 58** In den Fällen, in denen das Gesetz eine Strafe anordnet, die aus zwei oder mehr verschiedenen zusammengesetzt ist, bildet jede davon einen Strafgrad, nämlich die mildeste den niedrigen und die schwerste den höchsten Grad.

**Art. 59** Um die Strafen zu bestimmen, die gemäß den Artikeln 51, 52, 53 und 54

1. den Tätern eines fehlgeschlagenen Verbrechens oder Vergehens,

2. den Tätern eines versuchten Verbrechens oder Vergehens, den Gehilfen eines fehlgeschlagenen Verbrechens oder Vergehens und den Begünstigern eines vollendeten Verbrechens oder Vergehens,

3. den Gehilfen eines versuchten Verbrechens oder Vergehens und den Begünstigern eines fehlgeschlagenen Verbrechens oder Vergehens, und

4. den Begünstigern eines versuchten Verbrechens oder Vergehens,

aufzuerlegen sind, legt das Gericht die folgenden Strafgradskalen zugrunde:

SKALA NUMMER 1

Grade:

1. Todesstrafe,
2. lebenslange Zuchthaus- oder Gefängnisstrafe,
3. schwere Zuchthaus- oder Gefängnisstrafe im höchsten Grad,
4. schwere Zuchthaus- oder Gefängnisstrafe mit mittleren Grad,
5. schwere Zuchthaus- oder Gefängnisstrafe im niedrigen Grad,
6. minder schwere Zuchthaus- oder Gefängnisstrafe im höchsten Grad,
7. minder schwere Zuchthaus- oder Gefängnisstrafe im mittleren Grad,
8. minder schwere Zuchthaus- oder Gefängnisstrafe im niedrigen Grad,
9. Arrest im höchsten Grad,
10. Arrest im mittleren Grad,
11. Arrest im niedrigen Grad.

SKALA NUMMER 2

Grade:

1. Lebenslanger Zwangsaufenthalt,
2. schwerer Zwangsaufenthalt im höchsten Grad,
3. schwerer Zwangsaufenthalt im mittleren Grad,
4. schwerer Zwangsaufenthalt im niedrigen Grad,
5. minder schwerer Zwangsaufenthalt im höchsten Grad,
6. minder schwerer Zwangsaufenthalt im mittleren Grad,
7. minder schwerer Zwangsaufenthalt im niedrigen Grad,
8. Ortsverweisung im höchsten Grad,
9. Ortsverweisung im mittleren Grad,
10. Ortsverweisung im niedrigen Grad.

SKALA NUMMER 3

Grade:

1. schwere Zwangsverschickung oder Verbannung im höchsten Grad,
2. schwere Zwangsverschickung oder Verbannung im mittleren Grad,
3. schwere Zwangsverschickung oder Verbannung im niedrigen Grad,
4. minder schwere Zwangsverschickung oder Verbannung im höchsten Grad,
5. minder schwere Zwangsverschickung oder Verbannung im mittleren Grad,
6. minder schwere Zwangsverschickung oder Verbannung im niedrigen Grad,
7. Ortsverweisung im höchsten Grad,
8. Ortsverweisung im mittleren Grad,
9. Ortsverweisung im niedrigen Grad.

SKALA NUMMER 4

Grade:

1. lebenslange absolute Aberkennung von Befähigungen,
2. zeitige absolute Aberkennung von Befähigungen im höchsten Grad,
3. zeitige absolute Aberkennung von Befähigungen im mittleren Grad,
4. zeitige absolute Aberkennung von Befähigungen im niedrigen Grad,
5. zeitweilige Enthebung im höchsten Grad,
6. zeitweilige Enthebung im mittleren Grad,
7. zeitweilige Enthebung im niedrigen Grad.

SKALA NUMMER 5

Grade:

1. lebenslange spezielle Aberkennung von Befähigungen,
2. zeitige spezielle Aberkennung von Befähigungen im höchsten Grad,
3. zeitige spezielle Aberkennung von Befähigungen im mittleren Grad,
4. zeitige spezielle Aberkennung von Befähigungen im niedrigen Grad,
5. zeitweilige Enthebung im höchsten Grad,
6. zeitweilige Enthebung im mittleren Grad,
7. zeitweilige Enthebung im niedrigen Grad.

**Art. 60** Die Geldstrafe wird als die der jeweils letzten in allen Strafgradskalen unmittelbar nachgehende Strafe angesehen.

Zur Festsetzung ihrer jeweiligen Höhe ist das in Artikel 25 Bestimmte zugrundezulegen, für ihre Anwendung auf den Einzelfall ist das in Artikel 70 Vorgeschriebene zu befolgen.

Der Ertrag der Geldstrafen, gleichgültig ob sie durch Urteil verhängt oder durch Umwandlung aufgrund einer Verfügung entstanden sind, wird einem besonderen staatlichen Konto gutgebracht, über welches allein das Justizministerium zu einem der folgenden Zwecke und gemäß der Vorschrift, die dafür vom Staatspräsidenten erlassen wird, verfügen kann:*

1. Schaffung, Einrichtung oder Instandhaltung von Straf- und Resozialisierungsanstalten,

2. Schaffung von Gerichten und Einrichtung, Instandhaltung und Weiterentwicklung von Justizdienststellen,

3. Instandhaltung von Dienststellen der Behörde zur Betreuung der Sträflinge (Patronato de Reos).*

Die Regelung des vorigen Absatzes gilt auch hinsichtlich verfallener Kautionen, beschlagnahmter Gelder und der Erträge aus der vom Staatlichen Versorgungsamt (Dirección de Aprovisionamiento del Estado) in öffentlicher Versteigerung vorzunehmenden Veräußerung sonstiger beschlagnahmter Sachen in öffentlicher Versteigerung.

**Zu Art. 60**: Die betreffende Verordnung wurde mit dem Dekret Nr. 1.810 vom 26.9.1969 vom Justizminister erlassen. - Vgl. auch Dekret Nr. 542 vom 5.2.1943, das das Patronato Nacional de Reos schuf (im Anhang des StGB).

Die Bestimmungen der zwei vorigen Absätze finden keine Anwendung auf die in Artikel 483b angeordneten Geldstrafen.

Der Ertrag der aus Übertretungen und Ordnungswidrigkeiten herrührenden Geldstrafen, Kautionen und Beschlagnahmungen wird der Gemeinde, in deren Gebiet die bestrafte Tat begangen wurde, zur Verfügung gestellt.

**Art. 61** Die Bestimmung der Strafen, die in den verschiedenen Fällen des Artikels 59 aufzuerlegen sind, erfolgt unter Beachtung folgender Regeln:

1. Ist die für die Tat angeordnete Strafe unteilbar oder besteht sie aus einem einzigen Grad einer teilbaren, so kommt den Tätern eines fehlgeschlagenen Verbrechens oder Vergehens sowie den Gehilfen eines vollendeten Verbrechens oder Vergehens die im Grad unmittelbar niedrigere Strafe zu.

Zur Bestimmung der Strafen für die übrigen in Artikel 59 genannten Verantwortlichen wird in der Skala, die sich jeweils auf sie bezieht, unter Beachtung der in jenem Artikel aufgestellten Reihenfolge fortlaufend um einen Grad nach unten gegangen.

2. Besteht die für die Straftat angeordnete Strafe aus zwei oder mehr Graden, gleichgültig, ob sie aus zwei unteilbaren Strafen, mehreren Graden teilbarer Strafen oder aber aus einer oder zwei unteilbaren Strafen und einem oder mehreren Graden einer teilbaren zusammengesetzt ist, so kommt den Tätern des fehlgeschlagenen Verbrechens oder Vergehens und den Gehilfen des vollendeten Verbrechens oder Vergehens die im Grad unmittelbar niedrigere Strafe als die geringste vom Gesetz bestimmte zu.

Zur Bestimmung der Strafen für die sonstigen Verantwortlichen wird das in der vorigen Regel Vorgeschriebene befolgt.

3. Werden für eine Straftat mehrere Strafen alternativ angedroht, gleichgültig ob sie der gleichen oder zwei oder mehr verschiedenen Skalen angehören, so ist das Gericht nicht verpflichtet, für alle Verantwortlichen solche von gleicher Art zu verhängen.

4. Werden für die Straftat mehrere Strafen kumulativ angedroht, die verschiedenen Skalen angehören, oder wird bei solchen der gleichen Skala eine Geldstrafe hinzugefügt, so finden sowohl diese als auch jene unter Befolgung der Regeln Nr. 1 und 2 für alle Verantwortlichen Anwendung.

Wird aber eine dieser Strafen dem Täter des Verbrechens oder Vergehens aufgrund von besonderen Umständen auferlegt, die bei den anderen Beteiligten nicht vorliegen, so erstreckt sie sich nicht auf diese.

5. Wenn bei der Umsetzung der vorigen Regeln mangels eines niedrigen Grades, oder weil die Aberkennung von Befähigungen oder die zeitweilige Enthebung nicht in Betracht kommen, keine Strafe verhängt werden könnte, wird immer auf Geldstrafe erkannt.

**Praktische Anwendung der vorigen Regeln**

| Regeln | Für Verbrechen oder Vergehen angeordnete Strafe | Strafe für die Täter eines fehlgeschlagenen Verbrechens oder Vergehens und die Gehilfen eines vollendeten Verbrechens oder Vergehens | Strafe für die Täter eines versuchten Verbrechens oder Vergehens, die Gehilfen eines fehlgeschlagenen Verbrechens oder Vergehens und die Begünstiger eines vollendeten Verbrechens oder Vergehens | Strafe für die Gehilfen eines versuchten Verbrechens oder Vergehens und die Begünstiger eines fehlgeschlagenen Verbrechens oder Vergehens | Strafe für die Begünstiger eines versuchten Verbrechens oder Vergehens |
|---|---|---|---|---|---|
| 1. | Lebenslanger Zwangsaufenthalt | Schwerer Zwangsaufenthalt im höchsten Grad | Schwerer Zwangsaufenthalt im mittleren Grad | Schwerer Zwangsaufenthalt im niedrigen Grad | Minder schwerer Zwangsaufenthalt im höchsten Grad |
| 2. Im Falle einer aus zwei Graden zusammengesetzten Strafe | Schwere Zuchthausstrafe im höchsten Grad bis zu lebenslanger Zuchthausstrafe | Schwere Zuchthausstrafe im mittleren Grad | Schwere Zuchthausstrafe im niedrigen Grad | Minder schwere Zuchthausstrafe im höchsten Grad | Minder schwere Zuchthausstrafe im mittleren Grad |
| 2. Im Falle einer aus drei Graden zusammengesetzten Strafe | Zeitige absolute Aberkennung von Befähigungen im mittleren Grad bis zur lebenslangen absoluten Aberkennung von Befähigungen | Zeitige absolute Aberkennung von Befähigungen im niedrigen Grad | Zeitweilige Enthebung im höchsten Grad | Zeitweilige Enthebung im mittleren Grad | Zeitweilige Enthebung im niedrigen Grad |
| 2. Im Falle einer aus vier oder mehr Graden zusammengesetzten Strafe | Minder schwere Gefängnisstrafe im höchsten Grad bis zu schwerer Gefängnisstrafe im höchsten Grad | Minder schwere Gefängnisstrafe im mittleren Grad | Minder schwere Gefängnisstrafe im niedrigen Grad | Arrest im höchsten Grad | Arrest im mittleren Grad |
| 3. | Schwere Zuchthausstrafe im mittleren Grad oder schwere Zwangsverschickung im höchsten Grad | Schwere Zuchthausstrafe im niedrigen Grad | Minder schwere Zuchthausstrafe im höchsten Grad | Minder schwere Zwangsverschickung höchsten Grad | Minder schwere Zuchthausstrafe im niedrigen Grad |
| 4. | Schwere Gefängnisstrafe im niedrigen Grad, lebenslange, absolute Aberkennung von Befähigungen und Geldstrafe | Minder schwere Gefängnisstrafe im höchsten Grad und Geldstrafe in Höhe von 20 Mindestlöhnen | Minder schwere Gefängnisstrafe im mittleren Grad, zeitige absolute Aberkennung von Befähigungen im mittleren Grad und Geldstrafe in Höhe von 10 Mindestlöhnen | Minder schwere Gefängnisstrafe im niedrigen Grad und Geldstrafe in Höhe von 5 Mindestlöhnen | Arrest im höchsten Grad, zeitweilige Enthebung im höchsten Grad und Geldstrafe in Höhe Höhe von 2 1/2 Mindestlöhnen |
| 5. | Zeitweilige Enthebung im mittleren bis höchsten Grad | Zeitweilige Enthebung im niedrigen Grad | Geldstrafe in Höhe von 4 Mindestlöhnen | Geldstrafe in Höhe von 2 Mindestlöhnen | Geldstrafe in Höhe eines Mindestlohnes |

**Art. 62** Die mildernden oder strafschärfenden Umstände werden für die Verringerung oder Erhöhung der Strafe in den Fällen und gemäß den Regeln, die die folgenden Artikel vorschreiben, berücksichtigt.

**Art. 63** Keine Erhöhung der Strafe bewirken die schärfenden Umstände, die für sich genommen eine besondere vom Gesetz mit Strafe bedrohte Tat darstellen, oder die von diesem zu seiner Beschreibung und Bestrafung verwendet werden.

Ebensowenig wird dies von den schärfenden Umständen bewirkt, die der Straftat derart innewohnen, daß sie ohne deren gleichzeitiges Vorliegen nicht begangen werden kann.

**Art. 64** Die mildernden oder schärfenden Umstände, die in der seelischen Verfassung des Straffälligen, in seinen besonderen Beziehungen zum Opfer oder in sonstigen persönlichen Gründen bestehen, dienen zur Milderung oder Schärfung der Verantwortlichkeit nur bei denjenigen Tätern, Gehilfen oder Begünstigern, bei denen sie vorliegen.

Die Umstände, die sich auf die Tatausführung oder die zu ihrer Durchführung angewandten Mittel beziehen, dienen zur Milderung oder Schärfung der Verantwortlichkeit ausschließlich bei denjenigen, die vor oder während der Handlung oder ihrer Mitwirkung an der Straftat davon Kenntnis gehabt haben.

**Art. 65** Ordnet das Gesetz eine einzige, unteilbare Strafe an, so verhängt sie das Gericht, ohne bei der Tat vorliegende strafschärfende Umstände zu berücksichtigen. Sind aber zwei oder mehr mildernde und keine schärfenden Umstände vorhanden, so kann es die in ihrem Grad unmittelbar oder um zwei Grade niedrigere Strafe verhängen.

**Art. 66** Ordnet das Gesetz eine aus zwei unteilbaren Strafen zusammengesetzte Strafe an und wird die Tat weder von mildernden noch von schärfenden Umständen begleitet, so kann das Gericht sie in jedem ihrer Grade verhängen.

Liegt ausschließlich ein mildernder Umstand vor, so muß die Strafe in ihrem niedrigen Grad verhängt werden; ist ein schärfender Umstand, aber kein mildernder vorhanden, so wird sie in ihrem höchsten Grad verhängt. Besteht im letzteren Fall der höchste der bestimmten Grade in der Todesstrafe, so ist das Gericht nicht verpflichtet, sie notwendigerweise zu verhängen.

Handelt es sich um zwei oder mehr mildernde Umstände, ohne daß ein schärfender vorliegt, so kann es je nach Zahl und Bedeutung dieser Umstände die um einen oder zwei Grade niedrigere als die geringste vom Gesetz angeordnete Strafe verhängen.

Liegen sowohl mildernde als auch schärfende Umstände vor, so wägt das Gericht sie zum Zweck der Strafzumessung unter Bewertung ihres Gewichtes vernünftig gegeneinander ab.

**Art. 67** Ist die für die Tat angeordnete Strafe ein Grad einer teilbaren Strafe und liegen weder mildernde noch schärfende Umstände vor, so kann das Gericht bei ihrer Zumessung über den ganzen Strafumfang verfügen.

Ist nur ein mildernder oder nur ein schärfender Umstand vorhanden, so verhängt es sie im ersten Fall in ihrem niedrigen, im zweiten in ihrem höchsten Bereich.

Um in solchen Fällen den niedrigen und den höchsten Bereich der Strafe zu bestimmen, wird die Strafdauer in der Mitte geteilt: der obere Teil bildet den höchsten und der untere den niedrigen Bereich.

Sind es zwei oder mehr mildernde Umstände und kein schärfender, so kann das Gericht je nach Zahl und Bedeutung besagter Umstände die um einen oder zwei Grade niedrigere Strafe verhängen.

Gibt es zwei oder mehr schärfende und keine mildernden Umstände, kann es die um einen Grad höhere Strafe anwenden.

In dem Fall, daß sowohl mildernde als auch schärfende Umstände vorliegen, wägt es sie zum Zwecke der Strafzumessung unter Bewertung ihres Gewichtes vernünftig gegeneinander ab.

**Art. 68** Besteht die vom Gesetz angeordnete Strafe aus zwei oder mehr Graden, gleichgültig ob es sich um eine oder zwei unteilbare Strafen sowie einen oder mehr Grade einer teilbaren anderen oder aber um verschiedene Grade von teilbaren Strafen handelt, so kann das Gericht bei ihrer Zumessung über ihren ganzen Umfang verfügen, sofern bei der Tat weder mildernde noch schärfende Umstände vorliegen.

Gibt es nur einen mildernden oder nur einen schärfenden Umstand, so darf es im ersten Fall nicht den höchsten und im zweiten Fall nicht den niedrigen Grad verhängen.

Sind es zwei oder mehr mildernde Umstände und gibt es keinen schärfenden, so kann das Gericht je nach Zahl und Bedeutung dieser Umstände die um einen, zwei oder drei Grade niedrigere als die geringste vom Gesetz angeordnete Strafe verhängen.

Wenn zwei oder mehr schärfende Umstände gegeben sind, ohne daß mildernde vorliegen, kann das Gericht die in ihrem Grad unmittelbar über der höchsten vom Gesetz vorgesehenen Strafe liegende verhängen, es sei denn, diese ist die Todesstrafe; in diesem Fall ist das Gericht nicht verpflichtet, sie notwendigerweise zu verhängen.

Liegen sowohl mildernde als auch schärfende Umstände vor, so werden die Vorschriften der vorigen Artikel für die entsprechenden Fälle befolgt.

**Art. 68 bis** Unbeschadet der Vorschriften der vier vorigen Artikel kann das Gericht bei Vorhandensein eines einzelnen sehr bedeutenden mildernden Umstandes (una atenuante muy calificada) die um einen Grad niedrigere als die geringste für die Tat angeordnete Strafe verhängen.

**Art. 69** Innerhalb der Grenzen jedes Grades mißt das Gericht die Höhe der Strafe unter Beachtung der Zahl und Bedeutung der mildernden und schärfenden Umstände und des größeren oder kleineren Ausmaßes des durch die Straftat bewirkten Übels zu.

**Art. 70** Bei der Anwendung der Geldstrafen kann das Gericht über den ganzen gesetzlich erlaubten Umfang verfügen, wobei es für deren Festsetzung im Einzelfall nicht nur die vorhandenen mildernden und schärfenden Tatumstände, sondern vor allem auch Vermögen oder Leistungskraft des Schuldigen berücksichtigt.

Sowohl in dem Urteil als auch bei seiner Vollstreckung kann das Gericht je nach den Umständen dem Betroffenen erlauben, die Geldstrafe binnen einer Frist von höchstens einem Jahr in Raten zu bezahlen. Bei Nichtzahlung auch nur einer der Raten wird die gesamte geschuldete Geldstrafe sofort fällig.

**Art. 71** Wenn nicht alle zur Ausschließung der Verantwortlichkeit im Falle des Artikels 10 Nr. 8 erforderlichen Voraussetzungen vorliegen, ist das in Artikel 490 Bestimmte zu befolgen.

**Art. 72** Über den, der älter als 16 und jünger als 18 Jahre ist und der nicht von der strafrechtlichen Verantwortung ausgenommen ist, weil seine Einsichtsfähigkeit vom zuständigen Gericht festgestellt wurde, wird die in ihrem Grad niedrigere als die geringste vom Gesetz für die Tat, deren er verantwortlich ist, angeordnete Strafe verhängt.*

In den Fällen, in denen für dieselbe Straftat Personen über 18 Jahre und Minderjährige unterhalb dieses Alters verantwortlich sind, wird über die Älteren die ihnen auch ohne diesen Umstand zukommende Strafe verhängt, die um einen Grad erhöht wird, wenn sie sich der Minderjährigen zur Tatausführung bedient haben, wobei dieser Umstand vom Richter nach freiem Ermessen beurteilt werden kann.

**Art. 73** Ebenso* wird die um einen, zwei oder drei Grade niedrigere als die geringste vom Gesetz angeordnete Strafe verhängt, wenn die Tat nicht gänzlich entschuldigt ist, weil es an einer der für den Ausschluß der strafrechtlichen Verantwortung erforderlichen Voraussetzungen in den jeweiligen Fällen des Artikels 10 fehlt, sofern die Mehrzahl dieser Voraussetzungen vorliegt; hier wird die Strafe in dem Grad auferlegt, den das Gericht unter Beachtung der Zahl und der Bedeutung der fehlenden und vorliegenden Voraussetzungen für angemessen hält.

Diese Vorschrift gilt vorbehaltlich des Artikels 71.

**Zu Art. 72**: Siehe Art. 10 Nr. 3. Dies gilt allerdings nicht bei Freiheitsstrafen wegen Drogendelikten, Art. 16 des Gesetzes über illegalen Betäubungsmittelhandel Nr. 18.403 vom 14.2.1985.

**Zu Art. 73**: In Anbetracht einer durch Gesetz Nr. 11.183 vorgenommenen Änderung des Art. 72 entbehrt das Wort "ebenso" in dieser Vorschrift des Sinnes. - Siehe auch Art. 67 Ley de Menores Nr. 16.618 (Jugendgesetz; im Anhang des Código Orgánico de Tribunales).

**Art. 74** Über den zweier oder mehrerer Straftaten Schuldigen werden alle den verschiedenen Gesetzesverletzungen zukommenden Strafen verhängt.

Der Verurteilte verbüßt alle Strafen gleichzeitig, soweit dies möglich ist. Ist das nicht der Fall oder würde dadurch eine der Strafen wirkungslos, so erleidet er sie nacheinander, wobei mit den schwereren, also der in der entsprechenden Strafgradskala höherstehenden, begonnen wird, unter Ausnahme von Zwangsverschickung, Verbannung, Zwangsaufenthalt und Ortsverweisung, welche erst nach Verbüßung aller anderen in der Strafenskala Nr. 1 enthaltenen Strafen vollstreckt werden.*

**Art. 75** Die Vorschrift des vorigen Artikels ist nicht anwendbar, wenn eine einzige Handlung zwei oder mehr Straftaten darstellt oder wenn eine Straftat notwendiges Mittel zur Begehung einer anderen ist.

In diesen Fällen wird lediglich die höchste für die schwerere Straftat vorgesehene Strafe verhängt. Besteht besagte Strafe in der Todesstrafe, so kann statt dessen lebenslange Zuchthausstrafe verhängt werden.

**Art. 76** Immer wenn das Gericht eine Strafe verhängt, die nach gesetzlicher Anordnung gemäß § 3 dieses Titels andere Strafen mit sich führt, verurteilt es den Angeklagten auch zu letzteren ausdrücklich.

**Art. 77** In den Fällen, in denen das Gesetz anordnet, daß eine Strafe um einen oder mehr Grade niedriger oder höher sein soll als eine andere bestimmte Strafe, wird die niedrigere oder höhere Strafe aus derjenigen Strafgradskala entnommen, in der die andere Strafe enthalten ist.

Wenn in der entsprechenden Strafgradskala keine höhere Strafe vorhanden oder diese die Todesstrafe ist, so wird lebenslange Zuchthausstrafe verhängt.

Ist keine niedrigere Strafe vorhanden, so wird immer eine Geldstrafe auferlegt.*

**Zu Art. 74:** Siehe auch Art. 509 Código de Procedimiento Penal (StPO) zur Strafzumessung bei gleichartigem Rückfall (vgl. Anm. zu Art. 12 Nr. 15).

**Zu Art. 77:** Vgl. aber Art. 304 und 403.

Sind die Strafen der lebenslangen absoluten oder speziellen Aberkennung von Befähigungen in ihren Graden zu erhöhen, so werden sie verschärft mit minder schwerer Gefängnisstrafe im mittleren Grad.

**Art. 78** Sollte es nötig sein, die Entsprechung der von diesem Gesetzbuch angeordneten Strafen mit denjenigen, die vor seinem Inkrafttreten galten, zu bestimmen, so erfolgt dies unter Beachtung von deren Art und Dauer. So entsprechen zum Beispiel vier Jahre Zuchthaus oder Strafanstalt (penitenciaría) der minder schweren Zuchthausstrafe im höchsten Grad.

## § 5 Von der Strafvollstreckung und Strafverbüßung*

**Art. 79** Keine Strafe kann ohne rechtskräftiges Urteil vollstreckt werden.

**Art. 80** Genausowenig kann eine Strafe in anderer Form als der vom Gesetz vorgeschriebenen oder unter anderen als den im Gesetzestext genannten Umständen oder Begebenheiten vollstreckt werden.

Über das vom Gesetz Bestimmte hinaus sind auch die besonderen Ordnungen für die Anstalten, in denen die Strafe zu verbüßen ist, hinsichtlich der Disziplinarstrafen, der Art, Dauer und sonstigen Umstände der Arbeit, des Verkehrs der Sträflinge mit anderen Personen, der erlaubten Unterstützung von außen und der Ernährung zu befolgen.

**Zu § 5**: Siehe auch das Reglamento Carcelario (Gefängnisordnung), Dekret Nr. 805 des Justizministers vom 30.4.1928 und Dekret Nr. 3.140 des Justizministers von 1965, das Regeln zur Anwendung einer nationalen Strafvollzugspolitik enthält. - Die Strafaussetzung zur Bewährung ist geregelt im Gesetz Nr. 18.216 vom 14.5.1983 que establece medidas qu indica cermo alternativas a las penas privativas o restrictivas de libertad (Maßnahmen als Alternativen zu freiheitsentziehenden oder -beschränkenden Strafen; im Anhang des StGB). Danach kann die über einen Ersttäter verhängte Freiheitsstrafe bis zu 3 Jahren im Falle positiver Prognose zur Bewährung ausgesetzt werden. Als weitere Alternativen zur Freiheitsstrafe sind die nächtliche Einschließung und die Freiheit unter Aufsicht vorgesehen. Näher dazu und zum Strafvollzug allgemein Martin/Reimer/Prieto a.a.O (Anm. zu Art. 10 Nr. 2, 3) S. 1414 ff., 1421 ff.

Die Anstaltsordnungen dürfen als Disziplinarstrafen nur Kette oder Fußeisen*, Einzelhaft und Kontaktsperre gegenüber anstaltsfremden Personen mit der Höchstdauer von einem Monat oder weniger schwere Strafen auferlegen.

**Art. 81** Wird der Straftäter nach der Tat geisteskrank oder schwachsinnig, so werden folgende Regeln beachtet:

1. Tritt die Geisteskrankheit oder Schwachsinnigkeit vor dem Urteilsspruch auf, so werden dessen Wirkungen aufgeschoben, wobei dem Täter keine Leibesstrafe auferlegt wird, bis er seine Geisteskraft wiedererlangt; die Vorschriften der Strafprozeßordnung für solche Fälle sind zu beachten.*

2. Tritt sie nach besagtem Urteilsspruch auf, so ordnet das Gericht die Einweisung in eine für derartig Kranke bestimmte Anstalt an, wenn eine Strafe für ein Verbrechen verhängt wurde. Ist die Strafe geringer, so kann es je nach den Umständen beschließen, daß er seiner Familie übergeben wird, sofern sie für seine Obhut bürgt, wobei das Gericht die Verfügungsgewalt über ihn behält, oder ihn in eine geschlossene Irrenanstalt einweisen lassen.

Sobald der Geisteskranke oder Schwachsinnige seinen Verstand wiedererlangt, wird das Urteil vollstreckt; erlegte ihm dieses eine zeitige Entziehung oder Einschränkung seiner Freiheit auf, so wird auf ihre Dauer die Zeit der Geisteskrankheit oder Schwachsinnigkeit angerechnet.

**Art. 82** Jeder zum Tode Verurteilte wird erschossen.

Die Hinrichtung findet bei Tag und öffentlich an dem für diesen Zweck allgemein vorgesehen Ort oder, wenn ein besonderer Grund dafür vorliegt, an einem vom Gericht bestimmten Ort statt.

**Zu Art. 80:** Durch Gesetz Nr. 17.266 vom 6.1.1970 wurden Kette und Fußeisen als Nebenstrafen aufgehoben.

**Zu Art. 81 Nr. 1:** Mit "Urteilsspruch" (sentencia de término) ist wohl das die Tatsacheninstanz abschließende Urteil gemeint. - Nach Art. 408 Nr. 4 bzw. 409 Nr. 3 Código de Procedimiento Penal (StPO) wird in diesem Fall der Prozeß ausgesetzt oder eingestellt. Gemäß Art. 421 StPO wird der Täter in die Freiheit entlassen, sofern es sich bei der Tat nicht um ein Verbrechen handelt. Dann findet Art. 10 Nr. 1 StGB Anwendung.

Diese Strafe wird drei Tage nach Bekanntgabe des Vollstreckungsbefehls gegenüber dem Verurteilten vollzogen; läuft aber diese Frist an einem oder mehreren religiösen oder nationalen Feiertagen ab, so wird die Vollstreckung auf den darauffolgenden Tag verschoben.*

**Art. 83** Der Sträfling wird in Begleitung eines Geistlichen oder Priesters, dessen Beistand er erbeten oder angenommen hat, in einem Gefangenenwagen zum Hinrichtungsort gefahren. Nach der Ankunft wird er aus dem Wagen geführt und unverzüglich hingerichtet.

**Art. 84** Die Leiche des Gerichteten wird seiner Familie übergeben, falls sie darum bittet, wobei sie verpflichtet ist, ihn dann ohne jegliche Feierlichkeit zu bestatten.

**Art. 85** Die Todesstrafe wird an einer schwangeren Frau nicht vollstreckt, und es wird ihr die Verurteilung dazu auch nicht vor Ablauf von 40 Tagen nach der Entbindung mitgeteilt.

**Art. 86** Die zu Freiheitsstrafen Verurteilten verbüßen ihre Strafen in Strafanstalten der Art, die in den jeweiligen Rechtsvorschriften vorgesehen ist.

**Art. 87** Jugendliche unter 21 Jahren und Frauen verbüßen ihre Strafen in besonderen Anstalten. In Orten, wo es solche nicht gibt, verbleiben sie in den allgemeinen Strafanstalten, werden jedoch angemessen von den erwachsenen bzw. männlichen Häftlingen getrennt.

**Art. 88** Der Arbeitslohn der zu Zuchthausstrafe Verurteilten ist dazu bestimmt:

1. der Strafanstalt die entstehenden Unkosten zu ersetzen,

2. ihnen gewisse Vorteile oder Erleichterungen während der Haftzeit zu gewähren, sofern sie es verdienen,

**Zu Art. 82**: Siehe das Reglamento sobre la Aplicación de la Pena de Muerte (Verordnung über die Ausführung der Todesstrafe), Dekret Nr. 1.439 vom 18.5.1965 (im Anhang des StGB).

3. ihre aus der Straftat herrührenden zivilrechtlichen Verbindlichkeiten zu erfüllen,

4. ihnen eine finanzielle Rücklage zu schaffen, die ihnen bei der Entlassung aus der Strafanstalt ausgehändigt wird.

**Art. 89** Die zu Gefängnisstrafe oder Arrest Verurteilten können freiwillig zu eigenem Vorteil Arbeiten ihrer Wahl verrichten, sofern sie mit der vorschriftsmäßigen Ordnung der Strafanstalt zu vereinbaren sind; obliegen ihnen aber Verbindlichkeiten nach Nr. 1 und 3 des vorigen Artikels und entbehren sie der erforderlichen Mittel zur Erfüllung dieser Verpflichtungen oder haben sie nicht bekanntermaßen einen ehrbaren Beruf oder Lebensunterhalt, so sind sie so lange zwangsweise der Arbeit in der Anstalt unterworfen, bis sie mit ihrem Lohn diese Verpflichtungen erfüllt haben und für ihren eigenen Unterhalt aufkommen können.

## Titel IV

## Von den Strafen für diejenigen, welche sich dem Urteil entziehen und welche während der Strafzeit erneut straffällig werden

### § 1 Von den Strafen für diejenigen, die sich dem Urteil entziehen

**Art. 90** Die Verurteilten, die sich ihrer Strafe entziehen, werden mit den in den folgenden Nummern bestimmten Strafen belegt:

1. Die zu Zuchthaus, Gefängnis oder Arrest Verurteilten werden mit Kontaktsperre gegenüber anstaltsfremden Personen für einen Zeitraum, der sich je nach den Umständen bis zu 180 Tagen erstrecken kann, belegt und sind während dieser Zeit dem strengsten Vollzug der Anstalt unterworfen.

2. Wer in bezug auf solche Strafentziehung rückfällig wird, wird zusätzlich zu der in voriger Vorschrift genannten Strafe für eine den Umständen angemessene Frist, die die Hälfte der noch zu verbüßenden Hauptstrafe nicht überschreiten darf, in eine Einzelzelle geschlossen.

3. (aufgehoben).

4. Die zu Zwangsverschickung, Verbannung, Zwangsaufenthalt oder Ortsverweisung Verurteilten werden mit Zuchthaus, Gefängnis oder Arrest gemäß folgenden Regeln bestraft:

(1) Der zu lebenslangem Zwangsaufenthalt Verurteilte erleidet schwere Zuchthausstrafe im mittleren Grad.

(2) Der zu Zwangsverschickung oder Verbannung Verurteilte erleidet Zuchthausstrafe für die Hälfte der Dauer der noch zu verbüßenden ursprünglichen Strafe.

(3) Der zu zeitigem Zwangsaufenthalt oder zu Ortsverweisung Verurteilte erleidet Gefängnis- oder Arreststrafe für die Hälfte der Dauer der noch zu verbüßenden ursprünglichen Strafe.

5. Der, dem die Befähigung zur Bekleidung öffentlicher Ämter, zur Ausübung politischer Rechte und betitelter Berufe aberkannt wurde, wird mit minder schwerem Gefängnis im niedrigen Grad oder mit Geldstrafe in Höhe von sechs bis 20 Mindestlöhnen bestraft, wenn der sie dennoch ausübt und die Tat nicht eine selbständige Straftat darstellt.

Bei Rückfall wird diese Strafe verdoppelt.

6. Wer eines innegehabten öffentlichen Amtes oder betitelten Berufes zeitweilig enthoben wurde und sie dennoch ausübte, wird mit Verlängerung der ursprünglichen Strafe auf die doppelte Dauer bestraft.

Bei Rückfall wird er mit minder schwerer Gefängnisstrafe im niedrigen Grad oder mit Geldstrafe in Höhe von sechs bis 20 Mindestlöhnen belegt.

7. Wer unter behördliche Aufsicht gestellt wurde und die zu befolgenden Auflagen nicht einhält, wird mit minder schwerer Gefängnisstrafe im niedrigen bis mittleren Grad belegt.

8. Wer in einem Verfahren wegen eines Verbrechens oder Vergehens mit Einziehung oder vorübergehendem Entzug des Führerscheins oder der Fahrerlaubnis für Fahrzeuge oder Schiffe oder mit lebenslanger Aberkennung der Befähigung, solche führen zu dürfen, bestraft wurde, wird mit minder schwerer Zuchthausstrafe im niedrigen Grad belegt.

## § 2 Von den Strafen für diejenigen, welche während der Strafzeit erneut straffällig werden

**Art. 91** Wer nach einer rechtskräftigen Verurteilung während der Dauer seiner Strafe, sei es während ihrer Verbüßung oder nach einer Strafentziehung, ein Verbrechen oder Vergehen begeht, wird mit der vom

Gesetz für das neu begangene Verbrechen oder Vergehen angeordneten Strafe belegt; diese und die ursprüngliche Strafe werden in der vom Gericht im Urteil festgelegten Reihenfolge verbüßt, welche gemäß den in Artikel 74 festgesetzten Regeln bestimmt wird, falls dem gleichen Straftäter verschiedenartige Strafen auferlegt werden.

Muß im Falle dieser Vorschrift das neue Verbrechen mit lebenslänglichem Zuchthaus oder Gefängnis bestraft werden, und verbüßte der Täter gerade eine derartige Strafe, so kann über ihn die Todesstrafe verhängt werden, oder es kann die lebenslängliche Strafe verschärft werden mit Einsperren in eine Einzelzelle bis zu einem Jahr und Kontaktsperre gegenüber anstaltsfremden Personen bis zu sechs Jahren, was getrennt oder gemeinsam erfolgen kann. Ist für das erneute Verbrechen oder Vergehen eine geringere Strafe angedroht, so wird die lebenslängliche Strafe nach dem Ermessen des Gerichts durch eine oder mehrere der genannten Nebenstrafen verschärft, wobei diese bis zu der von Artikel 25 gestatteten Höchstzeit dauern können.

Muß das erneute Verbrechen mit lebenslangem Zwangsaufenthalt bestraft werden und verbüßt der Täter gerade diese Strafe, so wird er mit schwerem Zuchthaus im mittleren Grad bestraft, wobei der Zwangsaufenthalt für beendet erklärt wird.

Ist die für das neue Verbrechen oder Vergehen verdiente Strafe eine andere und geringere, so wird das im ersten Absatz dieses Artikels Vorgeschriebene befolgt.*

**Art. 92** Wird die neue Straftat nach Verbüßung einer Strafe begangen, so sind drei Fälle zu unterscheiden:

1. sie ist von gleicher Art wie die frühere;*

2. sie ist von verschiedener Art, und der Schuldige ist schon wegen zwei oder mehr Straftaten verurteilt worden, für die das Gesetz gleiche oder schwerere Strafe anordnet;

**Zu Art. 91**: Beachte Art. 12 Nr. 14, wonach die neue Tat als unter strafschärfenden Umständen begangen angesehen wird.

**Zu Art. 92**: Der Verweis auf Art. 12 Nr. 14 und 15 ist als auf die Nummern 15 und 16 gemacht zu verstehen. - Zum gleichartigen Rückfall siehe die Anm. zu Art. 12 Nr. 15.

3. sie ist von verschiedener Art, und der Täter ist schon einmal wegen einer Straftat, die vom Gesetz mit gleicher oder schwererer Strafe bedroht ist, verurteilt worden, oder aber mehr als einmal wegen einer Straftat, für die die Strafe geringer ist.

In den zwei ersten Fällen wird die Tat als unter strafschärfenden Umständen erfolgt betrachtet, gemäß dem in Artikel 12 Nr. 14 und 15 Bestimmten, im letzteren Fall werden die früher begangenen Straftaten nicht für eine Erhöhung der Strafe berücksichtigt.*

Titel V

## Von dem Erlöschen der strafrechtlichen Verantwortung

**Art. 93** Die strafrechtliche Verantwortung erlischt:

1. mit dem Tode des Täters, und zwar immer hinsichtlich Leibesstrafen, in bezug auf Geldstrafen jedoch nur, wenn zum Zeitpunkt seines Versterbens noch kein rechtskräftiges Urteil ergangen war;

2. durch die Verbüßung der Strafe;

3. durch Amnestie, die die völlige Tilgung der Strafe und aller ihrer Folgen bewirkt;

4. durch Begnadigung.*

Die Gewährung der Begnadigung bewirkt lediglich den Erlaß oder die Umwandlung der Strafe, enthebt den Begünstigten aber nicht seiner Stellung als Vorbestrafter, was deren Folgen bei Rückfall oder neuerlicher Straffälligkeit und hinsichtlich sonstiger gesetzlicher Bestimmungen angeht.

5. durch Verzeihung seitens des Opfers, sofern die Strafe für eine Tat verhängt wurde, für die das Gesetz ausschließlich Privatklage vorsieht;

6. durch Strafverfolgungsverjährung;

7. durch Strafvollstreckungsverjährung.

**Zu Art. 93 Nr. 4**: Siehe Gesetz Nr. 18.050 vom 28.10.1981 über Grundsätze zur Gewährung der Begnadigung und die hierzu erlassene Verordnung Nr. 1.542 vom 26.11.1981 (abgedruckt im Anhang des StGB).

**Art. 94** Die Strafverfolgung verjährt:

bei Verbrechen, die das Gesetz mit Todesstrafe oder lebenslangem Zuchthaus, Gefängnis oder Zwangsaufenthalt bestraft, in fünfzehn Jahren;

bei sonstigen Verbrechen in zehn Jahren;

bei Vergehen in fünf Jahren;

bei Übertretungen in sechs Monaten.

Ist die für die Straftat angeordnete Strafe aus mehreren zusammengesetzt, so ist für die Anwendung der in den drei ersten Absätzen dieses Artikels enthaltenen Regeln die schwerste Strafe maßgeblich.

Die obigen Vorschriften gelten vorbehaltlich kürzerer Verjährungsfristen, die dieses Gesetzbuch bezüglich bestimmter Straftaten aufstellt.

**Art. 95** Die Verjährungsfrist beginnt mit dem Tag der Begehung der Tat zu laufen.

**Art. 96** Diese Verjährung wird durch Begehung eines erneuten Verbrechens oder Vergehens durch den Straftäter unterbrochen, wobei die bereits verstrichene Zeit verlorengeht, und sie wird gehemmt, sobald ein Verfahren gegen ihn eröffnet wird. Wird aber dieses Verfahren drei Jahre lang nicht vorangetrieben oder endet es ohne Verurteilung, so läuft die Verjährung weiter, als ob sie nicht unterbrochen worden wäre.

**Art. 97** Die durch rechtskräftiges Urteil verhängten Strafen verjähren:

die Todesstrafe und die lebenslange Bestrafung mit Zuchthaus, Gefängnis und Zwangsaufenthalt in fünfzehn Jahren;

die sonstigen Strafen für Verbrechen in zehn Jahren;

die Strafen für Vergehen in fünf Jahren;

die Strafen für Übertretungen in sechs Monaten.

**Art. 98** Die Verjährungsfrist beginnt mit dem Tag des Urteilsspruchs* oder mit der Strafentziehung, falls die Vollstreckung bereits begonnen hatte.

**Zu Art. 98**: Siehe die Anm. zu Art. 18.

**Art. 99** Diese Verjährung wird unterbrochen, wobei die bereits verstrichene Zeit verlorengeht, wenn der Verurteilte während ihres Ablaufs erneut ein Verbrechen oder Vergehen verübt; dies hindert nicht, daß sie von neuem zu laufen beginnt.

**Art. 100** Verläßt der Täter das Gebiet der Republik, so wird bei der Berechnung der Jahre, in denen die Strafverfolgung oder -vollstreckung verjährt, für zwei Tage der Abwesenheit nur ein Tag gezählt.

**Art. 101** Sowohl die Verfolgungs- als auch die Vollstreckungsverjährung läuft zugunsten oder zuungunsten jeder Art von Personen.

**Art. 102** Die Verjährung wird vom Gericht auch ohne Antrag des Täters von Amts wegen festgestellt, sofern er beim Verfahren anwesend ist.

**Art. 103** Wenn der Täter sich stellt oder ergriffen wird, bevor die Verjährungsfrist für Strafverfolgung oder -vollstreckung abgelaufen ist, jedoch nach Ablauf bereits der Hälfte der jeweils dafür erforderlichen Zeit, so hat das Gericht die Tat so zu bewerten, als ob zwei oder mehr gewichtige mildernde und keine schärfenden Umstände vorhanden wären, und die Vorschriften der Artikel 65, 66, 67 und 68 anzuwenden, und zwar sowohl für die Verhängung der Strafe als auch zur Minderung der schon verhängten.

Diese Regelung findet keine Anwendung bei der Verjährung von Übertretungen und bei besonderen kurzen Verjährungsfristen.

**Art. 104** Die in Artikel 12 Nr. 15 und 16 enthaltenen strafschärfenden Umstände werden bei Verbrechen nach Ablauf von zehn Jahren seit dem Zeitpunkt der Tatbegehung nicht mehr berücksichtigt und bei Vergehen nicht mehr nach fünf Jahren.

**Art. 105** Die gesetzlichen Aberkennungen von Befähigungen wegen der Begehung eines Verbrechens oder Vergehens währen nur die Zeit, die für die Verjährung der Strafvollstreckung erforderlich ist und die nach den Vorschriften der Artikel 98, 99 und 100 berechnet wird. Dies gilt nicht für die Aberkennung der Befähigung zur Ausübung politischer Rechte.

Die Verjährung der Schadensersatzpflicht aufgrund einer Straftat richtet sich nach dem Zivilgesetzbuch.*

**Zu Art. 105**: Nach Art. 2.332 Código Civil (Zivilgesetzbuch) tritt sie vier Jahre nach der Begehung der Straftat ein.

Z W E I T E S   B U C H

## Verbrechen und Vergehen und ihre Strafen

Titel I

## Verbrechen und Vergehen gegen die äußere Sicherheit und die Souveränität des Staates*

**Art. 106** Wer sich innerhalb des Gebietes der Republik gegen ihre äußere Sicherheit verschwört, um eine fremde Macht zur Kriegsführung gegen Chile zu verleiten, wird mit schwerem Zuchthaus im höchsten Grad bis zu lebenslangem Zuchthaus bestraft. Sind dem kriegerische Auseinandersetzungen gefolgt, so kann sich die Strafe bis zur Todesstrafe erhöhen.

Die Vorschriften dieses Artikels gelten für alle Chilenen, selbst wenn die Verschwörung außerhalb des Gebietes der Republik stattgefunden hat.

**Art. 107** Der Chilene, der unter feindlicher Fahne gegen sein Vaterland Kriegsdienst leistet, wird mit schwerem Zuchthaus im mittleren Grad bis zur Todesstrafe bestraft.

**Art. 108** Jeder, der die Waffen gegen Chile ergreift und die Unabhängigkeit oder die Unversehrtheit seines Territoriums bedroht, ohne dabei im Namen oder mit Billigung einer fremden Macht zu handeln, wird mit schwerem Zuchthaus im höchsten Grad bis zu lebenslangem Zuchthaus bestraft.

**Zu Titel I**: Siehe die Anm. zu Art. 115. Siehe auch Titel I des Ley de Seguridad de Estado Nr. 12.927 (Staatssicherheitsgesetz; im Anhang des Código de Justicia Militar), wo zusätzliche Straftaten gegen die Souveränität und die äußere Sicherheit des Staates normiert sind, und Titel II des Dritten Buches des Código de Justicia Militar (Militärgesetzbuch) Durch Gesetz Nr. 18.314 que determina Conductas Terroristas y fija su Penalidad vom 17.5.1984 (Antiterrorgesetz) wurden zahlreiche Tatbestände ergänzt und verschärft.

**Art. 109** Mit schwerem Zuchthaus im höchsten Grad bis zu lebenslangem Zuchthaus wird bestraft:

wer dem Feind das Eindringen in das Gebiet der Republik erleichtert;

wer ihm Städte, Häfen, feste Plätze, Festungen, Militärposten, Warenlager, Schiffe, Geld oder andere dem Staat gehörende Gegenstände übergibt, die für den Kriegsverlauf von anerkannter Nützlichkeit sind;

wer ihm mit Männern, Geld, Lebensmitteln, Waffen, Munition, Kleidung, Fahrzeugen, Pferden, Schiffen oder mit anderen dem Feind bekanntermaßen nützlichen Gegenständen Hilfe verschafft;

wer das Vorrücken der feindlichen Kräfte im Gebiet der Republik oder gegen die chilenischen See- und Landstreitkräfte begünstigt, indem er die Staatstreue der Offiziere, Soldaten, Matrosen oder sonstiger Bürger untergräbt;

wer dem Feind Pläne von Festungen, Waffenlagern, Häfen oder Buchten verschafft;

wer ihm Geheimnisse über Verhandlungen oder Feldzüge verrät;

wer Spione oder feindliche Spähtrupps versteckt oder ihnen ein Versteck verschafft;

wer als Ortskundiger die Armee oder Flotte des Feindes führt;

wer böswillig dem Heer oder der Flotte der Republik einen falschen Weg zeigt oder falsche Meldungen macht;

der Lieferant, der seine Pflicht böswillig nicht erfüllt und damit dem Heer oder der Flotte großen Schaden zufügt;*

wer verhindert, daß die Streitkräfte der Republik mit Geld, Waffen, Vorräten (municiones de boca), Munition, Ausrüstung oder Schiffen versorgt werden oder daß sie Kenntnis von Plänen, Weisungen oder Meldungen erhalten, die für einen besseren Kriegsverlauf geeignet sind;

wer irgendwelche Gegenstände auf beliebige Weise mit der Absicht in Brand setzt, den Feind zu unterstützen.

In den Fällen dieses Artikels kann die Strafe bis zur Todesstrafe erhöht werden, wenn der Täter Beamter, Vertreter oder Beauftragter der Regierung ist und seine Amtsgewalt oder die Dokumente oder Mitteilungen, die er aufgrund seiner Stellung besitzt, mißbraucht hat.

**Zu Art. 109:** Siehe auch Art. 273 und 274.

**Art. 110** Die im vorigen Artikel aufgezählten Verbrechen werden mit schwerem Zuchthaus im mittleren Grad bis zu lebenslangem Zuchthaus bestraft, wenn sie gegen Verbündete der Republik begangen werden, die gegen den gemeinsamen Feind vorgehen.

**Art. 111** In den Fällen der fünf vorangegangenen Artikel wird die fehlgeschlagene Straftat wie die vollendete bestraft, der Versuch mit der um einen Grad niedrigeren Strafe als der für die Tat angeordneten, die Verabredung mit der um zwei Grade niedrigeren Strafe und der Vorschlag mit minder schwerem Zuchthaus in einem beliebigen Grad.*

**Art. 112** Wer, ohne daß er eines der in Artikel 109 aufgezählten Verbrechen im Auge hat, Briefwechsel mit Bürgern oder Untertanen einer feindlichen Macht führt, durch den der Feind Informationen zum Nachteil der militärischen Lage Chiles oder seiner gegen den gemeinsamen Feind Verbündeten erlangt, wird mit minder schwerem Zuchthaus in einem beliebigen Grad bestraft.

Dieselbe Strafe wird verhängt, wenn der Briefwechsel in einer verschlüsselten Sprache geführt wird, so daß sein Inhalt unverständlich ist.

Werden die Informationen von einem öffentlichen Bediensteten mitgeteilt, der von diesen aufgrund seines Amtes Kenntnis hat, so ist die Strafe schweres Zuchthaus im mittleren Grad.

**Art. 113** Wer eine zwischen der Republik und einer feindlichen Nation oder zwischen deren kriegsführenden See- oder Landstreitkräften vereinbarte Waffenruhe oder einen Waffenstillstand verletzt, wird mit minder schwerem Zuchthaus im mittleren Grad bestraft.

**Art. 114** Wer im Gebiet der Republik ohne rechtmäßige Befugnis Truppen aushebt oder Schiffe zur Piraterie bestimmt, wird ungeachtet des damit verfolgten Zieles oder des Landes, das anzugreifen er beabsichtigt, mit schwerem Zuchthaus im niedrigen Grad und Geldstrafe in Höhe von 12 bis 30 Mindestlöhnen bestraft.

**Zu Art. 111:** Zur fehlgeschlagenen oder versuchten Straftat siehe Art. 7 und 8.

**Art. 115** Wer die Neutralität der Republik dadurch verletzt, daß er mit kriegführenden Ländern Handel mit Waren treibt, die in den entsprechenden Dekreten oder Neutralitätserklärungen zur Kriegskonterbande erklärt worden sind, wird mit minder schwerem Zuchthaus im mittleren Grad bestraft.*

Ist ein öffentlicher Bediensteter Täter oder Gehilfe dieser Straftat, so wird er mit minder schwerem Zuchthaus im höchsten Grad bestraft.

**Art. 116** Der Bürger oder Untertan einer Nation, mit der Chile Krieg führt, der die von der Regierung für die Bürger oder Untertanen besagter Nation erlassenen Vorschriften über Internierung oder Ausweisung aus dem Gebiet der Republik verletzt, wird mit minder schwerem Gefängnis im mittleren Grad bestraft; auf keinen Fall kann die Strafe länger dauern als der Krieg, der Grund für diese Maßnahmen war.*

**Art. 117** Der Chilene, der entgegen einem Verbot der Regierung in ein feindliches Land einzureisen versucht, wird mit minder schwerer Gefängnisstrafe im niedrigen Grad bestraft.

**Art. 118** Wer im Gebiet der Republik Befehle oder Anordnungen, gleich welcher Art, einer fremden Regierung ausführt, welche die Unabhängigkeit oder die Sicherheit des Staates verletzen, wird mit minder schwerer Verbannung im niedrigen bis mittleren Grad bestraft.

**Art. 119** Wenn ein öffentlicher Bediensteter unter Mißbrauch seines Amtes eines der Vergehen begeht, von denen voriger Artikel handelt, wird er außer mit der dort angedrohten Strafe auch mit zeitiger absoluter Aberkennung der Befähigung zur Bekleidung öffentlicher Ämter im niedrigen Grad bestraft.*

**Zu Art. 115**: Art. 1 des Gesetzes Nr. 5.478 vom 14.9.1934 lautet: "Der Chilene, der innerhalb oder außerhalb des Landes einem fremden Staat Dienste militärischer Art leistet, der in einen Krieg verwickelt ist, bezüglich dessen Chile seine Neutralität bekundet hat, wird mit minder schwerem Zwangsaufenthalt im mittleren Grad und lebenslanger absoluter Aberkennung der Befähigung zur Bekleidung öffentlicher Ämter bestraft."

**Zu Art. 116**: Nach Art. 8, Buchstabe d des Gesetzes Nr. 7.401 vom 31.12.1942 kann der Staatspräsident im Verteidigungsfall für bestimmte Ausländer Sperrzonen und Zwangswohnsitze bestimmen.

**Zu Art. 119**: Siehe Art. 21.

**Art. 120** Wer die Unverletzlichkeit der Person oder der Wohnung eines Repräsentanten einer fremden Macht mißachtet, wird mit minder schwerer Gefängnisstrafe im niedrigen Grad bestraft, falls diese Verletzung keine mit schwererer Strafe bedrohte Straftat darstellt; in diesem Fall wird sie als strafschärfender Umstand angesehen.

## Titel II

## Verbrechen und Vergehen gegen die innere Sicherheit des Staates*

**Art. 121** Wer sich bewaffnet gegen die gesetzmäßig gebildete Regierung mit dem Ziel erhebt, den Bürgerkrieg herbeizuführen, die Staatsverfassung oder die Regierungsform zu ändern, den Präsidenten der Republik oder seinen Vertreter, die Mitglieder der Nationalversammlung oder der Obersten Gerichtshöfe ihrer Ämter zu entheben oder sie am Amtsantritt zu hindern, wird mit schwerem Gefängnis, schwerer Zwangsverschickung oder schwerer Verbannung in einem beliebigen Grad bestraft.*

**Art. 122** Wer durch bestimmende Einflußnahme auf die Aufständischen die Erhebung verursacht oder unterstützt hat und deren Hauptanführer werden mit den im vorigen Artikel genannten Strafen, jedoch im höchsten Grad, bestraft.

**Art. 123** Wer Glocken läutet oder läuten läßt oder andere Instrumente verwendet, um das Volk zum Aufstand aufzuwiegeln, und wer mit gleichem Ziel Ansprachen an eine Menschenmenge hält oder an sie Druckschriften verteilt, wird mit minder schwerem Gefängnis oder minder schwerer Verbannung im mittleren Grad bestraft, wenn die Erhebung stattfindet, sofern er nicht als Verursacher eingestuft zu werden verdient.

**Zu Titel II**: Titel II des Ley de Seguridad de Estado (Staatssicherheitsgesetz Nr. 12.927; im Anhang des Código de Justicia Militar) und Titel IV des Dritten Buches des Código de Justicia Militar (vgl. die Anm. zu Titel I (Art. 106 ff.) enthalten zahlreiche Straftaten gegen die innere Sicherheit des Staates. Zum Antiterrorgesetz von 1984 vgl. ebenfalls die Anm. zu Titel I.

**Zu Art. 121**: Siehe auch Art. 261; zu den Strafen siehe Art. 33, 34.

**Art. 124** Wer, ohne eines der in Artikel 121 genannten Verbrechen zu begehen, jedoch in der Absicht, sie auszuführen, Truppen aufwiegelt oder die Befehlsgewalt über diese, über ein Kriegsschiff, eine Festung, einen Wachtposten, einen Hafen oder eine Stadt an sich reißt oder entgegen einer Anordnung der Regierung an einer politischen oder militärischen Stellung festhält, wird mit schwerem Gefängnis oder schwerer Zwangsverschickung im mittleren Grad bestraft.

**Art. 125** Bei den Verbrechen, von denen die Artikel 121, 122 und 124 handeln, wird die Verabredung mit schwerer Verbannung im mittleren Grad und der Vorschlag mit minder schwerer Verbannung im mittleren Grad bestraft.*

**Art. 126** Wer sich öffentlich in der Absicht erhebt, die Verkündung oder die Ausführung von Gesetzen oder die freie Abhaltung einer Volkswahl zu verhindern, irgendein Verfassungsorgan in der Ausübung seiner Befugnisse oder bei der Ausführung seiner Verfügungen einzuschränken, ihm durch Gewalt Beschlüsse abzunötigen oder Haß- oder Rachehandlungen gegen Personen oder Eigentum einer Behörde oder ihrer Vertreter oder gegen Eigentum des Staates oder einer öffentlichen Einrichtung auszuführen, wird mit minder schwerem Gefängnis, minder schwerer Zwangsverschickung oder minder schwerer Verbannung in einem beliebigen Grad bestraft.*

**Art. 127** Die Vorschriften der Artikel 122, 123, 124 und 125 finden Anwendung auf die im vorigen Artikel enthaltenen Vergehen, wobei die Strafen jeweils um einen Grad niedriger sind als die in besagten Artikeln festgesetzten.

**Art. 128** Nachdem der Aufstand erkennbar geworden ist, fordert die Behörde die Aufständischen zweimal auf, sich sofort zu zerstreuen und zurückzuziehen, wobei zwischen der ersten und der zweiten Aufforderung die dafür notwendige Zeit gelassen wird.

**Zu Art. 125**: Zu Verabredung und Vorschlag siehe Art. 8.

**Zu Art. 126**: Siehe auch Art. 261.

Ziehen sich die Aufständischen nicht unmittelbar nach der zweiten Aufforderung zurück, so werden die öffentlichen Sicherheitskräfte eingesetzt, um sie zu zerstreuen.

Die erste beziehungsweise zweite Aufforderung ist nicht mehr erforderlich, sobald die Aufständischen Gewaltakte verüben.

**Art. 129** Wenn sich die Aufständischen zerstreuen oder der rechtmäßigen Behörde unterwerfen, bevor die Aufforderungen erfolgt sind oder aufgrund dieser, ohne Gewaltakte verübt zu haben, sind sie von jeder Strafe frei.

Die Anstifter, Verursacher und Unterstützer des Aufstands werden in diesem Fall mit einer um einen oder zwei Grade niedrigeren Strafe bestraft, als sie ihnen bei Vollendung der Tat zugekommen wäre.

**Art. 130** Falls der Aufstand sich nicht bis zu dem Punkt steigert, an dem die Ausübung der Staatsgewalt empfindlich behindert wird, werden die Aufständischen gemäß dem letzten Absatz des vorigen Artikels bestraft.

**Art. 131** Die einzelnen Straftaten, die während oder anläßlich des Aufstands begangen werden, werden ungeachtet der Vorschrift des Artikels 129 mit den jeweils dafür angedrohten Strafen geahndet.

Wenn die Täter nicht ermittelt werden können, werden diejenigen Haupt- oder Unteranführer der Aufständischen als Gehilfen dieser Straftaten betrachtet und bestraft, die diese Taten nicht verhindert haben, obwohl es ihnen möglich gewesen wäre.

**Art. 132** Sofern bei den Aufständen, von denen dieser Titel handelt, der Gebrauch von Waffen vorausgesetzt ist, sind unter dieser Bezeichnung alle Maschinen, Geräte, Werkzeuge oder Gegenstände zu verstehen, die zum Schneiden, Stechen oder Schlagen geeignet sind und die ergriffen werden, um jemanden zu töten, zu verletzen oder zu schlagen, selbst wenn von ihnen kein Gebrauch gemacht wird.*

**Zu Art. 132**: Siehe auch Art. 8 f. Ley Nr. 17.798 sobre Control de Armas vom 21.10.1972 und seine Änderungen (Waffenkontrollgesetz; im Anhang des Código de Justicia Militar), wonach Besitz, Tragen, Verschaffen usw. von Waffen mit schweren Strafen bedroht wird.

**Art. 133** Wer durch Arglist oder auf eine andere Weise, jedoch ohne sich gegen die Regierung zu erheben, eines der Verbrechen oder Vergehen der Artikel 121 und 126 begeht, wird mit minder schwerem Gefängnis oder Zwangsaufenthalt in einem beliebigen Grad bestraft, vorbehaltlich dessen, was Artikel 137 über Straftaten betreffend die Ausübung der politischen Rechte bestimmt.

**Art. 134** Der öffentliche Bedienstete, der es seiner Amtspflicht zuwider unterläßt, den Aufstand durch alle in seiner Macht stehenden Mittel zu verhindern, wird mit zeitiger absoluter Aberkennung der Befähigung zur Bekleidung öffentlicher Ämter in einem beliebigen Grad bestraft.

**Art. 135** Der Bedienstete, der unter dem Befehl der Aufständischen sein Amt weiterhin ausübt oder, ohne daß sein Rücktritt angenommen ist, seinem Amt bei Gefahr eines Aufruhrs fernbleibt, wird mit zeitiger absoluter Aberkennung der Befähigung zur Bekleidung öffentlicher Ämter im mittleren bis höchsten Grad bestraft.

**Art. 136** Wer ein Amt oder eine Stellung von den Aufständischen annimmt, wird mit zeitiger absoluter Aberkennung der Befähigung zur Bekleidung öffentlicher Ämter im niedrigen Grad und Geldstrafe in Höhe von 11 bis 20 Mindestlöhnen bestraft.

## Titel III

## Von den Verbrechen und Vergehen, welche die von der Verfassung garantierten Rechte beeinträchtigen

### § 1 Von den Straftaten, die die Ausübung der politischen Rechte und die Pressefreiheit betreffen

**Art. 137** Straftaten, die sich auf die freie Ausübung des Wahlrechts und auf die Meinungsfreiheit der Presse beziehen, werden jeweils gemäß dem Wahl- und dem Pressegesetz eingeteilt und bestraft.*

**Zu Art. 137:** Siehe das Gesetz Nr. 16.643 vom 4.9.1967 sobre Abusos de Publicidad (Gesetz über Mißbräuche im Veröffentlichungswesen). Gemäß Art. 16 werden als "Verbreitungsmittel" (medios de difusión) im Sinne des Gesetzes Tageszei-

## § 2 Von den Verbrechen und Vergehen, die die Ausübung im Staate erlaubter Religionen betreffen

**Art. 138** Wer durch Gewalt oder Drohungen eine oder mehrere Personen an der Ausübung einer im Staate erlaubten Religion hindert, wird mit minder schwerem Gefängnis im niedrigen Grad bestraft.

**Art. 139** Mit minder schwerem Gefängnis im niedrigen Grad und Geldstrafe in Höhe von 6 bis 10 Mindestlöhnen wird bestraft:

1. wer durch Tumult oder Störungen die Ausübung einer Religion an dem dazu bestimmten oder regelmäßig dazu benutzten Ort oder bei einer öffentlichen Feierlichkeit dieser Religion behindert, verzögert oder unterbricht;

2. wer durch Handlungen, Worte oder Drohungen die religiösen Gegenstände schmäht, ohne Rücksicht darauf, ob dies an dem zur Ausübung dieser Religion bestimmten oder regelmäßig dazu benutzten Ort oder bei einer öffentlichen Feierlichkeit dieser Religion geschieht;

3. wer durch Handlungen, Worte oder Drohungen einen Geistlichen bei der Ausübung seines Amtes schmäht.

**Art. 140** Wenn im Falle der Nummer 3 des vorigen Artikels die Beleidigung mit tätlichem Angriff gegen die Person des Geistlichen begangen wird, so wird der Täter mit minder schwerem Gefängnis im niedrigen bis mittleren Grad und Geldstrafe in Höhe von 6 bis 10 Mindestlöhnen bestraft.

Fügen die Schläge dem Opfer Verletzungen im Sinne des Artikels 399 zu, so ist minder schweres Zuchthaus im mittleren Grad die Strafe; handelt es sich um Verletzungen gemäß Artikel 397 Nr. 2, so werden sie

tungen, Zeitschriften und Periodika, ferner Druckschriften, Anzeigen, Flugblätter, Wandaufschriften etc., die an öffentlichen Plätzen oder bei öffentlichen Veranstaltungen verkauft, verteilt oder ausgestellt werden, sowie Radio, Fernsehen, Kino, Lautsprecher, Schallplatten wie überhaupt jedes künstliche Mittel, das geeignet ist, das Wort festzuhalten, aufzunehmen, wiederzugeben oder zu übertragen, egal, ob dieses durch Ton oder Bild ausgedrückt wird, verstanden. Die Aufreizung zu bestimmten schweren Straftaten, Aufstachelung zum Rassenhaß, böswillige Falschinformationen und verbotene Mitteilungen über schwebende Verfahren werden dabei unter Strafe gestellt. Siehe auch die Anm. zu Art. 374 und Titel VIII, § 6 (vor Art. 412).

mit minder schwerem Zuchthaus im höchsten Grad geahndet; sind sie von der in der Nummer 1 des besagten Artikels bezeichneten Art, so ist schweres Zuchthaus im mittleren Grad die Strafe, und wenn das Opfer an den Verletzungen stirbt, wird der Täter mit schwerem Zuchthaus im höchsten Grad bis lebenslangem Zuchthaus belegt.

## § 3 Von Privatpersonen begangene Verbrechen und Vergehen gegen die Freiheit und Sicherheit

**Art. 141*** Wer einen anderen unberechtigterweise einschließt oder festnimmt und ihn dadurch seiner Freiheit beraubt, wird mit minder schwerem Zuchthaus oder minder schwerem Gefängnis in einem beliebigen Grad bestraft.

Mit der gleichen Strafe wird belegt, wer den Ort zur Tatbegehung zur Verfügung stellt.

Wird die Tat ausgeführt, um ein Lösegeld zu erhalten oder Forderungen zu stellen oder Entscheidungen zu erzwingen, wird sie mit schwerem Zuchthaus im niedrigen bis mittleren Grad bestraft.

Dauert die Einschließung oder Festnahme in einem der vorigen Fälle länger als 15 Tage oder entsteht durch sie ein schwerer Schaden für die Person oder das Vermögen des Entführten, so ist schweres Zuchthaus im mittleren bis schweren Grad die Strafe.

Wer zum Zweck oder bei Gelegenheit einer Entführung zusätzlich eine Tötung, eine Vergewaltigung oder Körperverletzungen der in Artikel 395, 396 und 397 Nr. 1 bezeichneten Art gegen das Opfer verübt, wird mit schwerem Zuchthaus im höchsten Grad bis zur Todesstrafe belegt.

**Art. 142** Die Entführung (substracción) eines Minderjährigen unter zehn Jahren wird bestraft:

1. mit schwerem Zuchthaus im höchsten Grad bis zur Todesstrafe in folgenden Fällen:

**Zu Art. 141 und 142**: Durch Gesetz Nr. 18.222 vom 20.5.1983 wurden die Entführungstatbestände ausgeweitet und die Strafen verschärft. Zugleich wurde auch das Ley de Seguridad de Estado (Staatssicherheitsgesetz) geändert.

a) wenn sie geschieht, um ein Lösegeld zu erhalten oder Forderungen zu stellen oder Entscheidungen zu erzwingen, und

b) wenn sie zu einer Tötung, Vergewaltigung oder zu Körperverletzungen der in Artikel 395, 396 und 397 Nr. 1 bezeichneten Art gegenüber dem Opfer führt;

2. mit schwerem Zuchthaus in einem beliebigen Grad in den übrigen Fällen.

Die Entführung eines Minderjährigen, der älter als 10 und jünger als 18 Jahre ist, wird bestraft:

1. mit schwerem Zuchthaus im mittleren bis höchsten Grad, wenn die Tat ausgeführt wird, um ein Lösegeld zu erhalten, Forderungen zu stellen oder Entscheidungen zu erzwingen oder wenn der Minderjährige einen schweren Schaden erleidet;

2. mit schwerem Zuchthaus im höchsten Grad bis zur Todesstrafe, wenn zusätzlich eine Tötung, Vergewaltigung oder eine Körperverletzung der in Artikel 395, 396 oder 397 Nr. 1 bezeichneten Art gegen das Opfer verübt wird;

3. mit minder schwerem Zuchthaus im höchsten Grad in den übrigen Fällen.

Wenn der Entführer vor der Eröffnung eines Strafverfahrens den entführten Minderjährigen freiwillig und unverletzt seinen Eltern, seiner Schutzperson*, den mit seiner Pflege Beauftragten oder einer Behörde zurückgibt, so kann eine um zwei Grade niedrigere als die in diesem Artikel angeordnete Strafe verhängt werden.

**Art. 143** Wer außer in den gesetzlich erlaubten Fällen einen anderen festnimmt, um ihn der Behörde vorzuführen, wird mit minder schwerem Gefängnis im niedrigen Grad oder Geldstrafe in Höhe von 6 bis 10 Mindestlöhnen bestraft.

**Art. 144** Wer gegen den Willen des Bewohners in eine fremde Wohnung eindringt, wird mit minder schwerem Gefängnis im niedrigen Grad oder Geldstrafe in Höhe von 6 bis 10 Mindestlöhnen bestraft.

**Zu Art. 142**: Nach der Legaldefinition in Art. 338 Código Civil (Zivilgesetzbuch) werden Vormünder und Pfleger allgemein "Schutzpersonen" (guardadores) genannt.

Wird die Tat mit Gewalt oder Einschüchterung begangen, so kann das Gericht auf minder schwere Gefängnisstrafe im mittleren Grad erkennen und die Geldstrafe auf bis zu 15 Mindestlöhne erhöhen.

**Art. 145** Die Vorschrift des vorigen Artikels findet keine Anwendung für den, der in eine fremde Wohnung eindringt, um sich selber, die Bewohner oder einen Dritten vor einem schweren Schaden zu bewahren oder um der Menschlichkeit oder der Gerechtigkeit einen Dienst zu erweisen.

Sie findet ebenfalls keine Anwendung in bezug auf Cafés, Gaststätten, Wirtshäuser und sonstige öffentlich zugängliche Stätten, solange sie geöffnet sind und nicht grundlos Gewalt angewendet wird.

**Art. 146** Wer die Korrespondenz oder die Papiere eines anderen ohne seinen Willen öffnet oder durchsucht, wird mit minder schwerem Gefängnis im mittleren Grad bestraft, wenn er die darin enthaltenen Geheimnisse preisgibt oder sich zunutze macht, andernfalls mit minder schwerem Gefängnis im niedrigen Grad.

Diese Vorschrift gilt nicht zwischen Eheleuten und für Eltern, Schutzpersonen* und ihren Vertretern hinsichtlich der Papiere oder Briefe ihrer Kinder und der Minderjährigen, die sich unter ihrer Gewalt befinden.

Ebensowenig gilt sie für Personen, die durch Gesetz oder besondere Vorschriften befugt sind, sich über fremde Korrespondenz zu unterrichten.

**Art. 147** Wer unter irgendeinem Vorwand anderen Abgaben auferlegt oder ohne Befugnis persönliche Dienste von ihnen verlangt, wird mit minder schwerem Gefängnis im niedrigen bis mittleren Grad und Geldstrafe in Höhe von 11 bis 20 Mindestlöhnen bestraft.*

**Zu Art. 146**: Vgl. die Anm. zu Art. 142.

**Zu Art. 147**: Für Amtsträger siehe Art. 157; vgl. auch Art. 241.

## § 4 Von den Beeinträchtigungen, die durch öffentliche Amtsträger den von der Verfassung garantierten Rechten zugefügt werden*

**Art. 148** Jeder öffentliche Bedienstete, der gesetzwidrig und willkürlich jemanden verbannt, inhaftiert oder festnimmt, wird mit minder schwerem Gefängnis und zeitweiliger Amtsenthebung in den niedrigen bis mittleren Graden bestraft.*

Wenn die Inhaftierung oder Festnahme länger als 30 Tage dauert, ist minder schweres Gefängnis und zeitweilige Amtsenthebung in den höchsten Graden die Strafe.

**Art. 149** Mit minder schwerem Gefängnis und zeitweiliger Amtsenthebung in den niedrigen bis mittleren Graden werden bestraft:*

1. wer als Leiter einer Strafanstalt jemanden als Sträfling oder Festgenommenen aufnimmt, ohne daß die gesetzlichen Voraussetzungen dafür erfüllt sind;

2. wer jemanden als Inhaftierten aufgenommen hat und dies nicht binnen 24 Stunden dem zuständigen Gericht mitteilt;

3. wer die Festgenommenen daran hindert, mit dem Richter in Verbindung zu treten, der ihren Fall kennt, oder die rechtskräftig Verurteilten daran hindert, mit den Richtern in Verbindung zu treten, die die jeweiligen Strafanstalten zu besuchen haben;*

**Zu § 4:** Zum Begriff des Amtsträgers siehe Art. 260.

**Zu Art. 148:** Für Richter und Staatsanwälte siehe auch Art. 224 Nr. 5 und 225 Nr. 5.

**Zu Art. 149:** Das Grundrecht auf persönliche Freiheit ist in Art. 19 Nr. 7 der Verfassung von 1980 verankert. Für Festnahme und Haft sind dabei besondere Regelungen getroffen, deren Verletzungen durch Art. 148 StGB unter Strafe gestellt werden. - Zur Festnahme siehe Art. 251 ff. Código de Procedimiento Penal (StPO); vgl. auch Martin/Prieto/Reimer a.a.O. (Anm. zu Art. 10 Nr. 2, 3), S. 1417 ff.

**Zu Art. 149 Nr. 3:** Nach Art. 567 Código Orgánico de Tribunales (Gerichtsverfassungsgesetz) ist jeder rechtsgelehrte Richter verpflichtet, am letzten Arbeitstag der Woche die Strafanstalten zu besuchen, in denen sich Festgenommene oder Gefangene befinden, deren Prozeß er führt. Nach Art. 578 und 585bis sind darüber hinaus halbjährliche Inspektionen durch Kommissionen vorgeschrieben.

4. der für ein Haftlokal Verantwortliche, der sich weigert, dem Gericht auf Verlangen des Inhaftierten eine Kopie des Haftbefehls zu übermitteln, selber besagte Kopie anzufordern oder ihm eine Bescheinigung darüber auszustellen, daß diese Person sich in Haft befindet;

5. wer über ein Amt der Verwaltungs- oder Kriminalpolizei verfügt und trotz Kenntnis von einer willkürlichen Festnahme dieser nicht ein Ende setzt, obwohl ihm dies möglich wäre, oder, wenn das nicht der Fall ist, es unterläßt, die zuständige übergeordnete Behörde zu unterrichten;*

6. wer die Verhaftung einer Person veranlaßt hat und nicht innerhalb 48 Stunden das zuständige Gericht davon in Kenntnis setzt und ihm den Verhafteten übergibt.

In den Fällen, auf die sich die Nummern 2, 5 und 6 dieses Artikels beziehen, werden die Schuldigen jeweils mit den Strafen des vorigen Artikels belegt, wenn mehr als drei Tage vergehen, ohne daß die Verpflichtungen erfüllt werden, die in diesen Nummern mit Strafe bewehrt sind.

**Art. 150** Mit minder schwerem Zuchthaus oder Gefängnis und zeitweiliger Amtsenthebung in einem beliebigen Grad wird bestraft:

1. wer über einen Angeschuldigten (reo) unberechtigterweise Kontaktsperre verhängt oder verlängert,* ihn foltert oder mit unnötiger Härte behandelt.

Wenn die Anwendung der Folter oder die unnötig harte Behandlung eine Körperverletzung oder den Tod des Opfers zur Folge hat, wird der Verantwortliche mit den für diese Taten angeordneten Strafen in ihren höchsten Graden bestraft.

2. wer jemanden willkürlich an anderen als den durch Gesetz bestimmten Orten verhaften oder festnehmen läßt.

**Zu Art. 149 Nr. 5**: Die Polizeigewalt liegt bei den Carabineros de Chile, dem Servicio de Investigaciones und der Gendarmeria de Chile.

**Zu Art. 150 Nr. 1**: Kontaktsperre kann nach Art. 298 f. Código de Procedimiento Penal (StPO) von Richtern für einen begrenzten Zeitraum verhängt werden, wenn dies zur Ermittlung einer Straftat oder zur Beweissicherung unerläßlich ist. Vgl. auch die Anm. zu Art. 206.

**Art. 151** Der öffentliche Bedienstete, der bei der Festnahme oder bei der Eröffnung eines Strafverfahrens gegen einen Senator, Abgeordneten oder einen anderen Amtsträger die ihnen vom Gesetz gewährten Vorrechte verletzt,* wird mit minder schwerem Gefängnis oder mit zeitweiliger Amtsenthebung in einem beliebigen Grad bestraft.

**Art. 152** Die öffentlichen Bediensteten, die unter Anmaßung richterlicher Befugnisse jemandem eine Strafe auferlegen, die einer Leibesstrafe entspricht, werden bestraft:

1. mit zeitiger absoluter Aberkennung der Befähigung zur Bekleidung öffentlicher Ämter in einem beliebigen Grad, wenn die verhängte Strafe der Strafe für ein Verbrechen entspricht;

2. mit der gleichen Aberkennung der Befähigung im niedrigen bis mittleren Grad, wenn sie der Strafe für ein Vergehen entspricht;

3. mit zeitweiliger Amtsenthebung in einem beliebigen Grad, wenn sie der Strafe für eine Übertretung entspricht.

**Art. 153** Ist die willkürlich verhängte Strafe ganz oder teilweise vollstreckt worden, so wird der schuldige Bedienstete außer mit den im vorigen Artikel genannten Strafen zusätzlich mit schwerem oder minder schwerem Zuchthaus oder Gefängnis in einem beliebigen Grad belegt, je nach den Umständen und der Beschaffenheit der vollstreckten Strafe.

Wird sie aufgrund eines freiwilligen Gegenbefehls desselben Bediensteten, der erfolgt, bevor sie dem Bestraften mitgeteilt wird, nicht vollzogen, so wird er nicht zur Verantwortung gezogen.

**Art. 154** Wenn die willkürlich verhängte Strafe eine Geldstrafe ist, wird der schuldige Bedienstete bestraft:

1. mit zeitiger absoluter Aberkennung der Befähigung zur Bekleidung öffentlicher Ämter im niedrigen bis mittleren Grad und Geldstrafe in der gleichen bis zur dreifachen Höhe der verhängten Geldstrafe, falls diese vollstreckt wurde;

**Zu Art. 151**: Vgl. Art. 611 ff. Código de Procedimiento Penal (StPO).

2. mit zeitweiliger Amtsenthebung im niedrigen Grad und Geldstrafe in der halben bis ganzen Höhe der verhängten Geldstrafe, falls sie nicht vollstreckt wurde.

Wird sie aufgrund eines freiwilligen Gegenbefehls desselben Bediensteten, der erfolgt, bevor sie dem Bestraften mitgeteilt wird, nicht vollstreckt, so wird er nicht zur Verantwortung gezogen.

**Art. 155** Der öffentliche Bedienstete, der unter Mißbrauch seines Amtes in eine Kirche oder in ein fremdes Haus eindringt oder Papiere durchsucht, wird, wenn dies nicht in den gesetzlich vorgeschriebenen Fällen und Formen geschieht, mit minder schwerem Gefängnis im niedrigen bis mittleren Grad oder mit zeitweiliger Amtsenthebung in einem beliebigen Grad bestraft.*

**Art. 156** Die Angestellten im Post-, Telegraphen- oder einem anderen Dienst, die unter Ausnutzung ihrer Stellung Briefe abfangen oder öffnen oder einem Dritten ermöglichen, Briefe zu öffnen oder zu unterdrücken, werden mit minder schwerem Gefängnis im niedrigen Grad bestraft, und falls sie aus den im Brief mitgeteilten Geheimnissen Vorteil ziehen oder diese verbreiten, ist minder schweres Gefängnis in einem beliebigen Grad und Geldstrafe in Höhe von 11 bis 20 Mindestlöhnen die Strafe.

Im Falle der absichtlichen Verzögerung bei der Absendung oder Zustellung von Briefen oder Telegrammen ist minder schweres Gefängnis im niedrigen Grad die Strafe.*

**Art. 157** Jeder öffentliche Bedienstete, der ohne Verordnung der zuständigen Behörde, die auf einem Gesetz beruhen muß, das zur Einforderung von Abgaben oder persönlichen Diensten ermächtigt, unter

**Zu Art. 155**: Art. 156 ff. Código de Procedimiento Penal (StPO) regeln im wesentlichen die entsprechenden Durchsuchungsbefugnisse.

**Zu Art. 156**: Siehe Art. 30 und 83 des Ley Orgánica del Servicio de Correos y Telégrafos (Post- und Telegrafendienstgesetz) in der Fassung des Dekretes Nr. 5037 des Innenministers vom 6.10.1960. Art. 30 umschreibt das Postgeheimnis. Art. 83 verweist für den Fall der Verletzung des Post- oder Telegraphengeheimnisses auf die Strafen des StGB. Ist ein Post- oder Telegraphenangestellter Täter, Begünstiger oder Gehilfe, so sind diese Strafen um einen Grad zu erhöhen.

irgendeinem Vorwand solche verlangt, wird mit zeitiger spezieller Aberkennung der Befähigung zur Ausübung des Berufes in einem beliebigen Grad und Geldstrafe in Höhe von 11 bis 20 Mindestlöhnen bestraft.

Wenn die Abgabenerhebung in Bereicherungsabsicht begangen wird, wird der schuldige Bedienstete als Betrüger angesehen und bestraft.*

**Art. 158** Mit zeitweiliger Amtsenthebung im niedrigen bis mittleren Grad, sofern er ein Einkommen bezieht, und mit minder schwerem Gefängnis im niedrigen Grad oder Geldstrafe in Höhe von 11 bis 20 Mindestlöhnen, sofern er unentgeltlich Dienste leistet, wird der öffentliche Bedienstete bestraft, der willkürlich:

1. die freie Veröffentlichung von Meinungen durch die Presse in der vom Gesetz vorgeschiebenen Form verhindert*;

2. eine Arbeit oder eine Gewerbetätigkeit verbietet, die nicht im Widerspruch zum Gesetz, den guten Sitten oder der öffentlichen Sicherheit oder Gesundheit steht;

3. eine friedliche und gesetzmäßige Versammlung oder Kundgebung verbietet, behindert oder diese aufzulösen oder zu verschieben befiehlt;

4. einen Einwohner der Republik daran hindert, sich an einer beliebigen Stelle derselben aufzuhalten, sich von einer Stelle zu einer anderen zu begeben oder deren Gebiet zu verlassen, sofern das Gesetz dies nicht verbietet, oder an einer friedlichen und gesetzmäßigen Versammlung oder Kundgebung teilzunehmen,* einer erlaubten Vereinigung anzugehören oder das durch Gesetz garantierte Petitionsrecht auszuüben;

**Zu Art. 157**: Vgl. auch Art. 147 und 241. Die Betrugstatbestände sind in Art. 467 ff. enthalten.

**Zu Art. 158 Nr. 1**: Vgl. die Anmerkung zu Art. 137.

**Zu Art. 158 Nr. 4**: Art. 20 Nr. 13 der Verfassung von 1980 gewährt das Grundrecht auf friedliche Versammlung ohne Waffen. Für Versammlungen auf Plätzen, Straßen und sonstigen öffentlichen Orten gelten aber die allgemeinen Polizeigesetze. Art. 6, lit i und Art. 7 Abs. 7 des Ley sobre Seguridad del Estado i. d. F. des Gesetzes Nr. 18.256 vom 27.10.1983 haben ein extrem restriktives Demonstrationsstrafrecht eingeführt, nach dem praktisch jede Demonstration als unfriedliche angesehen werden kann.

5. einen anderen seines ausschließlichen Urheberrechts an seiner Entdeckung oder seinem Werk beraubt oder die Geheimnisse einer Erfindung, von denen er aufgrund seiner Stellung Kenntnis hat, verbreitet;*

6. außer in den gesetzlich erlaubten Fällen einen anderen enteignet oder ihn im Besitz seines Vermögens stört.

**Art. 159** Wenn der Beschuldigte in den Fällen der vorigen Artikel dieses Paragraphen nachweist, daß er auf Befehl seiner Vorgesetzten gehandelt hat, denen er disziplinarischen Gehorsam schuldet, werden mit den in besagten Artikeln festgesetzten Strafen lediglich die Vorgesetzten, die den Befehl gegeben haben, bestraft.

**Art. 160** Wenn ein öffentlicher Bediensteter, der beschuldigt wird, eine der in diesem Paragraphen genannten Handlungen angeordnet, genehmigt oder erleichtert zu haben, sich darauf beruft, daß ihm diese Anordnung durch Überrumpelung abgenötigt worden ist, so ist er verpflichtet, diesen Befehl sofort zurückzunehmen, um damit der Handlung ein Ende zu bereiten, sowie den Schuldigen anzuzeigen; falls er diesen nicht anzeigt, trägt er persönlich die Verantwortung.

**Art. 161** Wenn zur Begehung einer der erwähnten Straftaten die Unterschrift eines öffentlichen Bediensteten gefälscht oder vorgetäuscht wird, werden der Täter und diejenigen, die böswillig oder betrügerisch von der Fälschung oder Vortäuschung Gebrauch machen, mit minder schwerem Zuchthaus im höchsten Grad bestraft.

**Zu Art. 158 Nr. 5:** Wird Schaden verursacht, so kann Art. 247 vorgehen.

Titel IV

## Von den Verbrechen und Vergehen gegen den öffentlichen Glauben, den Fälschungen, den falschen Zeugenaussagen und dem Meineid*

### § 1 Münzfälschung*

**Art. 162** Wer unbefugt Münzen* herstellt, die in der Republik gesetzliches Zahlungsmittel sind, wird, selbst wenn sie von gleichem Material, Gewicht und Feingehalt wie die gesetzlichen sind, mit minder schwerem Gefängnis im niedrigen Grad und Geldstrafe in Höhe von 6 bis 10 Mindestlöhnen bestraft.

Sind Gewicht oder Feingehalt niedriger als bei den gesetzlichen Münzen, so ist minder schweres Zuchthaus im mittleren Grad und Geldstrafe in Höhe von 6 bis 15 Mindestlöhnen die Strafe.

**Art. 163** Wer Gold- oder Silbermünzen fälscht, die gesetzliches Zahlungsmittel sind, indem er andere Stoffe verwendet, wird mit minder schwerem Zuchthaus im mittleren bis höchsten Grad und Geldstrafe in Höhe von 11 bis 20 Mindestlöhnen bestraft.

Sind die gefälschten Münzen aus minderwertigem Metall (vellón), so ist minder schweres Zuchthaus im niedrigen bis mittleren Grad und Geldstrafe in Höhe von 6 bis 10 Mindestlöhnen die Strafe.

**Art. 164** Wer Gold- oder Silbermünzen, die gesetzliches Zahlungsmittel sind, verringert, wird mit minder schwerem Zuchthaus im niedrigen bis mittleren Grad und Geldstrafe in Höhe von 6 bis 10 Mindestlöhnen bestraft.

**Zu Titel IV**: Nach Art. 18, 19 Ley Orgánica del Colegio de Abogados, Gesetz Nr. 4.409 vom 8.9.1928 (Anwaltskammergesetz) kann Anwälten, die wegen Straftaten nach Titel IV des StGB verurteilt werden, der Titel entzogen werden.

**Zu § 1**: Beachte den Strafausschließungsgrund des Art. 192.

**Zu Art. 162**: Die Fälschung von Geldscheinen fällt unter Art. 172 f.

**Art. 165** Wer Münzen fälscht, die im Staat nicht gesetzliches Zahlungsmittel sind, wird mit minder schwerem Zuchthaus im mittleren Grad und Geldstrafe in Höhe von 6 bis 15 Mindestlöhnen bestraft, falls die gefälschten Münzen aus Gold oder Silber sind, und mit minder schwerem Zuchthaus im niedrigen Grad und Geldstrafe in Höhe von 6 bis 10 Mindestlöhnen, falls sie aus minderwertigem Metall sind.

**Art. 166** Wer Gold- oder Silbermünzen verringert, die im Staat nicht gesetzliches Zahlungsmittel sind, wird mit minder schwerem Zuchthaus im niedrigen Grad und Geldstrafe in Höhe von 6 bis 10 Mindestlöhnen bestraft.

**Art. 167** Wer im Einvernehmen mit den Fälschern oder Verringerern an dem Inverkehrbringen von gefälschten oder verringerten Münzen oder an deren Einfuhr in die Republik teilnimmt, wird mit den gleichen Strafen belegt, wie sie jenen gemäß den vorigen Artikeln für die Fälschung oder Verringerung zukommen.

**Art. 168** Wer sich, ohne der Teilnahme schuldig zu sein, auf die sich der vorige Artikel bezieht, wissentlich gefälschte oder verringerte Münzen verschafft und sie in Umlauf bringt, wird mit minder schwerem Zuchthaus im niedrigen bis mittleren Grad und Geldstrafe in Höhe von 11 bis 20 Mindestlöhnen bestraft.

**Art. 169** Der Versuch irgendeines der in den vorigen Artikeln behandelten Delikte wird mit dem Mindestmaß der für die vollendete Tat festgesetzten Strafen geahndet.

**Art. 170** Wer in gutem Glauben gefälschte oder verringerte Münzen empfangen hat und diese nach Erkennen der Fälschung oder Verringerung in Verkehr bringt, wird mit minder schwerem Gefängnis im niedrigen Grad oder Geldstrafe in Höhe von 6 bis 10 Mindestlöhnen bestraft, wenn der Wert der in Verkehr gebrachten Münzen die Höhe eines halben Mindestlohnes überschreitet.

Übersteigt er diesen Betrag nicht, wird die Tat als bloße Übertretung angesehen und als solche bestraft.*

**Zu Art. 170:** Siehe Art. 496 Nr. 31.

**Art. 171** Wenn die Fälschung oder Verringerung so offensichtlich war, daß jeder sie mit bloßem Auge bemerken und erkennen kann, werden diejenigen, die derartige Münzen gefälscht oder verringert, in Verkehr oder in Umlauf gebracht oder eingeführt haben, als Täter eines Betruges angesehen und für diese Straftat mit den Strafen belegt, die in dem entsprechenden Titel festgesetzt sind.*

### § 2 Von der Fälschung von Forderungsurkunden des Staates, der Gemeinden, öffentlicher Einrichtungen, Aktiengesellschaften oder gesetzlich zugelassenen Emissionsbanken*

**Art. 172** Wer vom Staat ausgegebene Schuldscheine, die dazu gehörenden Zinsscheine oder Banknoten auf den Inhaber*, deren Ausgabe durch ein Gesetz der Republik genehmigt war, fälscht, wird mit minder schwerem Zuchthaus im höchsten Grad bis schwerem Zuchthaus im niedrigen Grad und Geldstrafe in Höhe von 21 bis 25 Mindestlöhnen bestraft.

**Art. 173** Wer Inhaberschuldverschreibungen über die öffentliche Schuld eines ausländischen Staates, die dazu gehörenden Zinsscheine oder Banknoten auf den Inhaber, deren Ausgabe durch ein Gesetz dieses ausländischen Staates genehmigt war, fälscht, wird mit minder schwerem Zuchthaus im mittleren Grad und Geldstrafe in Höhe von 6 bis 10 Mindestlöhnen bestraft.

**Zu Art. 171**: Siehe Art. 467 ff.

**Zu § 2**: Beachte den Strafausschließungsgrund des Art. 192.

In zahlreichen Gesetzen, die meistens im Anhang des Código de Comercio (Handelsgesetzbuch) abgedruckt sind, finden sich Sonderbestimmungen, die zum Teil auf Art. 172 ff. StGB verweisen, so in Art. 46 Ley Orgánica de la Caja de Crédito Hipotecaria (Gesetzes über Hypothekenkreditbanken; neu verkündet durch Dekret Nr. 3.815 vom 18.11.1942); im Decreto Ley Nr. 726 vom 33.11.1925, wo Abbildungen und Imitationen von Banknoten untersagt sind; dem Gesetz Nr. 53 vom 4.8.1893, wonach verboten ist, Gegenstände herzustellen oder in Umlauf zu bringen, die Wertzeichen, Schuldscheine, Geldnoten etc. zum Verwechseln ähnlich sind; Art. 29 Ley sobre Almacenes Generales de Depósito (Gesetz Nr. 5.069 vom 26.2.1932 über Lagerhäuser) zu gefälschten Lagerscheinen; Art. 108 Ley General de Bancos (Bankengesetz, neu verkündet durch Decreto con Fuerza de Ley Nr. 252 vom 30.3.1960) zu gefälschten Kreditbriefen.

**Zu Art. 172**: Gemeint sind Geldscheine.

**Art. 174** Wer Aktien oder Zeichnungsscheine für Aktien von Aktiengesellschaften, Schuldverschreibungen oder sonstige gesetzmäßig ausgegebene Wertpapiere von Gemeinden oder öffentlichen Einrichtungen irgendwelchen Namens oder die dazu gehörenden Zins- oder Dividendenscheine fälscht, wird mit minder schwerem Zuchthaus im mittleren bis höchsten Grad und Geldstrafe in Höhe von 11 bis 20 Mindestlöhnen bestraft, wenn deren Ausgabe in Chile stattgefunden hat, und mit minder schwerem Zuchthaus im mittleren Grad und Geldstrafe in Höhe von 6 bis 10 Mindestlöhnen, wenn sie im Ausland erfolgt ist.

**Art. 175** Mit der dem Fälscher zukommenden Strafe wird auch derjenige belegt, der im Einvernehmen mit diesem an dem Inverkehrbringen der gefälschten Schuldscheine, Aktien, Schuldverschreibungen, Banknoten oder Zins- bzw. Dividendenscheine oder ihrer Einfuhr in den Staat teilnimmt.

**Art. 176** Wer sich, ohne der Teilnahme im Sinne des vorigen Artikels schuldig zu sein, wissentlich solche gefälschten Schuldscheine, Aktien, Schuldverschreibungen, Banknoten oder Zins- bzw. Dividendenscheine verschafft und diese in Verkehr bringt, wird mit minder schwerem Zuchthaus im niedrigen bis mittleren Grad und Geldstrafe in Höhe von 11 bis 20 Mindestlöhnen bestraft.

**Art. 177** Der Versuch der Fälschung, des Inverkehrbringens oder der Einfuhr solcher Wertpapiere wird mit dem Mindestmaß der für die vollendete Tat festgesetzten Strafe geahndet.

**Art. 178** Wer in gutem Glauben gefälschte Wertpapiere, von denen dieser Paragraph handelt, empfangen hat und diese nach Erkennen der Fälschung in Umlauf bringt, wird mit minder schwerem Gefängnis im niedrigen Grad oder Geldstrafe in Höhe von 6 bis 10 Mindestlöhnen bestraft, falls der Wert der in Umlauf gebrachten Wertpapiere die Höhe eines halben Mindestlohnes überschreitet.

Übersteigt er diesen Betrag nicht, so wird die Tat als bloße Übertretung angesehen und als solche bestraft.*

**Zu Art. 178:** Siehe Art. 496 Nr. 31.

**Art. 179** Wenn die Fälschung so plump und offensichtlich war, daß jeder sie mit bloßem Auge bemerken und erkennen kann, werden diejenigen, die die so gefälschten Wertpapiere gefälscht, ausgegeben, eingeführt oder in Umlauf gebracht haben, als Täter eines Betruges angesehen und für diese Straftat mit den Strafen belegt, die in dem entsprechenden Titel festgesetzt sind.*

## § 3 Von der Fälschung von Siegeln, Prägestempeln, Matrizen, Marken, Stempelpapier, Stempeln, Wertzeichen usw.*

**Art. 180** Wer das Staatssiegel fälscht oder von diesem falschen Siegel Gebrauch macht, wird mit schwerem Zuchthaus im mittleren Grad bestraft.

**Art. 181** Wer Prägestempel, Münzstempel oder Prägeformen, die zur Herstellung von Münzen bestimmt sind, Stempel, Matrizen, Druckstöcke, Platten oder andere Gegenstände, die zur Herstellung von Schuldverschreibungen, Aktien, Obligationen, Zins- oder Dividendenscheinen oder von Banknoten, deren Ausgabe durch das Gesetz genehmigt ist, dienen, oder Stempel, Platten oder andere Gegenstände, die zur Herstellung von Stempelpapier oder Wertmarken bestimmt sind, fälscht oder von diesen gefälschten Stempeln oder Platten Gebrauch macht,* wird mit schwerem Zuchthaus im niedrigen bis mittleren Grad und Geldstrafe in Höhe von 21 bis 30 Mindestlöhnen bestraft.

**Zu Art. 179:** Siehe Art. 467 ff.

**Zu § 3:** Siehe auch Art. 84 und 85 Ley Orgánica de Servicio de Correos y Telégrafos (Post- und Telegraphendienstgesetz), Dekret Nr. 5.037 des Innenministers vom 6.10.1960. Danach wird mit Geldstrafe belegt, wer gewisse zum Postbetrieb gehörende Gegenstände nachmacht oder Nachmachungen benutzt, und wer Uniformen oder Fahrzeugen Farben gibt, die zur leichten Verwechslung mit solchen der Post- oder Telegraphendienste führen kann, oder solche benutzt. Für eine Reihe von Wertzeichen - oder Stempelfälschungen wird auf Art.180 ff. StGB verwiesen.

**Zu Art. 181:** Diese Alternative des Gebrauchmachens bezieht sich nur auf die Fälschung von Stempelpapier und Wertmarken, da die Münz- und Wertpapierfälschung bereits von Art. 162 ff., 172 ff. erfaßt sind.

**Art. 182** Wer im Einvernehmen mit den Fälschern an dem Inverkehrbringen von gefälschten Stempelpapieren oder Wertmarken teilnimmt, wird mit schwerem Zuchthaus im niedrigen Grad und Geldstrafe in Höhe von 21 bis 25 Mindestlöhnen bestraft.

**Art. 183** Wer sich, ohne der Teilnahme schuldig zu sein, auf die sich der vorige Artikel bezieht, wissentlich gefälschtes Stempelpapier oder Wertmarken verschafft und in Verkehr bringt oder in die Republik einführt, wird mit minder schwerem Zuchthaus im niedrigen bis mittleren Grad und Geldstrafe in Höhe von 11 bis 20 Mindestlöhnen bestraft.

Die Strafe ist minder schweres Zuchthaus im niedrigen Grad und Geldstrafe in Höhe von 6 bis 10 Mindestlöhnen, wenn jemand sich wissentlich gefälschtes Stempelpapier oder Wertmarken verschafft und davon selbst Gebrauch macht.

**Art. 184** Wenn die Fälschung so schlecht ausgeführt ist, daß jeder sie mit bloßem Auge bemerken und erkennen kann, werden diejenigen, die sie bewirkt haben, und diejenigen, die die so gefälschten Stempelpapiere oder Wertmarken in Verkehr bringen oder einführen, als Täter eines Betruges angesehen und für diese Straftat mit den Strafen belegt, die in dem entsprechenden Titel festgesetzt sind.*

**Art. 185** Wer Karten zur Beförderung von Personen oder Sachen oder zu öffentlichen Veranstaltungen oder Vorstellungen in der Absicht fälscht, sie auf betrügerische Weise zu benutzen oder in Umlauf zu bringen, wer in Kenntnis der Fälschung diese Karten benutzt oder in Umlauf bringt sowie wer Siegel, Stempel oder Marken irgendeiner Behörde, einer privaten Bank, eines privaten Industrie- oder Handelsbetriebs oder einer Privatperson fälscht oder von solchen gefälschten Siegeln, Stempeln oder Marken Gebrauch macht, wird mit minder schwerem Zuchthaus in einem beliebigen Grad und Geldstrafe in Höhe von 11 bis 20 Mindestlöhnen bestraft.

**Art. 186** Wer sich unbefugt echte Siegel, Stempel, Prägestempel, Matrizen oder Marken, die eine der in den Artikeln 180 und 181 genannten Bestimmungen haben, verschafft und diese so anwendet oder

**Zu Art. 184:** Siehe Art. 467 ff.

gebraucht, daß Schaden für Rechte oder Interessen des Staates, irgendeiner Behörde oder einer Privatperson entsteht, wird mit minder schwerem Zuchthaus in einem beliebigen Grad und Geldstrafe in Höhe von 11 bis 20 Mindestlöhnen bestraft.

**Art. 187** Wer Siegel, Stempel, Prägestempel, Matrizen oder Marken eines ausländischen Staates fälscht, die eine der in den Artikeln 180 und 181 genannten Bestimmungen haben, oder wer von besagten gefälschten Siegeln, Stempeln, Prägestempeln, Matrizen oder Marken Gebrauch macht, wird mit minder schwerem Zuchthaus im niedrigen bis mittleren Grad und Geldstrafe in Höhe von 6 bis 10 Mindestlöhnen bestraft.

**Art. 188** Die Strafe ist minder schweres Zuchthaus im niedrigen bis mittleren Grad und Geldstrafe in Höhe von 11 bis 20 Mindestlöhnen, wenn jemand sich unbefugt echte Siegel, Stempel, Prägestempel, Matrizen oder Marken verschafft und diese in Chile so anwendet oder gebraucht, daß Schaden für die Rechte oder Interessen dieser Staaten, irgendeiner Behörde oder einer Privatperson entsteht.

**Art. 189** Wer von Post- oder anderen Aufklebewertzeichen oder von Beförderungsscheinen für Personen oder Sachen das Zeichen, das angibt, daß sie schon verwendet wurden, mit der Absicht beseitigt, diese zu gebrauchen, sowie wer wissentlich Wertzeichen oder Beförderungsscheine, an denen besagtes Zeichen beseitigt worden ist, in Verkehr bringt oder gebraucht, wird mit minder schwerem Gefängnis im niedrigen Grad oder Geldstrafe in Höhe von 6 bis 10 Mindestlöhnen bestraft, falls der Wert dieser Wertzeichen oder Beförderungsscheine im einen wie im anderen Fall einen halben Mindestlohn überschreitet.*

**Art. 190** Wer auf Fabrikerzeugnissen den Namen eines Fabrikanten anbringt, der nicht Hersteller dieser Gegenstände ist, oder den Namen einer Fabrik, die nicht die der wirklichen Herstellung ist, wird mit minder schwerem Zuchthaus im niedrigen bis mittleren Grad und Geldstrafe in Höhe von 6 bis 10 Mindestlöhnen bestraft.

**Zu Art. 189:** Siehe Art. 394 Nr. 19.

Dieselben Strafen finden Anwendung auf jeden Kaufmann, Handelsvertreter oder Verkäufer, der wissentlich Waren, die mit untergeschobenen oder veränderten Namen gekennzeichnet sind, verkauft oder vertreibt.

**Art. 191** Der Versuch irgendeiner der in den vorigen Artikeln dieses Paragraphen genannten Straftaten wird mit dem Mindestmaß der für die vollendete Tat angeordneten Strafen geahndet.

**Art. 192** Nicht bestraft wird, wer sich einer der in den Artikeln 162, 163, 165, 167, 172, 173, 174, 175, 180, 181 und 182 unter Strafe gestellten Taten schuldig gemacht hat, sofern er vor der Verwendung der gefälschten Gegenstände und vor ihrer Entdeckung oder der Einleitung eines Strafverfahrens gegen sich bei der Behörde Selbstanzeige erstattet und die Umstände der Straftat offenbart.

### § 4 Von der Fälschung öffentlicher oder authentischer Urkunden*

**Art. 193** Mit minder schwerem Zuchthaus im höchsten Grad bis zu schwerem Zuchthaus im niedrigen Grad wird der öffentliche Bedienstete bestraft, der unter Mißbrauch seines Amtes eine Fälschung begeht, indem er:

1. eine Handschrift, eine Unterschrift oder ein Namenszeichen nachahmt oder vortäuscht;

2. bei einem Vorgang die Mitwirkung von Personen vortäuscht, die diese nicht machten;

3. den dabei Mitwirkenden andere als die von ihnen abgegebenen Erklärungen oder Bekundungen zuschreibt;

4. bei der Wiedergabe wesentlicher Tatsachen gegen die Wahrheit verstößt;

5. wahre Zeitangaben verändert;

6. in einer echten Urkunde eine Änderung vornimmt oder etwas einschiebt, wodurch sich ihr Sinn ändert;

**Zu § 4**: Vgl. Art. 1699 Código Civil (Zivilgesetzbuch), wonach öffentliche oder authentische Urkunde die von einem zuständigen Amtsträger mit den gesetzlichen Förmlichkeiten beglaubigte Urkunde ist. Alle anderen sind private Urkunden.

7. eine beglaubigte Abschrift einer angeblichen Urkunde ausstellt oder in ihr etwas bekundet, was entgegengesetzt oder abweichend vom Inhalt des echten Originals ist;

8. zum Nachteil des Staates oder einer Privatperson irgendeine amtliche Urkunde versteckt.*

**Art. 194** Die Privatperson, die an einer öffentlichen oder authentischen Urkunde eine der im vorigen Artikel genannten Fälschungen begeht, wird mit minder schwerem Zuchthaus im mittleren bis höchsten Grad bestraft.*

**Art. 195** Der Beauftragte oder Bedienstete einer Telegraphenstation, der bei Ausübung seines Amtes eine Fälschung begeht, indem er telegraphische Mitteilungen erdichtet oder verfälscht, wird mit minder schwerem Zuchthaus im mittleren Grad bestraft.*

**Art. 196** Wer böswillig von einer gefälschten Urkunde oder Mitteilung Gebrauch macht, wird bestraft, als ob er Täter der Fälschung wäre.

## § 5 Von der Fälschung privater Urkunden

**Art. 197** Wer zum Nachteil eines Dritten eine der in Artikel 193 genannten Fälschungen an einer privaten Urkunde begeht, wird mit minder schwerem Zuchthaus in einem beliebigen Grad und Geldstrafe in Höhe von 11 bis 15 Mindestlöhnen bestraft, oder, je nach den Umständen, auch nur mit erstgenannter Strafe.

Werden solche Fälschungen an einem Wechsel oder an einem sonstigen Handelsdokument begangen, so wird der Schuldige mit minder schwerem

**Zu Art. 193 Nr. 8**: Vgl. Art. 433 Código Orgánico de Tribunales (Gerichtsverfassungsgesetz), wonach Notare nach gewisser Zeit zur Aushändigung bestimmter Schriftstücke an das Gerichtsarchiv verpflichtet sind.

**Zu Art. 194**: Nach Art. 27 des Gesetzes Nr. 4.808 vom 10.2.1930 sobre Registro Civil (Personenstandsregistergesetz; im Anhang des Código Civil) wird ebenso bestraft, wer in einer öffentlichen Urkunde böswillig falsche Angaben über einen Personenstand liefert.

**Zu Art. 195**: Siehe auch Art. 156 und 337.

Zuchthaus im höchsten Grad und Geldstrafe in Höhe von 16 bis 20 Mindestlöhnen bestraft, oder, je nach den Umständen, auch nur mit erstgenannter Strafe.

**Art. 198** Wer böswillig von den gefälschten Urkunden Gebrauch macht, auf die sich der vorige Artikel bezieht, wird bestraft, als ob er Täter der Fälschung wäre.

## § 6 Von der Fälschung von Pässen, Waffenscheinen und Bescheinigungen

**Art. 199** Der öffentliche Bedienstete, der einen Paß oder einen Waffenschein auf einen angenommenen Namen oder blanko ausstellt, wird mit minder schwerem Gefängnis im niedrigen bis mittleren Grad und zeitiger absoluter Aberkennung der Befähigung zur Bekleidung öffentlicher Ämter im gleichen Grad bestraft.

**Art. 200** Wer einen falschen Paß oder Waffenschein herstellt, wird mit minder schwerem Gefängnis im mittleren Grad und Geldstrafe in Höhe von 6 bis 10 Mindestlöhnen bestraft.

Mit der gleichen Strafe wird derjenige belegt, der in einem echten Paß oder Waffenschein den Namen dessen, auf den dieser ausgestellt ist, oder den der Behörde, die ihn ausgestellt hat, oder einen anderen wesentlichen Umstand ändert.

**Art. 201** Wer von dem gefälschten Paß oder Waffenschein, auf den sich der vorige Artikel bezieht, Gebrauch macht, wird mit Geldstrafe in Höhe von 6 bis 10 Mindestlöhnen belegt.

Mit der gleichen Strafe wird derjenige belegt, der von einem echten Paß oder Waffenschein, der zugunsten eines anderen ausgestellt wurde, Gebrauch macht.*

**Zu Art. 201:** Zur Gültigkeit dieses Artikels siehe die Anmerkungen zu Titel VI, § 13 (Art. 305 ff.)

**Art. 202** Der Arzt, der eine falsche Bescheinigung über eine Krankheit oder Verletzung zu dem Zwecke ausstellt, damit jemanden von einem öffentlichen Dienst zu befreien, wird mit minder schwerem Gefängnis im niedrigen bis mittleren Grad und Geldstrafe in Höhe von 6 bis 10 Mindestlöhnen bestraft.

**Art. 203** Der öffentliche Bedienstete, der eine falsche Bescheinigung über Verdienste oder Dienstleistungen, gute Führung, Armut oder ähnliche empfehlende Umstände ausstellt, wird mit Geldstrafe in Höhe von 6 bis 10 Mindestlöhnen belegt.

**Art. 204** Wer eine Urkunde der in den zwei vorigen Artikeln bezeichneten Art fälscht, wird mit minder schwerem Gefängnis im niedrigen Grad und Geldstrafe in Höhe von 6 bis 10 Mindestlöhnen bestraft.

Diese Vorschrift ist auch auf denjenigen anzuwenden, der böswillig zum gleichen Zweck von den falschen Urkunden Gebrauch macht.

**Art. 205** Wer Bescheinigungen von öffentlichen Amtsträgern fälscht, durch die öffentliche oder private Interessen gefährdet werden können, wird mit minder schwerem Gefängnis im mittleren Grad bestraft.

Wurde die Bescheinigung unter dem Namen einer Privatperson gefälscht, so ist die Strafe minder schweres Gefängnis im niedrigen Grad.

## § 7 Von falscher Zeugenaussage und Meineid*

**Art. 206** Wer in einem Strafverfahren zugunsten des Angeschuldigten (reo)* eine falsche Zeugenaussage macht, wird mit minder schwerem Zuchthaus im höchsten Grad und Geldstrafe in Höhe von 16 bis 20

**Zu § 7**: Die Zeugenaussage vor Gericht ist in Chile unter Voreid zu leisten, Art. 203 Código de Procedimiento Penal (StPO), Art. 363 Código de Procedimiento Civil (Zivilprozeßordnung); ohne Eidesleistung ist sie ungültig.

**Zu Art. 206, 207**: Nach Art. 276 Código de Procedimiento Penal (StPO) wird ein Beschuldigter (inculpado) vom Ermittlungsrichter dann zum Angeschuldigten (reo) erklärt, wenn "zumindest begründete Vermutungen für eine Beteiligung an der Tat" bestehen. Ob diese technische Bedeutung des Wortes "Angeschuldigter" auch für Art. 206, 207 StGB gilt, wird in der Literatur bezweifelt.

Mindestlöhnen bestraft, wenn das Verfahren wegen eines Verbrechens stattfindet, mit minder schwerem Zuchthaus im mittleren Grad und Geldstrafe in Höhe von 11 bis 15 Mindestlöhnen, wenn es wegen eines Vergehens stattfindet, und mit minder schwerem Zuchthaus im niedrigen Grad und Geldstrafe in Höhe von 6 bis 10 Mindestlöhnen, wenn es wegen einer Übertretung stattfindet.

**Art. 207** Wer in einem Strafverfahren zu Lasten des Angeschuldigten* eine falsche Zeugenaussage macht, wird mit schwerem Zuchthaus im niedrigen Grad und Geldstrafe in Höhe von 21 bis 25 Mindestlöhnen bestraft, wenn das Verfahren wegen eines Verbrechens stattfindet, mit minder schwerem Zuchthaus im höchsten Grad und Geldstrafe in Höhe von 11 bis 20 Mindestlöhnen, wenn es wegen eines Vergehens stattfindet, und mit minder schwerem Zuchthaus im mittleren Grad, Geldstrafe in Höhe von 6 bis 10 Mindestlöhnen und lebenslanger Aberkennung der Befähigung zur Ausübung politischer Rechte sowie für die Dauer der Strafe zur Bekleidung öffentlicher Ämter, wenn es wegen einer Übertretung stattfindet.

**Art. 208** Wenn aufgrund der falschen Zeugenaussage dem Angeklagten eine höhere Strafe auferlegt wurde, als sie für den falschen Zeugen im jeweiligen Fall des vorigen Artikels angedroht ist, so wird der falsche Zeuge mit derselben Strafe belegt, außer im Falle der Todesstrafe, an deren Stelle lebenslanges Zuchthaus tritt.

**Art. 209** Die falsche Zeugenaussage in einem Zivilverfahren wird mit minder schwerem Zuchthaus im mittleren Grad und Geldstrafe in Höhe von 11 bis 20 Mindestlöhnen bestraft.

Wenn der Streitwert 4 Mindestlöhne nicht übersteigt, ist minder schweres Zuchthaus im niedrigen Grad und Geldstrafe in Höhe von 6 bis 10 Mindestlöhnen die Strafe.

**Art. 210** Wer vor einer Behörde oder ihren Vertretern in einer nicht streitiger Gerichtsbarkeit unterliegenden Sache einen Meineid leistet oder falsch aussagt, wird mit minder schwerem Zuchthaus im niedrigen bis mittleren Grad und Geldstrafe in Höhe von 6 bis 10 Mindestlöhnen bestraft.

**Art. 211** Die Anklage (acusación) oder Anzeige,* die durch ein rechtskräftiges Urteil für verleumderisch erklärt worden ist, wird mit minder schwerem Zuchthaus im höchsten Grad und Geldstrafe in Höhe von 16 bis 20 Mindestlöhnen bestraft, wenn sie ein Verbrechen betrifft, mit minder schwerem Zuchthaus im mittleren Grad und Geldstrafe in Höhe von 11 bis 15 Mindestlöhnen, wenn sie ein Vergehen betrifft, und mit minder schwerem Zuchthaus im niedrigen Grad und Geldstrafe in Höhe von 6 bis 10 Mindestlöhnen, wenn sie eine Übertretung betrifft.*

**Art. 212** Wer wissentlich in einem Straf- oder Zivilverfahren falsche Zeugen oder Urkunden beibringt, wird als Täter einer falschen Zeugenaussage bestraft.

### § 8 Von der widerrechtlichen Ausübung eines Berufes und der Amts- und Namensanmaßung

**Art. 213** Wer sich als Inhaber behördlicher Gewalt, als öffentlicher Beamter oder als Träger eines Berufes ausgibt, der nach dem Gesetz einen Titel oder die Erfüllung bestimmter Voraussetzungen erfordert, und besagten Ämtern oder Berufen eigene Handlungen vornimmt, wird mit minder schwerem Zuchthaus im niedrigen bis mittleren Grad und Geldstrafe in Höhe von 6 bis 20 Mindestlöhnen bestraft.

Die bloße Vortäuschung dieser Ämter oder Berufe wird als Versuch der im obigen Absatz genannten Straftat bestraft.

**Zu Art. 211**: Nach Art. 81 Código de Procedimiento Penal (StPO) kann ein Strafverfahren durch Anzeige (denuncia) oder Privatklage (querella) und von Amts wegen eingeleitet werden. Die Anzeige ist in Art. 82-92 StPO geregelt, die Privatklage (Art. 93 ff. StPO) ist eine von einer Privatperson durchgeführte öffentliche Klage. Art. 211 StGB meint diese Privatklage, wenn von der Anklage (acusación) die Rede ist.

Siehe auch Art. 5 des Gesetzes Nr. 11.564 vom 17.8.1954 sobre Mataderos Clandestinos (über heimliche Schlachtstätten; im Anhang des StGB). Darin wird die ohne Verpflichtung erfolgte zutreffende Anzeige über eine existierende heimliche Schlachtstätte belohnt. Ist die Anzeige oder Privatklage aber falsch, so findet Art. 211 StGB Anwendung.

**Art. 214** Wer sich den Namen eines anderen anmaßt, wird mit minder schwerem Zuchthaus im niedrigen Grad bestraft, unbeschadet der Bestrafung, die ihm infolge des Schadens, der dem Ruf oder den Interessen der Person entstanden ist, deren Name er sich angemaßt hat, zukommen kann.

**Art. 215** (aufgehoben)

Titel V

## Die von öffentlichen Bediensteten in Ausübung ihres Amtes begangenen Verbrechen und Vergehen*

### § 1 Unbefugte Aufnahme und Verlängerung von Amtstätigkeiten

**Art. 216** Wer ein öffentliches Amt aufnimmt, ohne in erforderlicher Form den Eid geleistet oder die Bürgschaft gestellt oder sonstige nach dem Gesetz erforderliche Formalitäten erfüllt zu haben, wird von seinem Amt solange enthoben, bis er diese Voraussetzungen erfüllt, und obendrein mit einer Geldstrafe in Höhe von 6 bis 10 Mindestlöhnen belegt.

**Art. 217** Der öffentliche Bedienstete, der mit der Ausübung seiner Tätigkeit, seines Amtes oder seines Auftrages fortfährt, nachdem er sie laut Gesetzen, Verordnungen oder Sonderbestimmungen seines Dienstbereiches hätte niederlegen müssen, wird mit zeitiger spezieller Aberkennung der Befähigung zur Bekleidung des Amtes im niedrigen Grad und Geldstrafe in Höhe von 6 bis 10 Mindestlöhnen bestraft.

**Art. 218** Der Bedienstete, der einer der in den zwei vorigen Artikeln genannten Straftaten schuldig ist und Bezüge aufgrund seines Amtes oder Auftrages erhalten hat, muß diese zuzüglich einer Geldstrafe in Höhe von 10 bis 15 Prozent ihres Betrages zurückerstatten.

**Art. 219** Der öffentliche Bedienstete, der sich trotz eines gesetzmäßig gegen ihn gestellten Ablehnungsantrags weiterhin mit dem Vorgang befaßt, bevor der Streit entschieden ist, wird mit Geldstrafe in Höhe von 6 bis zu 10 Mindestlöhnen belegt.

**Zu Titel V:** Zum Begriff des öffentlichen Bediensteten siehe Art. 260.

### § 2 Widerrechtliche Ernennungen

**Art. 220** Der öffentliche Bedienstete, der wissentlich eine Person für ein öffentliches Amt ernennt oder vorschlägt, die die gesetzlichen Voraussetzungen nicht erfüllt, wird mit zeitweiliger Amtsenthebung im niedrigen Grad und Geldstrafe in Höhe von 6 bis 10 Mindestlöhnen bestraft.

### § 3 Anmaßung von Befugnissen*

**Art. 221** Der öffentliche Bedienstete, der Verordnungen oder allgemeine Bestimmungen unter böswilliger Überschreitung seiner Befugnisse erläßt, wird mit zeitweiliger Amtsenthebung im mittleren Grad bestraft.

**Art. 222** Der richterliche Bedienstete, der sich Verwaltungsbehörden eigene Befugnisse anmaßt oder diese bei der rechtmäßigen Ausübung ihrer Befugnisse hindert, wird mit zeitweiliger Amtsenthebung im mittleren Grad bestraft.

Mit derselben Strafe wird jeder Verwaltungsbedienstete belegt, der sich richterliche Befugnisse anmaßt oder die Vollstreckung einer vom zuständigen Gericht erlassenen Verfügung hindert.

Die Bestimmungen dieses Artikels gelten nur dann, wenn die Kompetenzfrage von der zuständigen Behörde schon aufgegriffen und entschieden worden ist und die Verwaltungs- oder richterlichen Bediensteten weiterhin widerrechtlich verfahren.

### § 4 Prävarikation (Pflichtverletzung)

**Art. 223** Mitglieder von Kollegialgerichten, Einzelrichter und Staatsanwälte werden mit lebenslanger absoluter Aberkennung der Befähigung zur Bekleidung öffentlicher Ämter, zur Ausübung politischer Rechte und

**Zu § 3:** Art. 7 Abs. 2 und 3 der Verfassung bestimmen: "Keine Behörde, keine Person oder Personenvereinigung kann sich, auch nicht unter dem Vorwand außergewöhnlicher Umstände, eine andere Amtsgewalt oder andere Rechte als die ihr ausdrücklich nach der Verfassung oder durch Gesetze verliehenen zulegen. Jede Handlung entgegen der Vorschrift dieses Artikels ist nichtig und begründet die vom Gesetz anberaumten Verantwortlichkeiten und Sanktionen."

betitelter Berufe und mit minder schwerem Zuchthaus oder Gefängnis in einem beliebigen Grad bestraft:

1. wenn sie bei einem Straf- oder Zivilverfahren wissentlich gegen ein ausdrückliches und gültiges Gesetz verstoßen;

2. wenn sie selbst oder durch eine Mittelsperson Vorteile oder Geschenke dafür annehmen oder anzunehmen vereinbaren, daß sie eine Diensthandlung vornehmen oder unterlassen;

3. wenn sie bei der Ausübung ihres Amtes oder unter Ausnutzung der Macht, die dieses ihnen gibt, eine Angeklagte oder eine Frau, die vor ihnen einen Prozeß führt, verführen oder begehren.

**Art. 224** Sie werden mit zeitiger absoluter Aberkennung der Befähigung zur Bekleidung öffentlicher Ämter in einem beliebigen Grad und mit minder schwerem Zuchthaus oder Gefängnis im niedrigen bis mittleren Grad bestraft:

1. wenn sie aus unentschuldbarer Nachlässigkeit oder Unwissenheit ein offensichtlich ungerechtes Urteil in einer Strafsache fällen;

2. wenn sie wissentlich gegen Vorschriften zum Betreiben des Verfahrens verstoßen, so daß dieses ganz oder zu einem wesentlichen Teil nichtig ist;

3. wenn sie böswillig die Ausübung der Rechtspflege und die Rechtshilfe oder den Rechtsschutz, um den sie gesetzmäßig ersucht werden, verweigern oder verschleppen;

4. wenn sie es böswillig unterlassen, einen rechtlich begründeten Haftbefehl zu erlassen oder die Vollstreckung eines schon erlassenen zu bewirken, obwohl dies in ihrer Macht steht;

5. wenn sie böswillig eine Person in Haft behalten, die nach dem Gesetz auf freien Fuß gesetzt werden muß;

6. wenn sie Prozeßgeheimnisse preisgeben oder eine der an dem Prozeß interessierten Parteien zum Nachteil der gegnerischen unterstützen oder beraten;

7. wenn sie mit offensichtlicher Befangenheit, die ihnen bekannt ist, und ohne die Parteien davon vorher wissen zu lassen, über eine Straf- oder Zivilsache entscheiden.

**Art. 225** Sie werden mit zeitweiliger Amtsenthebung in einem beliebigen Grad und Geldstrafe in Höhe von 11 bis 20 Mindestlöhnen, oder lediglich mit letzterer, bestraft, wenn sie aus unentschuldbarer Nachlässigkeit oder Unwissenheit:

1. ein offensichtlich ungerechtes Urteil in einer Zivilsache fällen;

2. gegen Vorschriften über das Betreiben eines Verfahrens verstoßen, so daß dieses ganz oder zu einem wesentlichen Teil nichtig ist;

3. die Ausübung der Rechtspflege und die Rechtshilfe oder den Rechtsschutz, um den sie gesetzmäßig ersucht werden, verweigern oder verschleppen;

4. es unterlassen, einen rechtlich begründeten Haftbefehl zu erlassen oder die Vollstreckung eines schon erlassenen zu bewirken, obwohl dies in ihrer Macht steht;

5. eine Person länger als 48 Stunden in Haft behalten, welche nach dem Gesetz auf freien Fuß gesetzt werden muß.

**Art. 226** Mit den gleichen Strafen werden sie belegt, wenn sie gesetzesgemäß mitgeteilte Befehle von zuständigen übergeordneten Behörden nicht ausführen, es sei denn, diese verstoßen offensichtlich gegen die Gesetze oder es besteht ein triftiger Grund, ihre Echtheit zu bezweifeln, oder wenn sie durch Täuschung zustandegekommen zu sein scheinen oder wenn mit Recht befürchtet wird, daß durch ihre Ausführung große Schäden entstehen, die der Vorgesetzte nicht voraussehen konnte.

In solchen Fällen schiebt das Gericht die Vollstreckbarkeit des Befehls auf und teilt sofort dem Vorgesetzten die Gründe für die Aufschiebung mit. Falls dieser darauf besteht, ordnet es die Vollstreckbarkeit an, womit es von der Verantwortung dafür frei wird, die nun allein von demjenigen getragen wird, der ihn zu vollstrecken verlangte.

**Art. 227** Die in den vorstehenden Artikeln genannten Strafen werden verhängt über:

1. Personen, die kraft Gesetzes Ämter als Mitglieder von Kollegialgerichten oder als Einzelrichter innehaben und sich eines der in besagten Artikeln aufgezählten Verbrechen oder Vergehen schuldig machen;

2. die Unterbevollmächtigten und Inspektoren, die sich in eine der gleichen strafbaren Handlungen verstricken;*

3. die Schiedsrichter, Sachverständigen und anderen Personen, die namens eines Gesetzes, eines Gerichtes oder aufgrund der Benennung durch die Parteien entsprechende Befugnisse ausüben und gleichermaßen handeln.

**Art. 228** Wer ein öffentliches Amt ausübt, ohne zum richterlichen Stand zu zählen, und in einer Verwaltungsstreitigkeit oder in einer reinen Verwaltungssache eine offensichtlich ungerechte Verfügung oder Entscheidung erläßt, wird mit zeitweiliger Amtsenthebung im mittleren Grad und Geldstrafe in Höhe von 11 bis 15 Mindestlöhnen bestraft.

Wird die offensichtlich ungerechte Verfügung oder Entscheidung durch unentschuldbare Nachlässigkeit oder Unwissenheit getroffen, so ist zeitweilige Amtsenthebung im niedrigen Grad und Geldstrafe in Höhe von 6 bis 10 Mindestlöhnen die Strafe.

**Art. 229** Mit zeitweiliger Amtsenthebung im mittleren Grad und Geldstrafe in Höhe von 6 bis 10 Mindestlöhnen werden die Beamten, auf die sich der vorige Artikel bezieht, bestraft, die aus Böswilligkeit oder unentschuldbarer Nachlässigkeit und unter Verletzung ihrer Dienstpflichten sich nicht um die Verfolgung oder Ergreifung von Straftätern bemühen, nachdem eine Aufforderung oder eine förmliche schriftliche Anzeige vorliegt.

**Art. 230** Bezieht der mit zeitweiliger Amtsenthebung oder Aberkennung der Befähigung zur Bekleidung öffentlicher Ämter zu bestrafende Beamte keine Vergütung, so wird er außerdem mit minder schwerem Gefängnis in einem beliebigen Grad oder, je nach Beschaffenheit des Falles, mit Geldstrafe in Höhe von 11 bis 20 Mindestlöhnen, bestraft.

**Zu Art. 227 Nr. 2**: Die diesen ehedem zugekommenen richterlichen Funktionen werden jetzt von Amtsrichtern bzw. hilfsweise von ehrenamtlichen Distrikts- oder beauftragten Richtern ausgeübt, vgl. Art. 14 f. Código Orgânico de Tribunales (Gerichtsverfassungsgesetz), so daß diese Vorschrift keinen Anwendungsbereich mehr hat (<u>Labatut</u>, Derecho Penal, Band 2, 7. Aufl., Santiago 1983, S. 77).

**Art. 231** Der Rechtsanwalt oder Prozeßbeistand (procurador), der unter böswilligem Mißbrauch seines Amtes seinen Klienten schädigt oder dessen Geheimnisse offenbart, wird je nach der Schwere des verursachten Schadens mit zeitweiliger Amtsenthebung im niedrigen Grad bis zu lebenslanger spezieller Aberkennung der Befähigung zur Ausübung seines Amtes oder Berufes und Geldstrafe in Höhe von 11 bis 20 Mindestlöhnen bestraft.*

**Art. 232** Der Rechtsanwalt, der gegenwärtig Beistand bei einem Prozeß ist und zugleich der Gegenpartei in derselben Angelegenheit beisteht, wird mit lebenslanger spezieller Aberkennung der Befähigung zur Ausübung des Berufes und Geldstrafe in Höhe von 11 bis 20 Mindestlöhnen bestraft*.

## § 5 Veruntreuung öffentlichen Vermögens

**Art. 233** Der öffentliche Bedienstete, der aufgrund seines Amtes öffentliche oder private Vermögenswerte, bewegliche Güter oder Wertpapiere (caudales o efectos) in Verwahrung, zur Hinterlegung oder in Beschlag hat und sie entwendet oder es zuläßt, daß ein anderer sie entwendet, wird bestraft:

1. mit minder schwerem Zuchthaus im mittleren Grad, wenn der entwendete Wert vier Mindestlöhne nicht überschreitet;

2. mit minder schwerem Zuchthaus im höchsten Grad, wenn er vier Mindestlöhne überschreitet und 40 Mindestlöhne nicht übersteigt;

3. mit schwerem Zuchthaus im niedrigen bis mittleren Grad, wenn er 40 Mindestlöhne überschreitet.

In allen Fällen tritt dazu zeitige absolute Aberkennung der Befähigung zur Bekleidung öffentlicher Ämter im niedrigen Grad bis zu lebenslanger absoluter Aberkennung dieser Befähigung.

**Zu Art. 231**: Zusätzlich kann nach Art. 18, 19 Ley Orgânico del Colegio de Abogados (Gesetz Nr. 4409 vom 8.9.1928; Anwaltskammergesetz) Anwälten, die nach Art. 231 oder 232 verurteilt wurden, der Titel entzogen worden.

**Zu Art. 232**: Siehe Anm. zu Art. 231.

**Art. 234** Der öffentliche Bedienstete, der durch unentschuldbare Unzuverlässigkeit oder Nachlässigkeit die Gelegenheit schafft, daß eine andere Person die Entwendung der öffentlichen oder privaten Vermögenswerte, beweglichen Güter oder Wertpapiere begeht, von der die drei Nummern des vorigen Artikels handeln, wird mit der Strafe der zeitweiligen Amtsenthebung in einem beliebigen Grad belegt und bleibt darüber hinaus verpflichtet, den entwendeten Betrag oder die beweglichen Güter oder Wertpapiere zurückzuerstatten.

**Art. 235** Der Bedienstete, der unter Schädigung oder Behinderung des öffentlichen Dienstes die ihm anvertrauten beweglichen Güter oder Wertpapiere zu eigenem oder fremdem Nutzen verwendet, wird mit zeitiger spezieller Aberkennung der Befähigung zur Bekleidung seines Amtes im mittleren Grad und Geldstrafe in Höhe von 10 bis 50 Prozent des entwendeten Betrages bestraft.*

Wurde die Zurückerstattung nicht bewirkt, so wird er mit den in Artikel 233 vorgesehenen Strafen belegt.

Erfolgt die unerlaubte Verwendung des Vermögens ohne Schädigung oder Behinderung des öffentlichen Dienstes, so ist zeitweilige Enthebung von dem Amt im mittleren Grad und Geldstrafe in Höhe von 5 bis 25 Prozent des entwendeten Betrages die Strafe, vorbehaltlich der Zurückerstattung.

**Art. 236** Der öffentliche Bedienstete, der willkürlich den von ihm verwalteten Vermögenswerten, beweglichen Gütern oder Wertpapieren eine andere öffentliche Verwendung gibt als diejenige, zu der sie bestimmt waren, wird mit zeitweiliger Amtsenthebung im mittleren Grad bestraft, wenn sich daraus eine Schädigung oder Behinderung für den Dienst oder den Zweck ergibt, dem sie dienen müssen, und mit der gleichen Strafe im niedrigen Grad, wenn sich keine Schädigung oder Störung daraus ergibt.

**Art. 237** Der öffentliche Bedienstete, der als Verwalter von Staatsvermögen eine Zahlung leisten muß und sie ohne hinreichenden Grund verweigert, wird mit zeitweiliger Amtsenthebung im niedrigen bis mittleren Grad bestraft.

**Zu Art. 235**: Für Privatpersonen siehe Art. 470 Nr. 1.

Diese Vorschrift gilt auch für den öffentlichen Bediensteten, der sich trotz Anordnung der zuständigen Behörde weigert, eine in seiner Obhut oder Verwaltung befindliche Sache auszuhändigen.

**Art. 238** Die Vorschriften dieses Paragraphen erstrecken sich auf denjenigen, der aus irgendeinem Grund Vermögen, Einkünfte, bewegliche Sachen oder Wertpapiere einer Gemeinde oder einer öffentlichen Erziehungs- oder Wohlfahrtseinrichtung verwaltet.

Bei den Straftaten, auf die sich dieser Paragraph bezieht, findet der höchste Bereich des Strafgrades Anwendung, wenn der Wert der Veruntreuung 400 Mindestlöhne überschreitet, falls die angedrohte Strafe nur aus einem Grad besteht, gemäß dem, was in Artikel 67 Absatz 3 dieses Gesetzbuches festgelegt ist. Besteht die Strafe aus zwei oder mehr Graden, so wird der höchste Grad verhängt.

## § 6 Betrug und ungesetzliche Gebührenerhebung

**Art. 239** Der öffentliche Bedienstete, der bei Geschäftsvorgängen, bei denen er aufgrund seines Amtes mitwirkt, den Staat, eine Gemeinde oder eine öffentliche Erziehungs- oder Wohlfahrtseinrichtung betrügt oder zu betrügen gestattet, sei es, indem ihnen Verlust zugefügt oder indem ihnen rechtmäßiger Gewinn vorenthalten wird, wird mit minder schwerem Zuchthaus im mittleren bis höchsten Grad, lebenslanger spezieller Aberkennung der Befähigung zur Bekleidung des Amtes und Geldstrafe in Höhe von 10 bis 50 Prozent des verursachten Schadens bestraft.

**Art. 240*** Der öffentliche Bedienstete, der sich direkt oder indirekt an irgendeinem Vertrag oder Geschäftsvorgang beteiligt, an dem er aufgrund seines Amtes mitwirken muß, wird mit minder schwerem Gefängnis im mittleren Grad, lebenslanger spezieller Aberkennung der Befähigung zur Bekleidung des Amtes und Geldstrafe in Höhe von 10 bis 50 Prozent des Wertes seiner Beteiligung an dem Geschäft bestraft.

**Zu Art. 240**: Ein entsprechendes zivilrechtliches Verbot zu Abs. 1 findet sich in Art. 1798 Código Civil (Zivilgesetzbuch) und zu Abs. 2 in Art. 394, 412, 1294, 1799, 1800 und 2144 Código Civil. Zu den Verwandtschaftsgraden des Abs. 3 siehe die Anmerkung zu Art. 10 Nr. 5.

Diese Vorschrift findet Anwendung auf Sachverständige, Schiedsrichter und handelsrechtliche Liquidatoren hinsichtlich der Vermögensgegenstände und Sachen, an deren Schätzung, Zuerkennung, Teilung oder Verwaltung sie mitwirken, sowie auf Schutzpersonen und Testamentsvollstrecker hinsichtlich der dem Mündel oder zur Erbschaft gehörenden Güter.

Mit derselben Strafe werden die in diesem Artikel genannten Personen belegt, wenn sie bei dem ihrem Amt anvertrauten Geschäft oder Geschäftsvorgang ihrem Ehegatten, einem ehelichen Blutsverwandten oder Verschwägerten in aufsteigender oder absteigender Linie, einem ehelichen Blutsverwandten in der Seitenlinie bis einschließlich dem dritten Grad, einem ehelichen Verschwägerten bis einschließlich dem zweiten Grad oder den natürlichen oder anerkannten illegitimen Eltern oder Kindern eine Beteiligung zukommen lassen.

**Art. 241** Der öffentliche Bedienstete, der direkt oder indirekt höhere Gebühren als die ihm aufgrund seines Amtes zukommenden fordert, wird mit einer Geldstrafe in Höhe des Doppelten bis Vierfachen des geforderten Betrages belegt.*

Der gewohnheitsmäßige Täter dieser Straftat wird außerdem mit der Strafe der zeitigen speziellen Aberkennung der Befähigung zur Bekleidung des Amtes im mittleren Grad belegt.

## § 7 Untreue bei der Verwahrung von Urkunden*

**Art. 242** Der kirchliche oder öffentliche Bedienstete, der Urkunden oder Papiere, die ihm aufgrund seines Amtes anvertraut sind, entwendet oder vernichtet, wird bestraft:

1. mit minder schwerem Gefängnis im höchsten Grad und Geldstrafe in Höhe von 21 bis 25 Mindestlöhnen, wenn sich daraus schwerer Schaden für das öffentliche Interesse oder für einen Dritten ergibt;

**Zu Art. 241**: Vgl. auch Art. 147 und 157.

**Zu § 7**: Nach Art. 8 Decreto Ley Nr. 488 des Innenministers vom 21.8.1925 ist es Bediensteten des Regierungsgeneralarchivs unter der Strafdrohung der Art. 242-246 StGB grundsätzlich verboten, Angaben in bezug auf bestehende Urkunden zu machen.

2. mit minder schwerem Gefängnis im niedrigen bis mittleren Grad und Geldstrafe in Höhe von 11 bis 20 Mindestlöhnen, wenn die in der vorigen Nummer erwähnten Umstände nicht vorliegen.*

**Art. 243** Der öffentliche Bedienstete, der in seinem Amt behördlich versiegelte Papiere, bewegliche Sachen oder Wertpapiere zu verwahren hat und Siegel erbricht oder deren Erbrechen gestattet, wird mit minder schwerem Gefängnis im niedrigen bis mittleren Grad und Geldstrafe in Höhe von 11 bis 15 Mindestlöhnen bestraft.

Der Wächter, der durch seine Nachlässigkeit Gelegenheit zu dieser Straftat gibt, wird mit minder schwerem Gefängnis im niedrigen Grad oder Geldstrafe in Höhe von 6 bis 10 Mindestlöhnen bestraft.

**Art. 244** Der öffentliche Bedienstete, der ohne Erlaubnis von zuständiger Stelle ihm anvertraute verschlossene Papiere oder Urkunden öffnet oder zu öffnen gestattet, wird mit minder schwerem Gefängnis im niedrigen Grad und Geldstrafe in Höhe von 6 bis 10 Mindestlöhnen bestraft.

**Art. 245** Die in den drei vorherigen Artikeln bestimmten Strafen finden auch Anwendung auf Privatpersonen, die namens der Regierung oder von Amtsträgern, denen diese aus amtlichem Grund anvertraut wurden und die in Ausübung ihrer Befugnisse diesen Auftrag erteilten, ausnahmsweise mit der Absendung oder Verwahrung von Urkunden oder Papieren beauftragt sind.

**Zu Art. 242**: Siehe auch Art. 22 des Gesetzes Nr. 4808 vom 10.2.1930 sobre Registro Civil (Personenstandsregistergesetz; im Anhang des Código Civil). Bei Verlust oder Zerstörung des Registers oder eines Teils davon ist der zuständige Beamte verpflichtet, dies unmittelbar anzuzeigen. Für ihn finden sich besondere Strafbestimmungen.

### § 8 Verletzung von Geheimnissen*

**Art. 246*** Der öffentliche Bedienstete, der Geheimnisse enthüllt, von denen er aufgrund seines Amtes Kenntnis hat oder Papiere oder Abschriften von Papieren, die er von Amts wegen besitzt und die nicht veröffentlicht werden dürfen, unbefugt aushändigt, wird mit zeitweiliger Amtsenthebung im niedrigen bis mittleren Grad oder Geldstrafe in Höhe von 6 bis 20 Mindestlöhnen oder auch beiden Strafen zusammen belegt.

Wenn sich aus der Enthüllung oder Aushändigung schwerer Schaden für das öffentliche Interesse ergibt, ist schweres Gefängnis in einem beliebigen Grad und Geldstrafe in Höhe von 21 bis 30 Mindestlöhnen die Strafe.

**Art. 247** Der öffentliche Bedienstete, der aufgrund seines Amtes von Geheimnissen einer Privatperson weiß und diese zu deren Schaden offenbart, wird mit minder schwerem Gefängnis im niedrigen bis mittleren Grad und Geldstrafe in Höhe von 6 bis 10 Mindestlöhnen bestraft.*

**Zu § 8**: Siehe auch Art. 109 Abs. 7, 158 Nr. 5, 224 Nr. 6, 231, 284 und 337 StGB. - Nach Art. 155 des Decreto Ley Nr. 338 vom 6.4.1960 sind öffentliche Bedienstete zur Wahrung der Amtsgeheimnisse verpflichtet, deren Bruch unbeschadet etwaiger strafrechtlicher Verantwortung disziplinarrechtlich geahndet wird. Siehe auch die Anmerkung zu § 7 (vor Art. 242); siehe ferner Art. 16 Decreto con Fuerza de Ley Nr. 196 von 1960 (im Anhang des Código de Procedimiento Penal) zur Verschwiegenheitspflicht der in der Gerichtsmedizin Tätigen und Art. 18 Ley General de Bancos (Bankengesetz, Decreto con Fuerza de Ley Nr. 252 vom 30. März 1960; im Anhang des Código de Comercio) zur Verschwiegenheitspflicht der Beschäftigten der Oberaufsichtsbehörde über die Banken.

**Zu Art. 246**: Vgl. auch Art. 337, siehe ferner Art. 6 Decreto Ley Nr. 645 des Justizministers vom 17.10.1925 sobre Registro General de Condenas (über das allgemeine Strafregister; im Anhang des Código de Procedimiento Penal), wonach nur Justiz- und Polizeibehörden das Recht haben, die Offenlegung der im Strafregister niedergelegten Angaben zu fordern. Der Bedienstete, der bei Ausübung seines Amtes die Aufzeichnungen verbreitet, wird mit den in Art. 246 StGB anberaumten Strafen belegt.

**Zu Art. 247**: Entsteht kein Schaden, kann Art. 158 Nr. 5 eingreifen. - Nach Art. 139 b i.V.m. Art. 85 Abs. 2 des Decreto con Fuerza de Ley Nr. 251 sobre Companias de Seguros, Sociedades Anonimas y Bolsas de Comercio vom 20.5.1931 (über Versicherungs- und Aktiengesellschaften und Handelsbörsen; im Anhang des Código de Comercio), ist das Personal der Oberaufsichtsbehörde zu strengster Verschwiegenheit verpflichtet, deren Bruch gemäß Art. 247 Abs. 1 StGB bestraft wird. - Das Statistikgeheimnis wird in Art. 29 des Gesetzes Nr. 17.374 vom 10.12.1970 definiert. Seine Verletzung wird als Straftat nach 247 StGB angesehen, wobei in jedem Fall eine Leibesstrafe zu verhängen ist. - Nach

Dieselben Strafen finden Anwendung auf Angehörige von Berufen, die einen Titel erfordern, welche Geheimnisse enthüllen, die ihnen aufgrund ihres Berufes anvertraut worden sind.

## § 9 Bestechung*

**Art. 248** Der öffentliche Bedienstete, der für ein Geschenk oder ein Versprechen eines der in diesem Titel genannten Verbrechen oder Vergehen begeht, wird außer mit den dafür vorgesehenen Strafen mit lebenslanger spezieller Aberkennung der Befähigung zur Bekleidung des Amtes und Geldstrafe in Höhe des halben bis vollen Wertes des erhaltenen Geschenkes oder Versprechens belegt.

**Art. 249** Der öffentliche Bedienstete, der für ein Geschenk oder ein Versprechen eine seinem Amt eigene Handlung vornimmt, zu der er verpflichtet ist und die keiner Vergütung unterliegt, wird mit Geldstrafe in Höhe des halben bis vollen Wertes des erhaltenen Geschenkes oder Versprechens belegt.

Mit derselben Geldstrafe, entweder allein oder in Verbindung mit lebenslanger spezieller Aberkennung der Befähigung zur Bekleidung des Amtes, wird der Bedienstete belegt, der für ein Geschenk oder ein Versprechen eine seinem Amt eigene Handlung, zu der er verpflichtet ist, unterläßt.

**Art. 250** Der Bestechende wird mit den Strafen belegt, die in den jeweiligen Fällen den Gehilfen zukommen, jedoch nicht mit Aberkennung der Befähigung zur Bekleidung des Amtes und zeitweiliger Amtsenthebung.

manchen Vorschriften besteht aber eine Meldepflicht insbesondere für medizinische Berufe; vgl. Art. 494 Nr. 9 und 12 StGB, Art. 84 Nr. 5 und 138 Código de Procedimiento Penal (StPO), Art. 20 und 40 Código Sanitario (Gesundheitsgesetz) und Art. 45 des Gesetzes Nr. 4.808 sobre Registro Civil (Personenstandsregistergesetz; im Anhang des Código Civil).

**Zu § 9**: Für die in Art. 227 genannten Personen vgl. Art. 223 f. - Nach Art. 5 Ley General de Bancos (Bankengesetz; im Anhang des Código de Comercio) ist es Beamten der Oberaufsichtsbehörde über die Banken verboten, ohne vorherige schriftliche Erlaubnis des Superintendenten Kredite zu beantragen oder anzunehmen. Bei Zuwiderhandlung werden die Beteiligten mit den Strafen für Bestechung belegt.

Wird die Bestechung in einem Strafverfahren zugunsten des Angeklagten durch den Ehegatten, einen ehelichen Blutsverwandten oder Verschwägerten in auf- oder absteigender Linie oder einen ehelichen Blutsverwandten oder Verschwägerten in der Seitenlinie bis einschließlich dem zweiten Grad oder durch natürliche oder anerkannte illegitime Eltern oder Kinder begangen, so wird dem Bestechenden nur eine Geldstrafe in Höhe des Wertes des Geschenks oder Versprechens auferlegt.

**Art. 251** In allen Fällen verfällt das Geschenk.

## § 10 Widerstand und Ungehorsam

**Art. 252** Der öffentliche Bedienstete, der sich offen weigert, Befehlen seiner Vorgesetzten in dienstlichen Angelegenheiten zu gehorchen, wird mit lebenslanger spezieller Aberkennung der Befähigung zur Bekleidung seines Amtes bestraft.

Mit derselben Strafe wird er belegt, wenn er aus irgendeinem Grund die Ausführung von Befehlen Vorgesetzter aufgeschoben hat und diese nach der Mißbilligung der Aufschiebung durch die Vorgesetzten weiterhin nicht befolgt.

Im einen wie im anderen Fall ist die Strafe minder schweres Gefängnis in einem beliebigen Grad oder Geldstrafe in Höhe von 11 bis 20 Mindestlöhnen, wenn der Bedienstete keine Vergütung bezieht.

## § 11 Unterlassene Hilfeleistung und Entfernen vom Dienst

**Art. 253*** Der öffentliche Zivil- oder Militärbedienstete, der, obwohl von zuständiger Behörde dazu aufgefordert, bei der Ausübung seines

**Zu Art. 253**: Nach Art. 9 Ley de Seguridad del Estado (Staatssicherheitsgesetz Nr. 12.927; im Anhang des Código de Justicia Militar) werden gemäß Art. 253 StGB auch bestimmte Bedienstete von Post, Telegraphendienst, Zoll oder Transportwesen bestraft, die ihrer Verpflichtung zum Verhindern der Verbreitung bestimmter Druckwerke etc. nicht nachkommen. - Nach Art. 45 des Gesetzes Nr. 14.907 vom 14.9.1962 sobre Protección de Menores (Jugendschutzgesetz) wird derjenige, der Informationen über Jugendliche gegenüber den zuständigen Beamten verweigert oder verfälscht, mit Arrest bestraft; ist ein öffentlicher Bediensteter der Täter, kann er zudem des Amtes enthoben werden.

Amtes nicht den pflichtgemäßen Beistand für die Verwaltung der Justiz oder eines anderen öffentlichen Dienstes leistet, wird mit zeitweiliger Amtsenthebung im niedrigen bis mittleren Grad und Geldstrafe in Höhe von 6 bis 10 Mindestlöhnen bestraft.

Wenn sich aus seiner Unterlassung schwerer Schaden für das öffentliche Interesse oder für einen Dritten ergibt, so ist lebenslange spezielle Aberkennung der Befähigung zur Bekleidung des Amtes und Geldstrafe in Höhe von 11 bis 20 Mindestlöhnen die Strafe.

**Art. 254** Der öffentliche Bedienstete, der sein Amt verläßt, ohne es niederzulegen, wird mit zeitweiliger Amtsenthebung im niedrigen Grad bis zu zeitiger spezieller Aberkennung der Befähigung zur Bekleidung des Amtes im mittleren Grad und Geldstrafe in Höhe von 6 bis 10 Mindestlöhnen bestraft.

Hat er sein Amt niedergelegt und verläßt er dieses unter Schaden für das öffentliche Interesse, bevor eine angemessene Zeit vergangen ist, in der der Vorgesetzte ihn hätte ersetzen können, so sind Geldstrafe in Höhe von 6 bis 10 Mindestlöhnen und zeitige spezielle Aberkennung der Befähigung zur Bekleidung des Amtes im mittleren Grad die Strafen.

Die in den zwei vorigen Absätzen festgesetzten Strafen werden ferner über denjenigen verhängt, der, ohne eine gesetzmäßige Entschuldigung anzuführen, ein Gemeinderatsamt verläßt, und über denjenigen, der nach Anführen einer solchen Entschuldigung, jedoch bevor eine angemessene Zeit vergangen ist, in der er hätte ersetzt werden können, es verläßt und dadurch dem öffentlichen Interesse Schaden zufügt.

Die Vorschriften dieses Artikels sind so zu verstehen, daß das in Artikel 135 Festgelegte unberührt bleibt.

### § 12 Amtsmißbrauch gegen Privatpersonen

**Art. 255** Der öffentliche Bedienstete, der bei der Ausübung einer Diensthandlung eine Privatperson ungerecht schikaniert oder unerlaubte oder unnötige Druckmittel zur Ausübung seines Dienstes anwendet, wird mit zeitweiliger Amtsenthebung in einem beliebigen Grad und Geldstrafe in Höhe von 11 bis 20 Mindestlöhnen bestraft.

**Art. 256** Mit derselben Strafe wird jeder öffentliche Verwaltungsbedienstete belegt, der böswillig Privatpersonen den Schutz oder Dienst, den er ihnen nach den Gesetzen und Verordnungen zu gewähren hat, verzögert oder verweigert.*

**Art. 257** Der öffentliche Bedienstete, der willkürlich eine Bescheinigung oder ein Zeugnis verweigert oder die Vorlage oder die Bearbeitung eines Antrags verhindert, wird mit Geldstrafe in Höhe von 6 bis 10 Mindestlöhnen bestraft.

Betrifft die Bescheinigung, das Zeugnis oder der Antrag einen durch denselben öffentlichen Bediensteten begangenen Mißbrauch, so beträgt die Geldstrafe 11 bis 20 Mindestlöhne.

**Art. 258** Der öffentliche Bedienstete, der eine Frau begehrt, die von seiner Entscheidung abhängige Ansprüche hat, wird mit zeitiger spezieller Aberkennung der Befähigung zur Bekleidung des Amtes im mittleren Grad bestraft.*

**Art. 259** Der Bedienstete, der eine aufgrund seines Amtes unter seiner Vormundschaft stehende Frau begehrt, wird mit minder schwerem Gefängnis in einem beliebigen Grad und zeitiger spezieller Aberkennung der Befähigung zur Bekleidung des Amtes im mittleren Grad bestraft.

Ist die Begehrte die Frau, Tochter, Mutter, Schwester oder eheliche Verschwägerte der unter seiner Vormundschaft stehenden Person, so ist minder schweres Gefängnis im mittleren bis höchsten Grad und lebenslange spezielle Aberkennung der Befähigung zur Bekleidung des Amtes die Strafe.

### § 13 Allgemeine Bestimmung

**Art. 260** Im Sinne dieses Titels und des Paragraphen 4 des Titels III wird als Bediensteter jede Person angesehen, die ein öffentliches Amt oder eine Stellung innehat, sei es in der Zentralverwaltung, in halbstaat-

**Zu Art. 256:** Für Richter und Staatsanwälte siehe Art. 224 Nr. 3 und 225 Nr. 3.

**Zu Art. 258:** Für Richter und Staatsanwälte siehe Art. 223 Nr. 3.

lichen, kommunalen oder autonomen Einrichtungen oder Unternehmen, die vom Staat geschaffen wurden oder von ihm abhängig sind, selbst wenn keine Ernennung vom Präsidenten der Republik vorgenommen wurde und sie keine Vergütung vom Staat bezieht. Kein Hindernis für diese Einordnung ist, wenn es sich um ein durch Volkswahl erlangtes Amt handelt.*

Titel VI

## Von Privatpersonen begangene Straftaten gegen die öffentliche Ordnung und Sicherheit

### § 1 Angriffe und Ungebühr gegen die Staatsgewalt

**Art. 261** Einen Angriff gegen die Staatsgewalt begeht:

1. wer, ohne sich öffentlich zu erheben, Gewalt oder Einschüchterung anwendet, um eines der in Artikel 121 und 126 genannten Ziele zu erreichen;

2. wer eine öffentliche Behörde oder ihre Vertreter angreift, sich ihnen mit Gewalt widersetzt oder Gewalt oder Einschüchterung gegen sie anwendet, während diese amtliche Tätigkeiten ausüben.

**Art. 262** Die im vorigen Artikel genannten Angriffe werden mit minder schwerem Gefängnis im mittleren Grad oder Geldstrafe in Höhe von 11 bis 15 Mindestlöhnen bestraft, wenn einer der folgenden Umstände vorliegt:

1. der Angriff erfolgt mit Waffen;

2. die Straftäter legen Hand an den Amtsträger oder an die Personen, die ihm zu Hilfe eilen;

3. infolge der Nötigung hat die Behörde den Forderungen der Straftäter nachgegeben.

**Zu Art. 260**: Strittig ist, ob diese Definition nur für Titel V und Titel III, Paragraph 4 des Zweiten Buches gilt oder auch für die sonstigen Bestimmungen, in denen von öffentlichen Bediensteten die Rede ist (vgl. Etcheberry, Derecho Penal, Bd. 4, 2. Aufl. 1976, S. 183 f.)

Ohne das Vorliegen dieser Umstände ist minder schweres Gefängnis im niedrigen Grad oder Geldstrafe in Höhe von 6 bis 10 Mindestlöhnen die Strafe.*

Um zu bestimmen, ob der Angriff mit Waffengewalt erfolgt, wird Art. 132 angewendet.

**Art. 263** Wer durch Wort oder Tat den Präsidenten der Republik, eine der gesetzgebenden Körperschaften oder eine deren Kommissionen bei einer öffentlichen Veranstaltung, in denen sie jene repräsentieren, oder bei der Ausübung von ihren besonderen Aufgaben oder die Obersten Gerichte schwer beleidigt, wird mit minder schwerem Gefängnis im mittleren bis höchsten Grad und Geldstrafe in Höhe von 11 bis 20 Mindestlöhnen bestraft.*

Handelt es sich um leichte Beleidigungen, so ist minder schweres Gefängnis im niedrigen Grad und Geldstrafe in Höhe von 6 bis 10 Mindestlöhnen, oder auch einfach letztere, die Strafe.

**Art. 264** Ungebühr gegen die Staatsgewalt begeht:

1. wer eine Sitzung der gesetzgebenden Körperschaften in schwerer Weise stört, sowie wer dabei einen Abgeordneten oder Senator beleidigt oder bedroht;

2. wer eine Gerichtssitzung in schwerer Weise stört, sowie wer dabei ein Mitglied besagter Gerichte beleidigt oder bedroht;

3. wer beleidigt oder bedroht:

(1) einen Senator oder Abgeordneten wegen seiner im Kongreß vertretenen Ansichten;

(2) ein Mitglied eines Gerichtes wegen von ihm gefällter Urteile;

(3) einen Staatsminister oder eine andere Behörde bei der Ausübung ihrer Ämter;

**Zu Art. 262**: Siehe auch Art. 240 Código de Procedimiento Civil (ZPO). Danach kann das Gericht Maßnahmen, die einem schon vollstreckten Urteil zuwiderlaufen, für unwirksam erklären. Wer dem zuwiderhandelt, wird gemäß Art. 262 Abs. 1 StGB bestraft.

**Zu Art. 263**: Siehe auch die Anmerkungen zu Titel II (Art. 121 ff.)

(4) einen seiner Vorgesetzten bei Gelegenheit der Ausübung seiner Ämter.*

In all diesen Fällen wird die Herausforderung zum Duell, auch wenn sie vertraulich oder verdeckt erfolgt, als schwere Bedrohung im Sinne dieses Artikels angesehen.

**Art. 265** Besteht die Ungebühr in einer Störung der Ordnung oder ist die im vorhergehenden Artikel genannte Beleidigung oder Bedrohung schwerer Art, so wird der Täter mit minder schwerem Gefängnis in einem beliebigen Grad und Geldstrafe in Höhe von 11 bis 20 Mindestlöhnen bestraft. Ist sie leichter Art, so ist minder schweres Gefängnis im niedrigen Grad und Geldstrafe in Höhe von 6 bis 10 Mindestlöhnen, oder auch einfach letztere, die Strafe.

**Art. 266** Für alle Wirkungen der Strafbestimmungen bezüglich derer, die einen Angriff oder Ungebühr gegen die Staatsgewalt oder Träger öffentlicher Aufgaben begehen, wird angenommen, daß die Staatsminister und die Amtsträger mit dauernden Aufgaben sowie die, die berufen sind, solche in jedem Fall und unter allen Umständen auszuüben, ständig deren Ausübung wahrnehmen.

Es wird ferner angenommen, daß die Obrigkeit in Ausübung ihrer Aufgaben verletzt wird, wenn der Angriff oder die Ungebühr bei Gelegenheit oder aufgrund der Amtstätigkeit stattfindet.

**Art. 267** Wer mit Gewalt oder durch Täuschung ein Mitglied des Kongresses, der Oberen Gerichte oder des Staatsrates (Consejo de Estado) an der Ausübung seiner Aufgaben hindert, wird mit minder schwerem Gefängnis im niedrigen Grad und Geldstrafe in Höhe von 11 bis 20 Mindestlöhnen bestraft.

**Art. 268** Wer einen Tumult verursacht oder im Amtszimmer einer Behörde oder einer öffentlichen Einrichtung Unordnung bis zu dem Punkt steigert, daß deren Handlungen gehindert oder unterbrochen werden, wird mit minder schwerem Gefängnis in einem beliebigen Grad und Geldstrafe in Höhe von 11 bis 20 Mindestlöhnen bestraft.

**Zu Art. 264**: Siehe auch Art. 495 Nr. 3.

## § 2 Öffentliche Unruhe

**Art. 269** Wer die öffentliche Ruhe in schwerer Weise stört, um einer Privatperson eine Beleidigung oder ein anderes Übel zuzufügen, oder zu einem anderen verwerflichen Zweck, wird mit minder schwerem Gefängnis im niedrigen Grad bestraft, unbeschadet der weiteren Strafen, die ihm wegen des zugefügten Schadens oder der Beleidigung zukommen*.

## § 3 Vom Siegelbruch*

**Art. 270** Wer vorsätzlich Siegel erbricht, die aufgrund behördlicher Anordung angebracht wurden, wird mit minder schwerem Gefängnis im niedrigen Grad und Geldstrafe in Höhe von 6 bis 10 Mindestlöhnen bestraft.

Die Strafe ist minder schweres Gefängnis im mittleren Grad und Geldstrafe in Höhe von 6 bis 15 Mindestlöhnen, wenn die erbrochenen Siegel auf Papieren oder Gegenständen eines wegen eines Verbrechens Angeklagten oder Verurteilten angebracht waren.

**Art. 271** Wird der Siegelbruch unter Gewaltanwendung gegen Personen begangen, so wird der Schuldige mit minder schwerem Gefängnis im höchsten Grad und Geldstrafe in Höhe von 11 bis 20 Mindestlöhnen bestraft.

## § 4 Von der Behinderung der Ausführung öffentlicher Arbeiten

**Art. 272** Wer sich durch Taten und ohne rechtfertigenden Grund der Ausführung von öffentlichen Arbeiten, die von der zuständigen Behörde angeordnet oder erlaubt worden sind, widersetzt, wird mit minder schwerem Gefängnis im niedrigen Grad oder Geldstrafe in Höhe von 11 bis 20 Mindestlöhnen bestraft.

**Zu Art. 269:** Siehe auch Art. 495 Nr. 1 und 2, 492 Nr. 1-4, 496 Nr. 7 und 8.

**Zu § 3:** Siehe auch Art. 243.

## § 5 Verbrechen und Vergehen der (Armee-)Lieferanten*

**Art. 273** Die für Rechnung des Heeres oder der Marine mit Beschaffungen, Unternehmungen oder Verwaltungsgeschäften beauftragten Personen oder ihre Vertreter, die willentlich diese Pflichten nicht erfüllen und dadurch den Dienst, für den sie zu sorgen haben, unter schwerem und unabwendbarem Schaden für das öffentliche Wohl hindern, werden mit schwerem Gefängnis im niedrigen Grad und Geldstrafe in Höhe von 21 bis 30 Mindestlöhnen bestraft.

**Art. 274** Liegt Betrug bezüglich Beschaffenheit, Art oder Menge der Gegenstände, der geleisteten Arbeit oder der gelieferten Sachen vor und entsteht schwerer und unabwendbarer Schaden für das öffentliche Wohl, so werden die Schuldigen mit schwerem Zuchthaus in einem beliebigen Grad und Geldstrafe in Höhe von 21 bis 30 Mindestlöhnen bestraft.

## § 6 Von den Verstößen gegen Gesetze und Verordnungen bezüglich Lotterien, Spielhäusern und Pfandleihen*

**Art. 275** Lotterie ist jede dem Publikum angebotene Verrichtung, die bestimmt ist, durch Zufall Gewinn zu ermöglichen.

**Art. 276** Die Veranstalter, Unternehmer, Geschäftsführer, Beauftragten oder Vertreter von nicht gesetzlich erlaubten Lotterien werden mit Geldstrafe in Höhe von 11 bis 20 Mindestlöhnen belegt und verlieren die in der Lotterie angebotenen beweglichen Sachen.

Sind die in der Lotterie angebotenen Sachen unbeweglich, so ist Geldstrafe in Höhe von 21 bis 30 Mindestlöhnen die Strafe.

Bei Rückfall wird ferner minder schweres Gefängnis im niedrigen Grad verhängt.

**Zu § 5:** Ergänzende Bestimmungen finden sich in Art. 346, 347 Código de Justicia Militar (Militärgesetzbuch). Nach Art. 347 Abs. 2 dieses Gesetzes ist in Kriegszeiten auch die fahrlässige Begehung strafbar.

**Zu § 6:** Zu diesem Bereich gibt es zahlreiche Sondergesetze, die Strafbestimmungen enthalten. Wichtig sind insbesondere Ley sobre Loterias vom 30.8.1890 (Lotteriegesetz; im Anhang des StGB) und Decreto Ley Nr. 71 vom 30.10.1924 (Verbot des Glücksspiels; im Anhang des StGB).

**Art. 277** Die Bankhalter, Eigentümer, Geschäftsführer oder Vertreter von Häusern, in denen Glücks-, Biete- oder Zufallsspiele veranstaltet werden, werden mit minder schwerem Gefängnis in einem beliebigen Grad und Geldstrafe in Höhe von 11 bis 20 Mindestlöhnen bestraft.*

**Art. 278** Wer sich in diesbezüglichen Häusern zum Spiel einfindet, wird mit minder schwerem Gefängnis im niedrigen Grad oder Geldstrafe in Höhe von 11 bis 20 Mindestlöhnen bestraft.*

**Art. 279** Das im Spiel eingesetzte Geld oder sonstige Wertgegenstände sowie die dazu bestimmten Geräte, Gegenstände und Hilfsmittel unterliegen stets dem Verfall.

**Art. 280** Wer ohne gesetzliche Erlaubnis Pfandhäuser auf der Grundlage der Verpfändung von beweglichen Sachen, Gehältern oder Löhnen errichtet, wird mit minder schwerem Gefängnis im niedrigen Grad, Geldstrafe in Höhe von 11 bis 20 Mindestlöhnen und Verfall der geliehenen Beträge bis zur Höhe von 30 Mindestlöhnen bestraft.

**Art. 281** Wer nach Erteilung der Erlaubnis nicht in der gehörigen Form Buch führt, wobei lückenlos und nicht zwischen den Zeilen die geliehenen Beträge, Fristen, Zinsen, Namen und Wohnsitz der Empfänger sowie Art, Beschaffenheit und Wert der verpfändeten Gegenstände und die weiteren Umstände, die die vom Präsidenten der Republik zu erlassenden Verordnungen fordern, einzutragen sind, wird mit Geldstrafe in Höhe von 6 bis 10 Mindestlöhnen und Verfall der geliehenen Beträge bis zur Höhe von 10 Mindestlöhnen bestraft.

Die gleichen Strafen werden denjenigen auferlegt, die die Pfandveräußerung nicht gemäß den Gesetzen und Verordnungen vornehmen.

**Art. 282** Der Geldverleiher, der keine Empfangsbescheinigung für das erhaltene Pfand oder die Sicherheit ausstellt, wird mit einer Geldstrafe in Höhe des Zweifachen bis Fünffachen des Wertes davon bestraft, und der geliehene Betrag verfällt.

**Zu Art. 277:** Das Gesetz Nr. 4.566 vom 31.1.1929 sobre Hipódromos (über Pferderennen; im Anhang des StGB) enthält in Art. 4 Strafbestimmungen für Vermittler und Anbieter von Wetten.

**Zu Art. 278:** Siehe auch Art. 495 Nr. 14 sowie die vorige Anmerkung.

**Art. 283** Der Geldverleiher, der ein Darlehen der in den vorhergehenden Artikeln bezeichneten Art an einen wegen seines Alters oder mangelnden Einsichtsvermögens offenkundig Geschäftsunfähigen gibt, wird mit den gleichen Strafen wie im vorigen Artikel belegt.

## § 7 Verbrechen und Vergehen in bezug auf Industrie, Handel und öffentliche Versteigerung*

**Art. 284** Wer betrügerisch Mitteilung von Geheimnissen der Fabrik macht, in der er angestellt war oder ist, wird mit minder schwerem Gefängnis im niedrigen bis mittleren Grad oder Geldstrafe in Höhe von 11 bis 20 Mindestlöhnen bestraft.

**Art. 285** Wer durch betrügerische Mittel eine Änderung des natürlichen Preises von Arbeit, von Waren oder Handelsgütern, Aktien, öffentlichen oder privaten Wertpapieren oder irgendwelchen anderen Sachen, die Gegenstand eines Vertrages sein können, bewirkt, wird mit minder schwerem Gefängnis im niedrigen bis mittleren Grad und Geldstrafe in Höhe von 6 bis 10 Mindestlöhnen bestraft.*

**Art. 286** Bezieht sich der im vorigen Artikel genannte Betrug auf Nahrungsmittel oder sonstige Gegenstände, die höchst notwendig sind, wird zusätzlich zu den dort angedrohten Strafen der Verfall der Waren, die Gegenstand des Betruges sind, verhängt.

**Zu § 7**: Andere Wirtschaftsdelikte finden sich im Gesetz Nr. 1.262 vom 18.11.1953 (Hamstern, Verstecken, Zerstören oder Entziehung vom Markt von lebensnotwendigen Gütern sowie deren überteuerter Verkauf etc.), dem Gesetz Nr. 7.747 vom 24.12.1943 (das u.a. dem Präsidenten Eingriffe in den Markt gestattet, den freien Verkauf oder Export rationierter Güter verbietet, zu Preis- und Qualitätsverordnungen ermächtigt, ein staatliches Getreidemonopol zuläßt), dem Dekret Nr. 1272 vom 7.9.1961, (das Vorschriften über Export- und Importhandel sowie Devisenhandel enthält) und in Decreto Ley Nr. 211 vom 22.12.1973 (wo Regelungen zur Verteidigung des freien Wettbewerbes und das Verbot privater Monopole zu finden sind).

**Zu Art. 285**: Siehe auch Art. 49 Ley de Seguridad del Estado (Staatssicherheitsgesetz; im Anhang des Código de Justicia Militar), wonach jegliche Verbreitung von Gerüchten zu dem Zweck, die wirtschaftliche Ordnung oder die natürlichen Preise etc. zu stören, eine Straftat darstellt.

**Art. 287** Wer mit dem Ziel, den Zuschlagspreis zu ändern, Drohung oder irgendein anderes betrügerisches Mittel anwendet, damit die Bieter sich von einer öffentlichen Versteigerung entfernen, wird mit Geldstrafe in Höhe von 10 bis 50 Prozent des Wertes der versteigerten Sache bestraft, soweit er nicht eine höhere Strafe wegen der Anwendung der Drohung oder des anderen unerlaubten Mittels verdient.

## § 8 Von den Verstößen gegen die Gesetze und Verordnungen bezüglich verbotener Waffen

**Art. 288*** Wer Waffen, die durch Gesetz oder durch vom Präsidenten der Republik erlassene allgemeine Verordnungen ausnahmslos verboten sind, herstellt, verkauft oder verteilt, wird mit minder schwerem Gefängnis im niedrigen Grad oder Geldstrafe in Höhe von 6 bis 10 Mindestlöhnen bestraft.

## § 9 Straftaten bezüglich der Gesundheit von Tieren und Pflanzen

**Art. 289** Wer absichtlich und ohne Erlaubnis der zuständigen Behörde eine Tierseuche oder Pflanzenkrankheit verbreitet, wird mit minder schwerem Zuchthaus im mittleren Grad oder Geldstrafe in Höhe von 6 bis 20 Mindestlöhnen bestraft.

Wenn die Verbreitung durch unentschuldbare Nachlässigkeit des Besitzers, des für die von der Krankheit oder Seuche befallenen Tier- oder Pflanzenarten Verantwortlichen oder des mit diesbezüglicher Gesundheitskontrolle beauftragten Amtsträgers eintritt, ist minder schweres Zuchthaus im niedrigen Grad oder Geldstrafe in Höhe von 6 bis 10 Mindestlöhnen die Strafe.

**Zu Art. 288:** Durch Art. 24 des Gesetzes Nr. 17.798 sobre Control de Armas de Fuego vom 31.10.1972 (Feuerwaffenkontrollgesetz; im Anhang des Código de Justicia Militar) wurde Art. 288 insoweit außer Kraft gesetzt, als die Waffen von jenem Gesetz erfaßt sind.

**Art. 290** Wer wissentlich gegen die Anweisungen der zuständigen Behörde verstößt, die die Vermeidung einer Tierseuche oder Pflanzenkrankheit bezwecken, wird mit minder schwerem Zuchthaus im niedrigen Grad oder Geldstrafe in Höhe von 6 bis 20 Mindestlöhnen bestraft.

**Art. 291** (aufgehoben)

## § 10 Von den verbotenen Vereinigungen*

**Art. 292** Jede Vereinigung, die zu dem Zweck gebildet ist, die gesellschaftliche Ordnung, die guten Sitten, Personen oder Eigentum anzugreifen, stellt eine Straftat dar, die in der bloßen Tatsache des Zusammenschlusses besteht.

Es wird vermutet, daß eine Vereinigung auf einen im vorigen Absatz genannten Zweck gerichtet ist, wenn eines oder mehrere ihrer Mitglieder eine Handlung ausgeführt haben, die einen Angriff gegen die gesellschaftliche Ordnung, die guten Sitten, Personen oder Eigentum darstellt.

**Art. 293** Hat die Vereinigung die Begehung von Verbrechen zum Zweck, so werden die Anführer, die Befehlshaber und deren Hintermänner mit schwerem Zuchthaus in einem beliebigen Grad bestraft.

Wenn die Vereinigung die Begehung von Vergehen zum Zweck hat, so ist für die vom vorigen Absatz erfaßten Personen minder schweres Zuchthaus in einem beliebigen Grad die Strafe.

**Art. 294** Jede andere Person, die an der Vereinigung teilgenommen hat, sowie wer ihnen wissentlich und willentlich Mittel und Werkzeuge zur Begehung der Verbrechen oder Vergehen, Unterkunft, Versteck oder einen Versammlungsraum verschafft, wird im ersten Fall des vorigen Artikels mit minder schwerem Zuchthaus im mittleren Grad und im zweiten Fall mit minder schwerem Zuchthaus im niedrigen Grad bestraft.

**Zu Art. 292**: Art. 292 Abs. 2, 294 bis und 295 bis wurden durch Decreto Ley Nr. 2.621 vom April 1979 eingefügt. In Art. 2 dieses Gesetzesdekrets findet sich eine erhebliche Ausweitung der gesetzlichen Vermutungen, wann eine Vereinigung zu einem in Art. 292 Abs. 1 genannten Zweck gebildet wurde. Nach Art. 3 sind in den Fällen der Art. 293 Abs. 2 und 294 bei Vorliegen gewisser Umstände schwerere Strafen zu verhängen.

**Art. 294bis** Die Strafen, die gemäß den Artikeln 293 und 294 verhängt werden, lassen die Bestrafung unberührt, die den Tätern wegen der Verbrechen oder Vergehen zukommt, die aufgrund oder bei Gelegenheit solcher Tätigkeiten begangen wurden.

**Art. 295** Von den in den vorigen Artikeln festgesetzten Strafen sind diejenigen unter den Schuldigen ausgenommen, die vor der Ausführung eines der Verbrechen oder Vergehen, die den Zweck der Vereinigung bilden, und vor der Einleitung einer Strafverfolgung das Bestehen besagter Vereinigung, ihre Pläne und Absichten der Behörde offenbart haben.

Sie können jedoch unter behördliche Aufsicht gestellt werden.

**Art. 295bis** Mit Arrest im höchsten Grad bis minder schwerem Zuchthaus im niedrigen Grad wird bestraft, wer glaubhafte Informationen über Pläne und entfaltete Aktivitäten eines oder mehrerer Mitglieder einer verbotenen Vereinigung hat und es unterläßt, die Behörde davon rechtzeitig in Kenntnis zu setzen.

Von der Strafe dieses Artikels sind ausgenommen der Ehegatte, eheliche Blutsverwandte oder Verschwägerte in der gesamten geraden Linie und in der Seitenlinie bis einschließlich dem zweiten Grad sowie natürliche oder illegitime Eltern oder Kinder eines Mitglieds der Vereinigung. Diese Strafausschließung findet keine Anwendung, wenn die Unterlassung begangen wurde, um den Mitgliedern der Vereinigung die Nutzung des durch das Verbrechen oder Vergehen Erlangten zu erleichtern.

## § 11 Von den Drohungen mit einem Angriff gegen Personen und Eigentum

**Art. 296** Wer einem anderen ernstlich damit droht, ihm oder seiner Familie ein Übel an Person, Ehre oder Eigentum zuzufügen, das eine Straftat darstellt, wird bestraft, wenn die Begehung der Tat nach den Umständen glaubhaft erscheint:

1. mit minder schwerem Zuchthaus im mittleren bis höchsten Grad, wenn die Drohung unter Forderung einer Geldsumme oder Stellen irgendeiner anderen widerrechtlichen Bedingung erfolgte und der Schuldige sein Ziel erreichte, soweit nicht die begangene Tat eine schwerere Bestrafung verdient; in diesem Fall ist jene zu verhängen;

2. mit minder schwerem Zuchthaus im niedrigen bis mittleren Grad, wenn die Drohung unter einer Bedingung erfolgte und der Schuldige sein Ziel nicht erreichte;

3. mit minder schwerem Zuchthaus im niedrigen Grad, wenn die Drohung ohne Bedingung erfolgt.

Erfolgen die Drohungen schriftlich oder mittels eines Boten, so wird dies als strafschärfender Umstand angesehen.

Im Sinne dieses Artikels werden unter Familie verstanden der Ehegatte, die ehelichen Blutsverwandten oder Verschwägerten in der geraden Linie, die natürlichen Eltern und Kinder und deren eheliche Nachkommen, die anerkannten illegitimen Kinder und die ehelichen Blutsverwandten oder Verschwägerten in der Seitenlinie bis zum dritten Grad.*

**Art. 297** Die Drohungen mit einem Übel, das keine Straftat darstellt, werden, wenn sie in der in Nummer 1 des vorigen Artikels genannten Weise erfolgen, mit minder schwerem Gefängnis in einem beliebigen Grad bestraft.

**Art. 298** In den Fällen der zwei vorhergehenden Artikel kann der Bedroher ferner zu einer Kaution als Sicherheit dafür verurteilt werden, daß er den Bedrohten nicht angreifen wird, und, falls diese nicht geleistet wird, zur Stellung unter behördliche Aufsicht.

### § 12 Vom Entweichen von Festgenommenen

**Art. 299** Der öffentliche Bedienstete*, der des Gestattens des Entweichens eines Gefangenen oder Festgenommenen, dessen Transport oder Bewachung ihm anvertraut war, schuldig ist, wird bestraft:

**Zu Art. 296**: Siehe auch Art. 494 Nr. 4 und 16. - In den Verwandtschaftsverhältnissen vgl. die Anmerkung zu Art. 10 Nr. 5.

**Zu Art. 299**: Für Soldaten vgl. Art. 296, 297, 299 Nr. 2 Código de Justicia Militar (Militärgesetzbuch) - Der Flüchtende macht sich gegebenenfalls nach Art. 90 strafbar.

1. falls der Entkommene rechtskräftig zu einer Strafe verurteilt war, mit der um zwei Grade niedrigeren Strafe und zu lebenslanger spezieller Aberkennung der Befähigung zur Bekleidung des Amtes;

2. wenn der Entkommene noch nicht rechtskräftig verurteilt war, mit der um drei Grade niedrigeren Strafe als derjenigen, die das Gesetz für die Straftat anordnet, derentwegen der Flüchtende verfolgt wird, sowie mit zeitiger spezieller Aberkennung der Befähigung zur Bekleidung des Amtes im mittleren Grad.

**Art. 300** Die Privatperson, die mit dem Transport oder der Bewachung eines Gefangenen oder Festgenommenen beauftragt ist und sich in einen der Fälle des vorigen Artikels verstrickt, wird mit der in ihrem Grad unmittelbar niedrigeren Strafe als der für den öffentlichen Bediensteten angeordneten bestraft.

**Art. 301** Wer aus Kerkern oder Strafanstalten eine Person befreit, die darin gefangen oder festgenommen ist, oder ihr zur Flucht verhilft, wird mit den in Artikel 299 vorgesehenen Strafen belegt, falls er dabei Gewalt oder Bestechung anwendet, und mit einer um einen Grad niedrigeren Strafe, wenn er sich anderer Mittel bedient.

Wenn außerhalb besagter Anstalten die Befreiung der Gefangenen oder Festgenommenen stattfindet oder ihnen die Flucht erleichtert wird, indem den mit ihrem Transport oder ihrer Bewachung Beauftragten Gewalt angetan wird oder sie überrumpelt werden, dann finden die jeweils um einen Grad niedrigeren Strafen als die im vorangegangenen Absatz angeordneten Anwendung.

**Art. 302** Wenn das Entweichen oder die Flucht der Gefangenen oder Festgenommenen wegen schuldhafter Unachtsamkeit der Aufseher stattfindet, werden diese mit einer um einen Grad niedrigeren Strafe bestraft, als sie ihnen im Falle des Gestattens gemäß den vorherigen Artikeln zukäme.

**Art. 303** Sind es zwei oder mehr Entkommene, so wird für die Festlegung der Strafe für die Schuldigen, auf die sich dieser Paragraph bezieht, die höchste der Strafen zugrundegelegt, die jene gerade verbüßen oder die ihnen zukommen.

**Art. 304** Wenn bei Anwendung der vorigen Regeln für die Strafzumessung eine Strafe nicht bestimmt werden kann, weil ein niedrigerer Grad fehlt oder weil die Strafen der Aberkennung der Befähigung zur Bekleidung des Amtes oder der zeitweiligen Amtsenthebung nicht anwendbar sind, so wird die letzte in der betreffenden Strafgradskala verhängt.

## § 13 Von Landstreicherei und Bettelei*

**Art. 305** Landstreicher ist, wer weder einen festen Wohnsitz noch Unterhaltsmittel hat und nicht regelmäßig einen Beruf, eine Beschäftigung oder eine erlaubte Tätigkeit ausübt, obwohl er zur Arbeit fähig ist.

**Art. 306** Der Landstreicher wird mit minder schwerem Gefängnis im niedrigen Grad und Stellung unter behördliche Aufsicht bestraft.

**Art. 307** Der Landstreicher, der maskiert oder in einer für ihn ungewöhnlichen Bekleidung oder versehen mit Dietrichen oder anderen Werkzeugen oder Waffen, die begründeten Verdacht hervorrufen, ergriffen wird, wird mit minder schwerem Zuchthaus im niedrigen bis mittleren Grad und Stellung unter behördliche Aufsicht bestraft.

Mit den gleichen Strafen wird der Landstreicher belegt, der in ein Haus, eine Wohnung oder in einen umschlossenen Raum einzudringen versucht, ohne daß ein ihn entschuldigender Grund vorliegt.

**Art. 308** Zu jeder Zeit wird dem Landstreicher, dem die Strafen minder schweres Gefängnis im niedrigen Grad und Stellung unter behördliche Aufsicht auferlegt wurden, die Verbüßung seiner Strafe erlassen, wenn er eine Bürgschaft für gute Führung und Arbeitswillen stellt.

Die Höhe der Bürgschaft wird vom Gericht im Urteil festgesetzt, wobei sie ein Viertel eines Mindestlohnes nicht unterschreiten und die Hälfte eines Mindestlohnes nicht übersteigen darf.

**Zu § 13**: Siehe Gesetz Nr. 11.625 vom 4.10.1954 sobre Estados Antisociales y las Medidas de Seguridad que indica (über Sozialgefährlichkeit und Sicherheitsmaßregeln; im Anhang des StGB). Nach Art. 61 sind Art. 305-312 sowie Art. 201 und 496 Nr. 5 StGB aufgehoben; allerdings tritt Art. 61 gemäß Art. 67 erst 90 Tage nach dem Zeitpunkt in Kraft, an dem der Präsident ein Dekret gemäß Art. 65 erlassen hat, in dem er Verwahrungsanstalten für Asoziale bestimmt. Dieses Dekret steht noch immer aus.

Diese Bürgschaft dauert zwei Jahre. Der Bürge hat das Recht, jederzeit Freistellung zu verlangen, vorausgesetzt, daß er den Landstreicher stellt, damit er seine Strafe verbüße oder davon frei werde.

**Art. 309** Wer ohne die erforderliche Erlaubnis regelmäßig auf öffentlichen Plätzen bettelt, wird mit minder schwerem Gefängnis im niedrigen Grad und Stellung unter behördliche Aufsicht bestraft.

Wenn der Bettler seinen Lebensunterhalt nicht mit seiner Arbeit bestreiten kann oder wenn er jünger als 14 Jahre ist, trifft die Behörde die Maßnahmen, die in den Vorschriften bestimmt sind.

**Art. 310** Die Bestimmung des ersten Absatzes des vorigen Artikels gilt auch für denjenigen, der unter Angabe eines falschen Grundes eine Erlaubnis zum Betteln erhält oder weiterhin bettelt, nachdem der Grund, aus dem er sie erhalten hat, nicht mehr besteht.

**Art. 311** Der Bettler, für den einer der in Artikel 307 genannten Umstände zutrifft, wird mit den dort vorgesehenen Strafen belegt.

**Art. 312** Das in Artikel 308 Bestimmte findet auch Anwendung für die in Artikel 309 und 310 erfaßten Bettler.

### § 14 Verbrechen und Vergehen gegen die öffentliche Gesundheit

**Art. 313a** Wer, obwohl es ihm an dem entsprechenden Berufstitel oder der gesetzlich erforderlichen Erlaubnis zur Berufsausübung mangelt, Handlungen vornimmt, die eigen sind dem jeweiligen Beruf des Arztes Zahnarztes, Apothekers, Biochemikers oder eines anderen von entsprechender Stellung, der Bezug hat zur Wissenschaft und Kunst, Krankheiten des menschlichen Körpers vorzubeugen und zu heilen, wird, auch wenn sie unentgeltlich vorgenommen werden, mit minder schwerem Zuchthaus im mittleren Grad und Geldstrafe in Höhe von 6 bis 20 Mindestlöhnen bestraft.*

Hierbei wird angenommen, daß besagten Berufen eigene Handlungen vornimmt:

1. wer sich die diesbezügliche Stellung zuschreibt;

2. wer solche Dienste öffentlich durch irgendein Reklame- oder Werbemittel anbietet;

**Zu Art. 313a:** Siehe auch Art. 494 Nr. 8.

3. wer regelmäßig Diagnosen stellt, Behandlungen verschreibt oder Operationen oder Heileingriffe durchführt, deren Vornahme Kenntnisse oder Verfahren erfordert, die diesen Berufen eigen sind.

Die Vorschriften dieses Artikels werden in keinem Fall auf diejenigen angewendet, die Hilfe leisten, wenn eine rechtzeitige berufsmäßige Behandlung nicht möglich ist.

Mit den gleichen Strafen wird derjenige belegt, der seinen Namen hergibt, um die Berufsausübung eines Dritten, die diesem selbst nicht gestattet ist, zu decken.

**Art. 313b** Wer zur Ausübung des ärztlichen Berufes oder zur Mithilfe dabei rechtmäßig befugt ist, aber unter Mißbrauch der Leichtgläubigkeit der Leute die Vorbeugung oder Heilung von Krankheiten oder Gebrechen durch geheime Rezepte oder unfehlbare Methoden anbietet, wird mit minder schwerem Zuchthaus im niedrigen bis mittleren Grad und Geldstrafe in Höhe von 6 bis 20 Mindestlöhnen bestraft.

**Art. 313c** Die in den vorhergehenden Artikeln vorgesehenen Strafen lassen die Bestrafung wegen des Todes, Körperverletzungen oder anderen strafbaren Folgen, die eventuell aus der Begehung dieser Straftaten entstehen, unberührt.

**Art. 313d** Wer Arzneien herstellt oder wissentlich verteilt, gleichgültig ob entgeltlich oder unentgeltlich, die in ihrer Art, Menge, Qualität oder Zusammensetzung fehlerhaft oder verfälscht sind, so daß sie wegen Schädlichkeit oder Verminderung ihrer Heileigenschaften gesundheitsgefährdend sind, wird mit minder schwerem Zuchthaus im mittleren bis höchsten Grad und Geldstrafe in Höhe von 6 bis 50 Mindestlöhnen bestraft.

Geschieht die Herstellung oder das Verteilen heimlich, so wird dies als strafschärfender Umstand betrachtet.

**Art. 314** Wer entgeltlich oder unentgeltlich andere gesundheitsgefährdende Substanzen als die im vorigen Artikel genannten verteilt und dabei gegen die gesetzlichen Bestimmungen oder die in Anbetracht der Gefährlichkeit besagter Substanzen erlassenen Vorschriften verstößt, wird mit minder schwerem Zuchthaus im niedrigen bis mittleren Grad und Geldstrafe in Höhe von 6 bis 20 Mindestlöhnen bestraft.

**Art. 315** Wer Eßwaren, Trinkwasser oder andere zum öffentlichen Verbrauch bestimmte Getränke vergiftet oder verseucht, so daß sie den Tod oder einen schweren Gesundheitsschaden verursachen können, und wer diese wissentlich verkauft oder ausgibt, wird mit schwerem Zuchthaus im niedrigen Grad und Geldstrafe in Höhe von 21 bis 50 Mindestlöhnen bestraft.

Wer sonstige Verfälschungen besagter zum öffentlichen Verbrauch bestimmter Nahrungsmittel vornimmt, so daß sie wegen Schädlichkeit oder bedeutender Verminderung ihrer Nähreigenschaften gesundheitsgefährdend sind, und wer diese wissentlich verkauft oder ausgibt, wird mit minder schwerem Zuchthaus im höchsten Grad und Geldstrafe in Höhe von 6 bis 50 Mindestlöhnen bestraft.

Im Sinne dieses Artikels wird vermutet, daß der in den vorhergehenden Absätzen genannte Zustand des Verkaufens oder Ausgebens mit der Tatsache gegeben ist, daß die diesbezüglichen Nahrungsmittel an einem öffentlichen Ort zum Verkauf angeboten werden.

Heimlichkeit des Verkaufs oder der Ausgabe und Werbung für eines dieser Erzeugnisse bilden strafschärfende Umstände.

Es wird vermutet, daß die Eßwaren, das Trinkwasser oder die sonstigen Getränke zum öffentlichen Verbrauch bestimmt sind, die dazu hergestellt werden, daß eine unbestimmte Personengruppe sie zu sich nehme.

Die Straftaten aus den vorigen Absätzen und die entsprechenden Fahrlässigkeitsdelikte, auf die sich der zweite Absatz des Artikels 317 bezieht, können nur nach einer Anzeige oder einem Strafantrag der Staatsanwaltschaft oder des Generaldirektors des Nationalen Gesundheitsdienstes oder seines Beauftragten strafrechtlich verfolgt werden, sofern sie nicht den Tod oder schweren Gesundheitsschaden einer Person verursacht haben. Im übrigen bleiben die entsprechenden Strafverfahren den Regeln der von Amts wegen verfolgten Fälle unterworfen.

Hinsichtlich dieser Straftaten findet weder für die Staatsanwaltschaft noch für die Amtsträger des Nationalen Gesundheitsdienstes das in Artikel 84 Nr. 1 und 3 der Strafprozeßordnung Bestimmte Anwendung.*

**Zu Art. 315** Nach Art. 84 Nr. 1, 3 Código de Procedimiento Penal (StPO) sind Staatsanwälte und öffentliche Bedienstete zur Anzeige von Straftaten verpflichtet, von denen sie Kenntnis erlangen.

**Art. 316** Wer krankheitserregende Keime mit der Absicht verbreitet, eine Krankheit hervorzurufen, wird mit schwerem Zuchthaus im niedrigen Grad und Geldstrafe in Höhe von 21 bis 30 Mindestlöhnen bestraft.

**Art. 317** Wenn als Folge irgendeiner der in den vier vorhergehenden Artikeln bestimmten Straftaten der Tod oder eine schwere Erkrankung eines Menschen eintritt, werden die Leibesstrafen je nach Ausmaß und Anzahl dieser Folgen um einen oder zwei Grade erhöht, und die Geldstrafe kann sich bis auf das Doppelte dessen erhöhen, was in jedem Fall als höchstes anberaumt wurde.

Wird eine der genannten Straftaten aus grober Leichtfertigkeit oder aus bloßer Fahrlässigkeit unter Verstoß gegen die jeweiligen Vorschriften begangen, so ist minder schweres Zuchthaus im niedrigen Grad oder Geldstrafe in Höhe von 6 bis 20 Mindestlöhnen die Strafe.

**Art. 318** Wer durch Verletzung von ordnungsgemäß durch die Behörde verkündeten Hygiene- oder Gesundheitsvorschriften zur Zeit einer Katastrophe, Seuche oder Ansteckungsgefahr die öffentliche Gesundheit gefährdet, wird mit minder schwerem Zuchthaus im niedrigen Grad oder Geldstrafe in Höhe von 6 bis 20 Mindestlöhnen bestraft.

**Art. 319a** (aufgehoben)*

**Art. 319b** (aufgehoben)*

**Art. 319c** (aufgehoben)*

**Art. 319d** (aufgehoben)*

**Art. 319e** (aufgehoben)*

**Art. 319f** (aufgehoben)*

**Art. 319g** (aufgehoben)*

**Zu Art. 319a - 319g**: Diese Artikel wurden durch Art. 22 des Gesetzes Nr. 17.934 que establece normas para reprimir el tráfico ilegal de estupefacientes vom 16.5.1973 (Betäubungsmittelgesetz) aufgehoben. 1985 wurde das Drogenrecht neu gefaßt durch Gesetz Nr. 18.403 que sanciona el trafico ilicito de drogas y estupefacientes y deroga la ley No. 17.934 (Bestrafung verbotenen Drogen- und Betäubungsmittelhandels) vom 14.2.1985. Die Liste der verbotenen Stoffe ist in Dekret Nr. 67 des Gesundheitsministers vom 4.3.1985 enthalten.

## § 15 Von den Verstößen gegen die Gesetze und Verordnungen über Beerdigungen und Exhumierungen*

**Art. 320** Wer eine Beerdigung entgegen den Bestimmungen von Gesetzen oder Verordnungen hinsichtlich der Zeit, des Ortes oder sonstiger für Beerdigungen vorgeschriebenen Formalitäten durchführt oder durchführen läßt, wird mit minder schwerem Gefängnis im niedrigen Grad und Geldstrafe in Höhe von 6 bis 10 Mindestlöhnen bestraft.

**Art. 321** Wer ein Grabmal oder eine Grabstatt schändet, indem er irgendeine Handlung begeht, die unmittelbar darauf abzielt, den gebührenden Respekt vor dem Andenken von Toten zu mißachten, wird mit minder schwerem Gefängnis im mittleren Grad und Geldstrafe in Höhe von 6 bis 10 Mindestlöhnen bestraft.

**Art. 322** Wer unter Verstoß gegen Verordnungen und sonstige Gesundheitsbestimmungen sterbliche Überreste exhumiert oder überführt, wird mit minder schwerem Gefängnis im niedrigen Grad und Geldstrafe in Höhe von 6 bis 10 Mindestlöhnen bestraft.

## § 16 Verbrechen und Vergehen in bezug auf Eisenbahnen, Fernmeldeeinrichtungen und gegen Briefträger*

**Art. 323** Wer Eisenbahnschienen zerstört, auseinandernimmt oder auf ihnen Hindernisse anbringt, die eine Entgleisung herbeiführen können, oder diese auf irgendeine andere Art herbeizuführen versucht, wird mit minder schwerem Zuchthaus im niedrigen bis mittleren Grad bestraft.

**Art. 324** Findet infolge der Zerstörung, des Auseinandernehmens oder der angebrachten Hindernisse oder durch irgendeine andere vorgenommene Handlung die Entgleisung statt, so ist minder schweres Zuchthaus im mittleren bis höchsten Grad die Strafe.

**Zu § 15**: Siehe Art. 135 f. Código Sanitario (Gesundheitsgesetz) sowie die Friedhofsordnung, Dekret Nr. 357 vom 15.5.1970.

**Zu § 16**: Siehe auch das Ley General de Ferrocariles (Eisenbahngesetz, Decreto Ley Nr. 342 vom 13.3.1925 in der Fassung des Dekrets Nr. 1.157 vom 13.7.1931; im Anhang des StGB). In Art. 105 sind zahlreiche und im wesentlichen mit dem StGB identische Strafbestimmungen enthalten.

**Art. 325** Wenn als Folge des durch die im vorigen Artikel erwähnten Handlungen verursachten Unfalls Körperverletzungen oder andere Personenschäden entstehen, wird der Schuldige mit der entsprechenden Strafe für den zugefügten Schaden belegt, falls diese höher ist als die in dem vorigen Artikel vorgesehene; andernfalls wird diese in ihrem höchsten Grad verhängt.

**Art. 326** Verursacht der Unfall den Tod eines Menschen, so wird der Schuldige mit der für heimtückische Tötung vorgesehenen Strafe in ihrem höchsten Grad belegt.*

**Art. 327** Der Täter der Handlungen, die den Unfall verursacht haben, ist nicht nur zum Ersatz der Schäden verpflichtet, die das Eisenbahnunternehmen erleidet, sondern auch derjenigen, die die Privatpersonen erleiden, die mit dem Zug fuhren oder damit bewegliche Sachen beförderten.

**Art. 328** Die mündliche oder schriftliche Drohung, eine der in Artikel 323 genannten Straftaten zu begehen, wird mit minder schwerem Gefängnis im niedrigen Grad oder mit Geldstrafe in Höhe von 11 bis 20 Mindestlöhnen bestraft.

**Art. 329** Wer aus schuldhafter Unkenntnis, Unvorsichtigkeit oder Unachtsamkeit oder wegen Nichtbeachtung der Verkehrsvorschriften, die er kennen muß, ungewollt Unfälle verursacht, die eine Verletzung oder Schaden für eine Person bewirken, wird mit minder schwerem Gefängnis im niedrigen Grad und Geldstrafe in Höhe von 6 bis 10 Mindestlöhnen bestraft.

Wenn der Unfall zum Tod eines Menschen führt, ist minder schweres Gefängnis in einem beliebigen Grad die Strafe.

Die Bestimmungen dieses Artikels gelten auch für die Eigentümer, Geschäftsführer oder Angestellten des Bahnunternehmens.

**Zu Art. 326**: Siehe Art. 391 Nr. 1.

**Art. 330*** Der Lokomotivführer, Schaffner oder Bremser, der während des Dienstes seinen Posten verläßt oder sich betrinkt, wird mit minder schwerem Zuchthaus im niedrigen Grad und Geldstrafe in Höhe von 6 bis 10 Mindestlöhnen bestraft.

Erfolgt aufgrund des Verlassens des Postens oder der Trunkenheit ein Unfall, der Körperverletzungen irgendeiner Person verursacht, so ist minder schweres Zuchthaus im mittleren Grad und Geldstrafe in Höhe von 11 bis 15 Mindestlöhnen die Strafe.

Erfolgt durch einen solchen Unfall der Tod eines Menschen, so wird der Schuldige mit minder schwerem Zuchthaus im höchsten Grad und Geldstrafe in Höhe von 16 bis 20 Mindestlöhnen belegt.

**Art. 331** Im Falle des Verlassens mit dem Vorsatz, irgendeiner der mit den Zügen fahrenden Personen Schaden zuzufügen, wird der Lokomotivführer, Schaffner oder Bremser je nachdem mit den in Artikel 323, 324, 325 und 326 vorgesehenen Strafen belegt, die jeweils um einen Grad erhöht werden; aber im Falle dieses letzten Artikels kann sich die Strafe bis zur Todesstrafe erhöhen.

**Art. 332** Die in den drei vorherigen Artikeln festgesetzten Strafen werden jeweils auf jeden anderen Angestellten im Bahnverkehrsdienst angewendet, der ein Amt zu versehen hat und dieses unter Gefahr für die Verkehrssicherheit verläßt oder schlecht ausübt.

**Art. 333** Wer aus Unvorsichtigkeit Masten oder Drähte einer schon errichteten oder im Bau befindlichen Telegraphenlinie zerstört oder Handlungen ausführt, die den Telegraphendienst unterbrechen, wird mit Geldstrafe in Höhe von 6 bis 10 Mindestlöhnen bestraft.

**Zu Art. 330**: Siehe auch Art. 121 Ley sobre Alcoholes y Bebidas Alcohólicas (Gesetz Nr. 17.105 vom 14.4.1969 über Alkohol und alkoholische Getränke; im Anhang des StGB), wo eine detaillierte Regelung zu finden ist. Diese Vorschrift gilt auch für alle anderen Fahrzeugführer und regelt damit die **Trunkenheit im Verkehr** allgemein. Als Nebenstrafe ist der Entzug der Fahrerlaubnis vorgeschrieben.

**Art. 334** Wer absichtlich die telegraphische Verbindung unterbricht oder eine im Bau befindliche Linie beschädigt, indem er die Drähte oder Masten zerstört, die Übertragungsgeräte unbrauchbar macht oder irgendein anderes Mittel gebraucht, wird mit minder schwerem Zuchthaus im niedrigen Grad und Geldstrafe in Höhe von 6 bis 10 Mindestlöhnen bestraft.*

**Art. 335** Wer im Falle eines Aufstandes, einer Erhebung, eines auswärtigen Krieges oder einer anderen öffentlichen Notlage die Drähte oder Masten oder telegraphischen Maschinen oder Geräte zerstört, sich durch Gewalt oder Drohungen der Stationen bemächtigt oder unter Gebrauch derselben Mittel auf irgendeine andere Weise den telegraphischen Austausch zwischen Vertretern der öffentlichen Gewalt verhindert oder sich gewalttätig oder gewaltsam der Wiederherstellung einer telegraphischen Leitung widersetzt, wird mit minder schwerem Zuchthaus in einem beliebigen Grad und Geldstrafe in Höhe von 11 bis 20 Mindestlöhnen bestraft.

**Art. 336** Die Urheber des Schadens sind stets zum Ersatz der für Reparaturen oder Wiederherstellung der beschädigten oder zerstörten Leitungen erforderlichen Kosten verpflichtet.

**Art. 337** Der Bedienstete einer Telegraphenstation, der den Inhalt einer Mitteilung ohne ausdrückliche Erlaubnis des Absenders oder Empfängers verbreitet, wird mit Geldstrafe in Höhe von 6 bis 10 Mindestlöhnen bestraft und muß den durch die Verbreitung entstandenen Schaden ersetzen.

**Zu Art. 334**: Nach Art. 166 Ley General de Servicios Eléctricos vom 24.7.1959 (Elektrizitätsgesetz; im Anhang des Código Civil) ist das Zerstören und Beschädigen elektrischer Leitungen ebenfalls strafbar. - Siehe auch Art. 87 und 88 Ley Orgânica del Servicio de Correos y Telegrafos (Post- und Telegrafendienstgesetz) in der Fassung des Dekretes Nr. 5.037 vom 6.10.1960: Nach Art. 87 wird gemäß Art. 333, 334 StGB bestraft, wer Gegenstände des Postdienstes beschädigt. Strafbar sind auch die Fahrzeugführer, die schuldhaft Schäden an Transportmitteln von Post- und Telegraphendienst verursachen. Nach Art. 88 wird mit der Höchststrafe belegt, wer böswillig Schäden an Telegraphen- oder Telefoneinrichtungen oder -linien verursacht oder die Kabel zusammenklemmt oder Strom ablenkt. Art. 90 stellt zudem die Behinderung der Post- oder Telegraphenübermittlung unter Strafe.

Mit denselben Strafen wird der Bedienstete belegt, der aus schuldhafter Unachtsamkeit eine telegraphische Mitteilung nicht wortgetreu übermittelt; ist er bei der ungetreuen Übermittlung bösgläubig, so ist Artikel 195 anzuwenden.

**Art. 338** Der Bedienstete, der nach der Übermittlung von Befehlen zur Verfolgung oder Ergreifung von Straftätern oder zur Ausführung von Ermittlungen in einem Gerichtsverfahren oder im Auftrag der Regierung eine Ankündigung oder Warnungen überträgt, die diese Befehle zwecklos machen, wird mit minder schwerem Gefängnis im mittleren Grad bestraft.

Dieselbe Strafe wird verhängt, wenn er in solchen Fällen böswillig die Maßnahmen der Behörde durch eine ungetreue Übermittlung oder Entschlüsselung vereitelt.

**Art. 339** Zum Zeitpunkt eines Aufstands oder Aufruhrs ist es jeder Telegraphenstation verboten:

1. Botschaften zu übermitteln oder deren Übermittlung zu dulden, die auf die Förderung oder Begünstigung der Unruhe abzielen;

2. über die Entwicklung der Vorfälle und Unruhen zu berichten, es sei denn, dies ist für die Behörde bestimmt oder erfolgt mit ihrer Einwilligung;

3. über Truppenbewegungen oder über Maßnahmen zur Bekämpfung der Erhebung oder Unruhe zu unterrichten;

4. irgendeine Nachricht mitzuteilen, deren Ziel es ist, die ergriffenen Maßnahmen zur Wiederherstellung der inneren Ruhe zu vereiteln.

Der Verstoß gegen eines dieser Verbote unterwirft den Rechtsbrecher den Strafen minder schweres Gefängnis im mittleren Grad und Geldstrafe in Höhe von 6 bis 10 Mindestlöhnen, unbeschadet der Bestrafung als Anstifter oder Gehilfe des Aufstandes oder Aufruhrs, wenn er nach dem Geschehen als solcher betrachtet zu werden verdient.*

**Zu Art. 339**: Siehe Art. 121 ff.

**Art. 340** Wiederholen sich in einer Telegraphenstation die Rechtsbrüche, von denen der vorhergehende Artikel spricht, so kann die unmittelbar vorgesetzte Behörde den Gebrauch des Telegraphen verbieten oder ihn ihrer Leitung oder Aufsicht während der Dauer der außergewöhnlichen Umstände des Aufstandes, des Aufruhrs usw. unterstellen.

**Art. 341** Wer einen öffentlichen Briefträger angreift, um Post zurückzuhalten oder aufzuhalten oder sich ihrer zu bemächtigen oder sie auf irgendeine Weise zu vernichten, wird mit minder schwerem Zuchthaus im mittleren bis höchsten Grad bestraft, wenn Gewalt angewendet wird. Wenn keine Gewalt angewendet wird, ist es minder schweres Zuchthaus im niedrigen bis mittleren Grad.

Dies hindert nicht, daß die entsprechende Strafe für die an der Person des Briefträgers begangene oder in der Entwendung der Post liegende Straftat verhängt wird, wenn diese höher ist.

## Titel VII

## Verbrechen und Vergehen gegen die Familienordnung und gegen die öffentliche Sittlichkeit*

### § 1 Abtreibung

**Art. 342** Wer böswillig eine Abtreibung verursacht, wird bestraft:

1. mit schwerem Zuchthaus im niedrigen Grad, wenn er Gewalt gegen die schwangere Frau ausübt;

2. mit minder schwerem Zuchthaus im höchsten Grad, wenn er zwar solche nicht ausübt, jedoch ohne Einwilligung der Frau handelt;

3. mit minder schwerem Zuchthaus im mittleren Grad, wenn die Frau einwilligt.

**Zu Titel VII** Durch Gesetz Nr. 16.441 vom 22.2.1966 wurde in der Provinz Valparaiso der Bezirk "Isla de Pascua" (Osterinsel) geschaffen und dessen Einwohnern zum Teil eine Sonderbehandlung gewährt. So kann eine Freiheitsstrafe unter Umständen bis zu zwei Dritteln außerhalb der Strafanstalten verbüßt werden, und die StPO gilt teilweise nicht. Bei Straftaten nach Titel VII und IX des Zweiten Buches des StGB ist die in ihrem Grad niedrigere als die geringste vom Gesetz anberaumte Strafe zu verhängen.

**Art. 343** Mit minder schwerem Zuchthaus im niedrigen bis mittleren Grad wird bestraft, wer durch Gewaltanwendung eine Abtreibung herbeiführt, selbst wenn er nicht die Absicht hatte, diese zu verursachen, vorausgesetzt, daß die Schwangerschaft der Frau offensichtlich oder dem Täter bekannt war.

**Art. 344** Die Frau, die an sich selbst eine Abtreibung vornimmt oder darin einwilligt, daß eine andere Person sie vornimmt, wird mit minder schwerem Zuchthaus im höchsten Grad bestraft.

Geschieht dies, um ihre Schande zu verheimlichen, so ist minder schweres Zuchthaus im mittleren Grad die Strafe.

**Art. 345** Der Arzt, der unter Mißbrauch seines Berufes eine Abtreibung vornimmt oder an dieser mitwirkt, wird mit den jeweils um einen Grad erhöhten Strafen des Artikels 342 belegt.*

### § 2 Verlassen von Kindern und hilflosen Personen*

**Art. 346** Wer ein Kind unter 7 Jahren an einem nicht einsamen Ort verläßt, wird mit minder schwerem Zuchthaus im niedrigen Grad bestraft.

**Art. 347** Wird das Verlassen von den ehelichen oder illegitimen Eltern oder von Personen begangen, die das Kind unter ihrer Obhut haben, so ist minder schweres Zuchthaus im höchsten Grad die Strafe, wenn der, der es verläßt, weniger als fünf Kilometer von einer Ortschaft oder einem Ort entfernt wohnt, an dem sich ein Findelhaus befindet, und minder schweres Zuchthaus im mittleren Grad in den übrigen Fällen.

**Art. 348** Wenn infolge des Verlassens schwere Verletzungen oder der Tod des Kindes eintreten, wird über den Täter schweres Zuchthaus im niedrigen Grad verhängt, falls es sich um eine der vom vorigen Artikel

**Zu Art. 345**: Art. 119 Código Sanitario (Gesundheitsgesetz) bestimmt: "Nur zu Heilzwecken darf eine Schwangerschaft unterbrochen werden. Zur Vornahme dieses Eingriffs ist die urkundlich belegte Meinung zweier Ärzte erforderlich."

**Zu § 2**: Siehe auch Art. 494 Nr. 13, 14, 15. - Zu den Verwandtschaftsgraden vgl. die Anmerkung zu Art. 10 Nr. 5.

erfaßten Personen handelt, und andernfalls minder schweres Zuchthaus im höchsten Grad.

Das in diesem Artikel und in den zwei vorangegangenen Verfügte findet keine Anwendung, wenn das Verlassen vor Findelhäusern geschieht.

**Art. 349** Wer ein Kind unter 10 Jahren an einem einsamen Ort verläßt, wird mit minder schwerem Zuchthaus im mittleren Grad bestraft.

**Art. 350** Die Strafe ist schweres Zuchthaus im niedrigen Grad, wenn der, der es verläßt, eine der in Artikel 347 beschriebenen Personen ist.

**Art. 351** Wenn wegen des Verlassens an einem einsamen Ort schwere Verletzungen oder der Tod des Kindes eintreten, wird über den Täter schweres Zuchthaus im mittleren Grad verhängt, wenn er eine der Personen ist, auf die sich der vorhergehende Artikel bezieht, und anderenfalls schweres Zuchthaus im niedrigen Grad.

**Art. 352** Wer seinen kranken oder behinderten Ehegatten oder einen ehelichen oder illegitimen Vorfahren oder Nachkommen verläßt, wird mit schwerem Zuchthaus im niedrigen Grad bestraft, wenn der Verlassene infolge des Verlassens schwere Verletzungen erleidet oder stirbt.

### § 3 Verbrechen und Vergehen gegen den Personenstand

**Art. 353** Das Vortäuschen einer Geburt und das Vertauschen eines Kindes gegen ein anderes wird mit minder schwerem Zuchthaus in einem beliebigen Grad und Geldstrafe in Höhe von 21 bis 25 Mindestlöhnen bestraft.

**Art. 354** Wer sich den Personenstand eines anderen anmaßt, wird mit minder schwerem Zuchthaus im mittleren bis höchsten Grad und Geldstrafe in Höhe von 11 bis 20 Mindestlöhnen bestraft.

Die gleichen Strafen werden über denjenigen verhängt, der ein eheliches oder illegitimes Kind in der wirklichen oder mutmaßlichen Absicht, es seinen Personenstand verlieren zu lassen, entführt, verheimlicht oder aussetzt.

**Art. 355** Wer mit der Pflege eines Minderjährigen beauftragt ist und diesen auf Verlangen der Eltern, Schutzpersonen* oder der Behörde oder auf Ersuchen der übrigen Verwandten oder von Amts wegen nicht vorzeigt und auch keine befriedigenden Erklärungen über sein Verschwinden gibt, wird mit minder schwerem Zuchthaus im mittleren Grad bestraft.

**Art. 356** Wer mit dem Aufziehen oder der Erziehung eines Minderjährigen unter 10 Jahren beauftragt ist und diesen einer öffentlichen Anstalt oder einer anderen Person übergibt ohne Zustimmung dessen, der ihn ihm anvertraut hat, oder hilfsweise der Behörde, wird mit minder schwerem Gefängnis im mittleren Grad und Geldstrafe in Höhe von 6 bis 10 Mindestlöhnen bestraft, falls daraus ein schwerer Schaden entsteht.

**Art. 357** Wer einen Minderjährigen über 10 Jahren dazu verleitet, das Heim seiner Eltern, Schutzpersonen oder der mit seiner Aufsicht Beauftragten zu verlassen, wird mit minder schwerem Gefängnis in einem beliebigen Grad und Geldstrafe in Höhe von 11 bis 20 Mindestlöhnen bestraft.*

## § 4 Von der Entführung

**Art. 358** Die Entführung einer Frau von gutem Ruf gegen ihren Willen und zu unzüchtigen Zwecken wird mit minder schwerem Zuchthaus im höchsten Grad bis zu schwerem Zuchthaus im niedrigen Grad bestraft. Genießt sie keinen guten Ruf, so ist minder schweres Zuchthaus in einem beliebigen Grad die Strafe.

Auf jeden Fall wird schweres Zuchthaus in einem beliebigen Grad verhängt, wenn die Entführte jünger als 12 Jahre ist.

**Art. 359** Die Entführung einer Jungfrau unter 20 und über 12 Jahren mit ihrer Einwilligung wird mit minder schwerem Zuchthaus in einem beliebigen Grad bestraft.

**Zu Art. 355:** Zu den Schutzpersonen siehe die Anmerkung zu Art. 142.

**Zu Art. 357:** Zweck der Handlung muß sein, den Minderjährigen um seinen Personenstand zu bringen. Gelegentlich hat die Rechtsprechung jedoch auch bei anderen Zielen Art. 357 angewendet.

**Art. 360** Die der Straftat der Entführung Angeklagten, die keine Auskunft über den Aufenthalt der Entführten oder keine befriedigenden Erklärungen über ihren Tod oder ihr Verschwinden geben, werden mit schwerem Zuchthaus in einem beliebigen Grad bestraft.

## § 5 Von der Vergewaltigung

**Art. 361** Die Vergewaltigung einer Frau wird mit minder schwerem Zuchthaus im höchsten Grad bis schwerem Zuchthaus im mittleren Grad bestraft.

Die Vergewaltigung wird begangen durch Beischlaf mit der Frau in einem der folgenden Fälle:

1. wenn Gewalt oder Drohung angewendet wird;

2. wenn die Frau aus irgendeinem Grund ihres Verstandes oder Bewußtseins beraubt ist;

3. wenn die Frau jünger als 12 Jahre ist, selbst wenn keiner der in den zwei vorigen Nummern genannten Umstände vorliegt.

Im Falle der Nr. 3 des vorigen Absatzes ist schweres Zuchthaus im mittleren bis höchsten Grad die Strafe.

**Art. 362** Die Straftaten dieses Paragraphen werden von Beginn ihrer Ausführung an als vollendet angesehen.

## § 6 Von Verführung, Blutschande, sittlichem Verderbnis von Minderjährigen und anderen unzüchtigen Handlungen

**Art. 363** Die Verführung einer Jungfrau über 12 und unter 20 Jahren mittels Täuschung wird mit minder schwerem Zuchthaus in einem beliebigen Grad bestraft.

**Art. 364** Mit gleicher Strafe wird belegt, wer in Kenntnis der Verwandtschaftsbeziehungen mit einem ehelichen oder illegitimen Blutsverwandten oder mit einem ehelichen Verschwägerten, jeweils in der auf-

oder absteigenden Linie, oder mit ehelichen oder illegitimen Geschwistern Blutschande begeht, selbst wenn diese über 20 Jahre alt sind.*

**Art. 365** Wer sich der Straftat der Homosexualität (sodomía) schuldig macht, wird mit minder schwerem Zuchthaus im mittleren Grad bestraft.

Mit minder schwerem Zuchthaus im höchsten Grad bis zu schwerem Zuchthaus im mittleren Grad wird belegt, wer die Straftat unter Vorliegen eines der folgenden Umstände begeht:

1. es wird Gewalt oder Drohung gegen das Opfer gebraucht;

2. das Opfer ist aus irgendeinem Grund seines Verstandes oder Bewußtseins beraubt.

Schweres Zuchthaus im mittleren bis höchsten Grad wird verhängt, wenn das Opfer jünger als 14 Jahre ist, selbst wenn keiner der in den zwei Nummern des vorigen Absatzes genannten Umstände vorliegt.

**Art. 366** Wer eine männliche oder weibliche Person über 12 und unter 20 Jahren unzüchtig mißbraucht, wird mit minder schwerem Zuchthaus in einem beliebigen Grad bestraft. Liegt einer der in Artikel 361 genannten Umstände vor, so wird dies als Strafschärfungsgrund betrachtet, auch wenn die mißbrauchte Person älter als 20 Jahre ist.

**Art. 367** Wer gewohnheitsmäßig oder unter Mißbrauch von Autorität oder Vertrauen die Prostitution oder die sittliche Verderbnis von Minderjährigen* fördert oder erleichtert, um fremde Begierde zu befriedigen, wird mit schwerem Zuchthaus in einem beliebigen Grad und Geldstrafe in Höhe von 21 bis 30 Mindestlöhnen bestraft.

**Zu Art. 364:** Zu den Verwandtschaftsverhältnissen vgl. die Anmerkung zu Art. 10 Nr. 5.

**Zu Art. 367:** Nach Art. 26 Código Civil (Zivilgesetzbuch) wird als Minderjähriger der nicht 21jährige verstanden. Die wohl herrschende Meinung legt dies auch für Art. 367 StGB zugrunde. - Prostitution als solche ist nicht verboten, jedoch werden in Art. 41 Código Sanitario (Gesundheitsgesetz) Bordelle untersagt und Ordnungsvorschriften getroffen. Zuwiderhandlungen können nach Art. 165 f. Código Sanitario verwaltungsrechtlich geahndet werden.

## § 7 Gemeinsame Vorschriften zu den drei vorigen Paragraphen

**Art. 368** Wenn die Entführung, die Vergewaltigung, die Verführung, die Homosexualität, der unzüchtige Mißbrauch oder die sittliche Verderbnis Minderjähriger von einem Amtsträger, Priester, einer Schutzperson, einem Lehrer, Bediensteten oder einem aus irgendeinem Grund mit der Erziehung, dem Schutz oder der Pflege der verletzten oder der Prostitution zugeführten Person Beauftragten begangen wird, wird der Schuldige mit dem höchsten Grad der für die Straftat vorgesehenen Strafe belegt.

**Art. 369** Die Verführung wird nur auf Antrag der Betroffenen oder ihrer Eltern, Großeltern oder Schutzpersonen verfolgt.

Für die Verfolgung von Vergewaltigung oder Entführung ist zumindest eine Anzeige an die gerichtliche Behörde durch die interessierte Person, ihre Eltern, Großeltern oder Schutzpersonen erforderlich, auch wenn kein förmlicher Antrag eingereicht wird.

Kann das Opfer aufgrund seines Alters oder Gemütszustandes nicht selbst die Anklage oder Anzeige vornehmen und hat es keine Eltern, Großeltern oder Schutzpersonen, oder hat es solche, aber diese sind dazu nicht in der Lage oder in die Straftat verwickelt, so kann die Staatsanwaltschaft die Anklage erheben.

Stets wird das Verfahren eingestellt oder die Strafe erlassen, wenn der Täter die Verletzte heiratet.

Diese Wirkung tritt nicht ein, wenn der Heiratsantrag von der Verletzten, von der Person, deren Zustimmung für die Eheschliessung notwendig ist oder an ihrer Statt durch den Richter abgewiesen wird, oder wenn die Heirat wegen eines gesetzlichen Ehehindernisses nicht stattfinden kann.*

**Art. 370** Die Täter einer Vergewaltigung, Verführung oder Entführung werden auch dazu verurteilt, mittels Schadensersatz

1. der Verletzten eine Aussteuer zu geben, falls sie ledig oder verwitwet ist;

**Zu Art. 369**: Zu den gesetzlichen Ehehindernissen siehe die Anmerkung zu Art. 383.

2. einen angemessenen Unterhalt für den Nachkommen zu bezahlen, der gemäß den gesetzlichen Bestimmungen von ihnen abstammt.*

**Art. 371** Die Verwandten aufsteigender Linie, Schutzpersonen, Lehrer oder sonstigen Personen, die unter Mißbrauch von Autorität oder Stellung als Gehilfen bei der Begehung der in den drei vorigen Paragraphen enthaltenen Straftaten mitwirken, werden wie Täter bestraft.

Lehrer oder in irgendeiner Weise mit der Erziehung oder Führung der Jugend Beauftragte werden zudem mit lebenslanger spezieller Aberkennung der Befähigung zur Bekleidung ihres Amtes bestraft.

**Art. 372** Die im vorherigen Artikel erfaßten Personen und alle sonstigen Täter, die sich der sittlichen Verderbnis von Minderjährigen im Interesse von Dritten schuldig machen, werden außerdem mit dem Entzug des Rechts, eine Vormundschaft auszuüben und in den vom Gesetz bestimmten Fällen als Angehörige gehört zu werden, und mit Stellung unter behördliche Aufsicht für die vom Gericht festgesetzte Zeit bestraft.

**Art. 372 bis** Wer zum Zweck oder bei Gelegenheit einer Vergewaltigung oder homosexuellen Tat zudem den Tod des Opfers verursacht, wird mit lebenslanger Zuchthausstrafe bis zur Todesstrafe belegt.

## § 8 Von den öffentlichen Verstößen gegen die guten Sitten

**Art. 373** Wer auf irgendeine Weise das Schamgefühl oder die guten Sitten durch Handlungen verletzt, die schweres Ärgernis hervorrufen oder sehr belangvoll sind und die nicht ausdrücklich von anderen Artikeln dieses Gesetzbuches erfaßt sind, wird mit minder schwerem Gefängnis im niedrigen bis mittleren Grad bestraft.*

**Zu Art. 370:** Nach Art. 323 Código Civil (Zivilgesetzbuch) ist angemessener Unterhalt der, der es dem Berechtigten ermöglicht, bescheiden in einer seiner sozialen Stellung entsprechenden Weise zu leben. Davon werden bei Minderjährigen unter 21 Jahren auch Schul- und Berufsausbildung erfaßt. - Nach Art. 76 und 280 Nr. 5 Código Civil bestehen bei Vergewaltigung, Verführung oder Entführung Abstammungsvermutungen.

**Zu Art. 373:** Siehe auch Art. 495 Nr. 5.

**Art. 374*** Wer Lieder, Broschüren oder sonstige Schriften, seien sie gedruckt oder nicht, oder Abbildungen oder Abdrucke, die den guten Sitten widersprechen, verkauft, verteilt oder ausstellt, wird mit minder schwerem Gefängnis im niedrigen Grad und Geldstrafe in Höhe von 6 bis 10 Mindestlöhnen bestraft.

Mit derselben Strafe wird der Verfasser der Schrift, der Abbildung oder des Abdruckes bestraft, sowie derjenige, der diese durch ein anderes Verfahren als den Druck wiedergibt.

## § 9 Vom Ehebruch

**Art. 375** Der Ehebruch wird mit minder schwerem Gefängnis in einem beliebigen Grad bestraft.

Ehebruch begehen die verheiratete Frau, die einem Mann, der nicht ihr Ehemann ist, beischläft, sowie derjenige, der ihr beischläft, obwohl er weiß, daß sie verheiratet ist, selbst wenn die Ehe später für nichtig erklärt wird.*

**Art. 376** Eine Strafe wegen Ehebruchs wird nur aufgrund einer Klage des Ehemanns verhängt.*

Die Klage muß gegen beide Schuldige erhoben werden, wenn beide am Leben sind; falls aber einer von ihnen gestorben ist oder nach Einleitung des Verfahrens stirbt, so kann der Verletzte sie gegen den Überlebenden erheben oder weiterführen.

**Art. 377** Die Verfolgung des Ehebruches verjährt in einem Jahr, von dem Tage an gerechnet, an dem der Verletzte von der Straftat erfahren

**Zu Art. 374**: Nach Art. 20 des Gesetzes Nr. 16.643 vom 17.7.1967 sobre Abusos de Publicidad (über Mißbräuche im Veröffentlichungswesen; vgl. dazu die Anmerkung zu Art. 137) wird ein durch "Verbreitungsmittel" begangener Verstoß gegen die guten Sitten mit minder schwerem Gefängnis im niedrigen Grad und Geldstrafe in Höhe von einem bis 40 Mindestlöhnen belegt. Hat die Tat die Pervertierung Minderjähriger unter 18 Jahren zum Ziel, was nach gesetzlichen Vermutungen zum Beispiel dann der Fall ist, wenn sie im Umkreis von 200 m von einer Schule begangen wird, so verdoppelt sich die Strafe. Alle Arten des Vertriebs oder der Ausstrahlung unzüchtiger oder gegen die guten Sitten verstoßender Gegenstände, Bilder, Worte oder Handlungen werden erfaßt.

**Zu Art. 375:** Vgl. auch die Anmerkung zu Art. 383 a. E.

**Zu Art. 376**: Zur (Privat-)Klage vgl. die Anmerkung zu Art. 211.

hat; im Falle des Todes eines der Schuldigen muß sie aber in den darauf folgenden vier Monaten eingeleitet werden, sofern diese Frist in dem Jahr enthalten ist, in dem nach der allgemeinen Regel die Verfolgung verjährt.

In keinem Fall kann die Verfolgung wegen Ehebruchs später als fünf Jahre nach der Tatbegehung eingeleitet werden.

**Art. 378** Die Verfolgung des Ehebruchs kann im Falle einer Dauertrennung* nicht eingeleitet werden wegen Taten, die während deren Bestehen begangen werden.

**Art. 379** Der Ehemann kann jederzeit das Verfahren einstellen oder die über seine Gattin verhängte Strafe erlassen, indem er wieder mit ihr zusammenlebt, wobei die Wirkungen der Einstellung oder des Erlasses sich auch auf den Mittäter erstrecken.

**Art. 380** Das rechtskräftige Urteil in einem Trennungsverfahren wegen Ehebruchs hat bindende Wirkung für das Strafverfahren, wenn dort von dem Vorwurf freigesprochen wurde. Verurteilte es, so ist ein neues Verfahren für die Verhängung der Strafe erforderlich.

**Art. 381** Der Ehemann, der eine Konkubine im ehelichen Haus oder auf ärgerniserregende Weise außerhalb desselben hält, wird mit minder schwerem Gefängnis im niedrigen Grad bestraft und verliert das Recht, seine Frau wegen von ihr während seines Konkubinats begangener Ehebrüche anzuklagen.

Die Konkubine wird mit Ortsverweisung in einem beliebigen Grad bestraft.

Das in den Artikeln 376, 377, 378 und 379 Bestimmte ist auch auf diesen Artikel anwendbar.

**Zu Art. 378**: Das chilenische Familienrecht kennt keine eheauflösende Scheidung. Die "divorcio" hebt vielmehr nur das gemeinschaftliche Leben der Ehegatten auf. Sie kann zeitlich begrenzt (bis zu fünf Jahren) oder auf Dauer sein und muß durch das zuständige Gericht ausgesprochen werden, Art. 19 f. Ley de Matrimonio Civil (Gesetz über die Zivilehe vom 10.1.1884; im Anhang des Código Civil).

## § 10 Widerrechtliche Eheschließung*

**Art. 382** Wer eine Ehe schließt, obwohl er gültig verheiratet ist, wird mit minder schwerem Gefängnis im höchsten Grad bestraft.

**Art. 383** Wer eine Person dadurch betrügt, daß er eine Eheschließung mit ihr vortäuscht, und wer eine Ehe schließt, obwohl er weiß, daß ein trennendes Ehehindernis bei ihm vorliegt, von dem nach dem Gesetz keine Befreiung erteilt werden kann,* wird mit minder schwerem Gefängnis im mittleren bis höchsten Grad bestraft.

Handelt es sich um ein Ehehindernis, von dem Befreiung erteilt werden kann, so wird er mit einer Geldstrafe in Höhe von 11 bis 20 Mindestlöhnen belegt.

Wenn durch seine Schuld die Ehe nach Erteilung der Befreiung nicht binnen der vom Gericht festgesetzten Frist gültig gemacht wird, wird er mit minder schwerem Gefängnis im mittleren Grad bestraft, was ihm erlassen wird, wenn die Ehe gültig gemacht wird.

**Art. 384** Wer durch Überrumpelung oder Täuschung den Amtsträger, der seine Ehe bestätigen muß, zur Mitwirkung bringt, ohne daß dieser die vom Gesetz für ihre Schließung geforderten Bestimmungen beachtet, wird, auch wenn die Ehe gültig ist, mit minder schwerem Gefängnis im niedrigen Grad bestraft.

**Zu § 10:** Siehe auch Art. 43 des Gesetzes Nr. 4.808 sobre Registro Civil (Personenstandsregistergesetz vom 10.2.1960; im Anhang des Código Civil). Darin sind Strafen für den Fall vorgesehen, daß einer kirchlichen Heirat nicht binnen gewisser Fristen die standesamtliche folgt oder daß in dem Wissen oder ohne rechtfertigenden Irrtum darüber, daß eine solche wegen gesetzlicher Hinderungsgründe nicht erfolgen kann, eine kirchliche Heirat stattfindet.

**Zu Art. 383:** Als trennendes Ehehindernis, von dem keine Befreiung erteilt werden kann, werden diejenigen angesehen, die zur Nichtigkeit der Ehe führen. Darunter fallen nach Art. 29 i.V.m. Art. 4-7 Ley de Matrimonio Civil (Gesetz über die Zivilehe; im Anhang des Código Civil) u.a.: verheiratet, unreif, unheilbar impotent, nicht zum Ausdruck seines Willens in der Lage oder schwachsinnig zu sein (Art. 4), und enge Verwandtschaft (Art. 5). Außerdem kann der überlebende Ehegatte mit dem Mörder oder Mordgehilfen des Gatten keine Ehe schließen (Art. 6), und auch nicht die Frau "mit ihrem Mittäter bei der Straftat des Ehebruchs" (Art. 7). - Ehehindernisse, von denen Befreiung erteilt werden kann, gibt es nach Etcheberry, Derecho Penal, Bd. 4, 2. Aufl. 1976, S. 28, nicht mehr.

Brachte er ihn durch Gewalt oder Drohung zur Mitwirkung, so ist minder schweres Gefängnis im mittleren bis höchsten Grad die Strafe.

**Art. 385** Der Minderjährige, der im Einverständnis mit dem zur gesetzlichen Bestätigung seiner Eheschließung berufenen Amtsträger, aber ohne Zustimmung seiner Eltern oder derer, die sie vertreten, eine Ehe eingeht, wird mit minder schwerem Gefängnis im niedrigen Grad bestraft.*

Diese Strafe wird nur auf Verlangen der Personen verhängt, die zum Erteilen der Zustimmung berufen sind; sie können sie jederzeit erlassen. Dies ist anzunehmen, wenn die Klage nicht innerhalb von zwei Monaten, nachdem sie von der Eheschließung Kenntnis erlangt haben, erhoben wird.

**Art. 386** Die Witwe, die sich vor Ablauf von 270 Tagen seit dem Tod ihres Mannes oder vor ihrer Entbindung, falls sie schwanger war, verheiratet, wird mit minder schwerem Gefängnis im niedrigen Grad und Geldstrafe in Höhe von 11 bis 20 Mindestlöhnen belegt.

Mit denselben Strafen wird die Frau belegt, deren Ehe für nichtig erklärt wurde, wenn sie sich vor ihrer Entbindung, falls sie schwanger war, oder vor Ablauf von 270 Tagen, von der gesetzlichen Trennung ab gerechnet, verheiratet.

Auf die Fälle dieses Artikels ist das in Artikel 128 Abs. 2 des Zivilgesetzbuches Bestimmte anzuwenden.*

**Art. 387** Die Schutzperson, die entgegen dem vom Zivilgesetzbuch Bestimmten vor der gesetzlichen Anerkennung ihrer Rechenschaftslegung die Ehe mit der Person schließt, die unter ihrem Schutz steht oder gestanden hat, oder darin einwilligt, daß eines ihrer Kinder oder Abkömmlinge diese

**Zu Art. 385:** Wer zuzustimmen hat, ist in Art. 107-111 Código Civil (Zivilgesetzbuch) bestimmt. - Zur (Privat-)Klage siehe die Anmerkung zu Art. 211.

**Zu Art. 386:** Nach Art. 128 Abs. 2 Código Civil kann diese Frist um die Tage vermindert werden, die der Auflösung oder Nichtigkeitserklärung der Ehe unmittelbar vorausgegangen sind und in denen es gänzlich ausgeschlossen ist, daß der Mann der Frau beigeschlafen hat.

heiratet, wird mit minder schwerem Gefängnis im mittleren Grad und Geldstrafe in Höhe von 11 bis 20 Mindestlöhnen bestraft.*

**Art. 388** Der kirchliche oder weltliche Amtsträger, der eine vom Gesetz verbotene oder eine nicht den für ihre Schließung erforderlichen Förmlichkeiten genügende Ehe bestätigt, wird mit minder schwerem Zwangsaufenthalt im mittleren Grad und Geldstrafe in Höhe von 6 bis 10 Mindestlöhnen bestraft.

**Art. 389** In den Fällen dieses Paragraphen ist der bösgläubige Eheschließende verpflichtet, nach seinen Möglichkeiten der Frau, die gutgläubig gehandelt hat, eine Aussteuer zu geben, sofern die Ehe nicht zur Gültigkeit gelangt.

## Titel VIII

## Verbrechen und Vergehen gegen Personen

### § 1 Von der Tötung

**Art. 390** Wer in Kenntnis der Verwandtschaftsbeziehung seinen Vater, seine Mutter, sein Kind, seien sie ehelich oder illegitim, irgendeinen anderen ehelichen Verwandten in der auf- oder absteigenden Linie oder seinen Ehegatten tötet, wird als Verwandtenmörder mit schwerem Zuchthaus im höchsten Grad bis zur Todesstrafe bestraft.

**Art. 391** Wer einen anderen tötet und nicht vom vorigen Artikel erfaßt ist, wird bestraft:

1. mit schwerem Zuchthaus im mittleren Grad bis zu lebenslangem Zuchthaus, wenn die Tötung unter einem der folgenden Umstände begangen wird:

**Zu Art. 387**: Zur Schutzperson siehe die Anmerkung zu Art. 142. - Nach Art. 116 Código Civil dürfen die Schutzperson und ihre Abkömmlinge erst nach richterlicher Billigung ihrer Rechenschaftslegung mit einem Minderjährigen, dessen Vermögen sie verwalten oder verwalteten, die Ehe eingehen, soweit nicht einer seiner Vorfahren die erforderliche Einwilligung erteilt.

(1) mit Heimtücke;

(2) für Belohnung oder Versprechen eines Lohnes;

(3) durch Gift;

(4) auf grausame Weise, indem der Schmerz des Opfers absichtlich und unmenschlich vermehrt wird;

(5) mit erkennbarem Vorbedacht;

2. mit schwerem Zuchthaus im niedrigen bis mittleren Grad in jedem sonstigen Fall.*

**Art. 392** Wird bei einer Schlägerei oder einem Raufhandel eine Tötung begangen und steht der Urheber des Todes nicht fest, wohl aber diejenigen, die dem Getöteten schwere Verletzungen zugefügt haben, so wird über all diese minder schweres Zuchthaus im höchsten Grad verhängt.

Steht auch nicht fest, wer dem Opfer schwere Verletzungen zugefügt hat, so wird über alle, die Gewalt gegen seine Person ausgeübt haben, minder schweres Zuchthaus im mittleren Grad verhängt.

**Art. 393** Wer in Kenntnis der Sachlage einem anderen Hilfe leistet, damit er sich selbst töte, wird mit minder schwerem Zuchthaus im mittleren bis höchsten Grad bestraft, wenn der Tod eintritt.

## § 2 Von der Kindestötung

**Art. 394** Kindestötung begehen der Vater, die Mutter und die sonstigen ehelichen oder illegitimen Verwandten der aufsteigenden Linie, die innerhalb von 48 Stunden nach der Niederkunft das Kind oder den Abkömmling töten; sie werden mit schwerem Zuchthaus im niedrigen bis mittleren Grad bestraft.*

**Zu Art. 391**: Für bestimmte Straftaten mit Todesfolge sind aber höhere Strafen anberaumt.

**Zu Art. 394**: Nach Art. 74 Código Civil (Zivilgesetzbuch) "beginnt die gesetzliche Existenz jeder Person mit der Geburt, also der vollständigen Trennung von der Mutter". Diese Definition gilt nach einhelliger Auffassung nicht für den strafrechtlichen Schutz, der schon früher einsetze.

## § 3 Körperverletzungen

**Art. 395** Wer einen anderen böswillig kastriert, wird mit schwerem Zuchthaus im niedrigen bis mittleren Grad bestraft.

**Art. 396** Jede andere ebenfalls mit Böswilligkeit begangene Verstümmelung eines wichtigen Körperteils, die es dem Kranken unmöglich macht, sich selbst zu versorgen oder die natürlichen Verrichtungen auszuüben, die er vorher ausübte, wird mit minder schwerem Zuchthaus im höchsten Grad bis schwerem Zuchthaus im niedrigen Grad bestraft.

In den Fällen von Verstümmelungen weniger wichtiger Körperteile, wie eines Fingers oder eines Ohres, ist minder schweres Zuchthaus im niedrigen bis mittleren Grad die Strafe.

**Art. 397** Wer einen anderen verletzt, schlägt oder tätlich mißhandelt, wird als Täter einer schweren Körperverletzung wie folgt bestraft:

1. mit schwerem Zuchthaus im niedrigen Grad, wenn das Opfer infolge der Verletzungen geisteskrank, arbeitsunfähig, impotent oder an einem wichtigen Körperteil behindert oder beträchtlich entstellt wird;

2. mit minder schwerem Zuchthaus im mittleren Grad, wenn das Opfer infolge der Verletzungen für mehr als 30 Tage krank oder arbeitsunfähig wird.

**Art. 398** Mit den Strafen des vorigen Artikels wird auch derjenige belegt, der einem anderen eine schwere Körperverletzung zufügt, indem er ihm wissentlich gesundheitsschädliche Stoffe oder Getränke verabreicht oder seine Leichtgläubigkeit oder Geistesschwäche ausnutzt.

**Art. 399** Die in den vorigen Artikeln nicht enthaltenen Körperverletzungen werden als weniger schwere angesehen und mit minder schwerem Zwangsaufenthalt oder Zuchthaus in den niedrigen Graden oder mit Geldstrafe in Höhe von 11 bis 20 Mindestlöhnen bestraft.*

**Zu Art. 399:** Siehe auch Art. 494 Nr. 5.

**Art. 400** Richten sich die in den vorigen Artikeln dieses Paragraphen genannten Taten gegen eine der in Artikel 390 erwähnten Personen oder werden sie unter einem der Umstände der 2., 3. und 4. Alternative des Artikel 391 Nr. 1 begangen, so werden die Strafen um einen Grad erhöht.

**Art. 401** Minder schwere Körperverletzungen, die Schutzpersonen, Priestern, Lehrern oder öffentlichen Würden- oder Amtsträgern zugefügt werden, werden immer mit minder schwerem Zuchthaus oder Zwangsaufenthalt im niedrigen bis mittleren Grad bestraft.

**Art. 402** Wenn bei einer Schlägerei oder einem Raufhandel schwere Körperverletzungen verursacht werden und deren Urheber nicht feststeht, wohl aber diejenigen, die minder schwere Körperverletzungen zugefügt haben, so wird über all diese die in ihrem Grad unmittelbar niedrigere Strafe verhängt, als sie ihnen für jene Verletzungen zugekommen wäre.

Steht auch nicht fest, wer dem Opfer minder schwere Verletzungen zugefügt hat, so wird die um zwei Grade niedrigere Strafe über diejenigen verhängt, die bei der Schlägerei oder dem Raufhandel Gebrauch von Waffen gemacht haben, welche die Körperverletzung verursachen konnten.

**Art. 403** Entstanden lediglich minder schwere Körperverletzungen und stehen deren Urheber nicht fest, wohl aber diejenigen, die Gebrauch von Waffen gemacht haben, die diese verursachen können, so wird über all diese die in ihrem Grad unmittelbar niedrigere Strafe verhängt, als sie ihnen für solche Verletzungen zugekommen wäre.

In den Fällen dieses und des vorigen Artikels gilt für die Strafzumessung das in Artikel 304 Bestimmte.

### § 4 Vom Zweikampf

**Art. 404** Die Herausforderung zum Zweikampf wird mit minder schwerem Gefängnis im niedrigen Grad bestraft.

**Art. 405** Mit derselben Strafe wird belegt, wer einen anderen schmäht oder öffentlich herabsetzt, weil dieser einen Zweikampf abgelehnt hat.

**Art. 406** Wer seinen Gegner im Zweikampf tötet, wird mit schwerem Gefängnis im niedrigen Grad bestraft.

Fügt er ihm Körperverletzungen der in Artikel 397 Nr. 1 bezeichneten Art zu, wird er mit minder schwerem Gefängnis im höchsten Grad bestraft.

Sind die Verletzungen solche, wie sie in Artikel 397 Nr. 2 enthalten sind, so ist minder schweres Gefängnis im niedrigen bis mittleren Grad die Strafe.

In den sonstigen Fällen wird über die Zweikämpfer minder schweres Gefängnis im niedrigen Grad oder Geldstrafe in Höhe von 11 bis 20 Mindestlöhnen verhängt.

**Art. 407** Wer einen anderen veranlaßt, zu einem Zweikampf herauszufordern oder ihn anzunehmen, wird mit den im vorigen Artikel vorgesehenen Strafen belegt werden, wenn dieser stattfindet.

**Art. 408** Die Sekundanten eines Zweikampfes, der stattfindet, werden mit minder schwerem Gefängnis im niedrigen Grad bestraft; haben sie aber vereinbart, daß es auf Leben oder Tod gehen solle, oder lassen sie ihn bei erkennbarem Vorteil für einen der Zweikämpfer zu, so ist minder schweres Gefängnis im höchsten Grad die Strafe.

**Art. 409** Die allgemeinen Strafen dieses Gesetzbuches werden in den Fällen von Tötung und Körperverletzungen verhängt:

1. wenn der Zweikampf ohne den Beistand von Sekundanten stattfand;

2. wenn aus Vermögensinteresse oder zu einem unsittlichen Zweck herausgefordert oder zur Herausforderung Anlaß gegeben wird;

3. über den Zweikämpfer, der gegen die von den Sekundanten vereinbarten wesentlichen Verpflichtungen verstößt.

## § 5 Gemeinsame Vorschriften zu den Paragraphen 1, 3 und 4 dieses Titels

**Art. 410** In den Fällen von Tötungen oder Körperverletzungen, auf die sich die Paragraphen 1, 3 und 4 des gegenwärtigen Titels beziehen, bleibt der Täter zusätzlich zu den darin festgesetzten Strafen verpflichtet:

1. den Unterhalt der Familie des Getöteten zu bezahlen;

2. die Heilbehandlung des Geisteskranken oder Arbeitsunfähigen und Unterhalt für ihn und seine Familie zu bezahlen;

3. bei sonstigen Körperverletzungen die Heilbehandlung des Verletzten und Unterhalt für ihn und seine Familie während der Dauer der durch die Verletzungen hervorgerufenen Arbeitsunfähigkeit zu bezahlen.

Der Unterhalt muß in Hinsicht auf den Verletzten angemessen* sein, und die Verpflichtung zu seiner Zahlung erlischt, wenn dieser ausreichendes Vermögen besitzt, um seinen angemessenen Lebensunterhalt zu bestreiten und um Unterhalt für seine Familie in den Fällen und der Art, wie dies das Zivilgesetzbuch bestimmt, zu gewähren.

**Art. 411** Im Sinne des vorigen Artikels werden unter Familie alle Angehörigen verstanden, gegenüber denen das Opfer unterhaltspflichtig ist.*

## § 6 Von der Verleumdung*

**Art. 412** Verleumdung ist die fälschliche Beschuldigung einer bestimmten Straftat, die unmittelbar von Amts wegen verfolgt werden kann.*

**Zu Art. 410**: Siehe die Anmerkung zu Art. 370.

**Zu Art. 411**: Siehe Art. 321 Código Civil, Art. 22 Adoptionsgesetz Nr. 7.613 vom 21.10. 1943, sowie Art. 56 Ley de Quiebras (Konkursordnung, Gesetz Nr. 1.297 vom 23.6.1931; im Anhang des Código de Comercio).

**Zu § 6**: Siehe auch das Gesetz über Mißbräuche im Veröffentlichungswesen (dazu allgemein die Anmerkung zu Art. 137). Wird eine Beleidigung oder eine Verleumdung durch eines der in Art. 16 jenes Gesetzes genannten Mittel begangen, so werden die Geldstrafen nach Art. 413, 418, 419 StGB etwas modifiziert. Das Fordern einer Leistung unter der Drohung, ehrenrührige oder abträgliche Dokumente oder Informationen zu veröffentlichen, ist strafbar (Art. 21). Herausgeber, Direktoren usw. werden als Täter angesehen (Art. 29, 30). Der Wahrheitsbeweis bei Verleumdungen ist nur zulässig bei Wahrnehmung berechtigter öffentlicher Interessen, hinsichtlich Vorwürfen gegen Amtsträger in bezug auf dienstliche Taten, gegenüber Zeugen bezüglich ihrer Aussage, Priestern bezüglich religiöser Handlungen sowie hinsichtlich der Geschäftsführung von bestimmten Unternehmern, die öffentliches Kapital oder Kredite anfordern, nie jedoch hinsichtlich Vorwürfen, die das Ehe- oder Familienleben betreffen (Art. 22). - Vgl. auch Art. 6, lit. b und Art. 7 Ley de Seguridad del Estado (Staatssicherheitsgesetz Nr. 12.927; im Anhang des Código de Justicia Militar), wo unter anderem die Beleidigung und Verleumdung hoher Amtsträger und Staatsorgane unter schwere Strafe gestellt ist.

**Zu Art. 412**: Vgl. die Anmerkung zu Art. 211.

**Art. 413** Die schriftlich und öffentlich verbreitete Verleumdung wird bestraft:

1. mit minder schwerem Gefängnis im mittleren Grad und Geldstrafe in Höhe von 11 bis 20 Mindestlöhnen, wenn es sich um die Beschuldigung eines Verbrechens handelt;

2. mit minder schwerem Gefängnis im niedrigen Grad und Geldstrafe in Höhe von 6 bis 10 Mindestlöhnen, wenn es sich um die Beschuldigung eines Vergehens handelt.

**Art. 414** Die nicht schriftlich und öffentlich verbreitete Verleumdung wird bestraft:

1. mit minder schwerem Gefängnis im niedrigen Grad und Geldstrafe in Höhe von 6 bis 15 Mindestlöhnen, wenn es sich um die Beschuldigung eines Verbrechens handelt;

2. mit minder schwerem Gefängnis im niedrigen Grad und Geldstrafe in Höhe von 6 bis 10 Mindestlöhnen, wenn es sich um die Beschuldigung eines Vergehens handelt.

**Art. 415** Der einer Verleumdung Angeklagte wird nicht bestraft, wenn er die Straftat beweist, deren er beschuldigt hat.

Die Entscheidung, in der das Vorliegen einer Verleumdung festgestellt wird, wird auf Antrag des Betroffenen einmal in höchstens drei Tageszeitungen seiner Wahl auf Kosten des Verleumders veröffentlicht.

## § 7 Von den Beleidigungen*

**Art. 416** Beleidigung ist jede Äußerung oder Handlung zur Herabwürdigung, zum Verruf oder zur Mißachtung eines anderen.

**Art. 417** Schwere Beleidigungen sind:

1. die Beschuldigung eines Verbrechens oder Vergehens, das nicht von Amts wegen verfolgt werden kann;

**Zu § 7**: Siehe die Anmerkung zu § 6 dieses Titels (Art. 412 ff.).

2. die Beschuldigung eines schon bestraften oder verjährten Verbrechens oder Vergehens;

3. die eines Lasters oder moralischen Fehlers, deren Folgen den Ruf, das Ansehen oder die Interessen des Beleidigten beträchtlich schädigen können;

4. die Beleidigungen, die angesichts ihrer Natur, Gelegenheit oder Umstände von der öffentlichen Meinung als ehrenrührig betrachtet werden;

5. die, die in Anbetracht des Standes, der Würde und der Umstände des Opfers und des Täters vernünftigerweise die Bewertung als schwere verdienen.

**Art. 418** Die schriftlich und öffentlich begangenen schweren Beleidigungen werden mit minder schwerem Gefängnis im niedrigen bis mittleren Grad und Geldstrafe in Höhe von 11 bis 20 Mindestlöhnen bestraft.

Liegen diese Umstände nicht vor, so ist minder schweres Gefängnis im niedrigen Grad und Geldstrafe in Höhe von 6 bis 10 Mindestlöhnen die Strafe.

**Art. 419** Die leichten Beleidigungen werden mit minder schwerem Gefängnis im niedrigen Grad und Geldstrafe in Höhe von 6 bis 10 Mindestlöhnen bestraft, wenn sie schriftlich und öffentlich begangen werden. Liegen diese Umstände nicht vor, werden sie als Übertretungen bestraft.*

**Art. 420** Dem der Beleidigung Angeklagten ist der Beweis der Wahrheit der Beschuldigungen nicht gestattet, es sei denn, diese waren gegen öffentliche Bedienstete wegen solcher Handlungen gerichtet, die die Ausübung ihres Amtes betreffen.

In diesem Fall wird der Angeklagte freigesprochen, wenn er die Wahrheit der Beschuldigungen beweist.

**Zu Art. 419**: Siehe Art. 496 Nr. 11.

## § 8 Gemeinsame Vorschriften zu den zwei vorigen Paragraphen

**Art. 421** Die Straftat der Verleumdung oder Beleidigung wird nicht nur in offenkundiger Weise begangen, sondern auch durch Gleichnisse, Karikaturen, Sinnbilder oder Anspielungen.

**Art. 422** Die Verleumdung und die Beleidigung werden als schriftlich und öffentlich begangen angesehen, wenn sie verbreitet werden mittels Plakaten oder Schmähschriften, die an öffentlichen Stellen angeschlagen werden, durch dem Pressegesetz nicht unterworfene Druckschriften, Lithographien, Abbildungen oder Handschriften, die mehr als fünf Personen mitgeteilt werden, oder durch Gleichnisse, Karikaturen, Sinnbilder oder Anspielungen, die mittels Lithographie, Gravierkunst, Photographie oder irgendeines sonstigen Verfahrens vervielfältigt werden.

**Art. 423** Der wegen einer versteckten oder mehrdeutigen Verleumdung oder Beleidigung Angeklagte, der sich weigert, diesbezüglich im Verfahren zufriedenstellende Erklärungen abzugeben, wird als Täter einer offenkundigen Verleumdung oder Beleidigung bestraft.

**Art. 424** Die Klage wegen Verleumdung oder Beleidigung kann vom Ehegatten, von den ehelichen Kindern, Enkelkindern, Eltern, Großeltern und Geschwistern, von den natürlichen Eltern und Kindern sowie von dem Erben eines verstorbenen Beleidigten erhoben werden.*

**Art. 425** Hinsichtlich der mittels ausländischer Zeitungen veröffentlichten Verleumdungen oder Beleidigungen können diejenigen gerichtlich verfolgt werden, die aus dem Gebiet der Republik die Artikel abgesandt oder Anordnung zu ihrer Aufnahme gegeben haben oder bei der Einfuhr oder dem Vertrieb dieser Zeitungen in Chile in der offensichtlichen Absicht mitgewirkt haben, die Verleumdung oder Beleidigung zu verbreiten.

**Art. 426** Die bei einem Gerichtsverfahren erfolgte Verleumdung oder Beleidigung wird von dem erkennenden Gericht gemäß der Prozeßordnung

**Zu Art. 424**: Im Zweiten Titel des Dritten Buches des Código de Procedimiento Penal (StPO) sind zur Privatklage wegen Beleidigung und Verleumdung einige Sondervorschriften enthalten. - Zur (Privat-)Klage siehe die Anmerkung zu Art. 211.

disziplinarisch abgeurteilt,* außer wenn deren Schwere nach Auffassung desselben Gerichts Anlaß zur strafrechtlichen Verfolgung gibt.

In letzterem Fall kann die Anklage nicht vor Abschluß des Rechtsstreites erhoben werden, bei dem die Verleumdung oder Beleidigung erfolgte.

**Art. 427** Äußerungen, die als verleumderisch oder beleidigend angesehen werden können, welche in einer nicht für die Öffentlichkeit bestimmten amtlichen Urkunde niedergelegt sind und Angelegenheiten des öffentlichen Dienstes betreffen, berechtigen nicht zur Strafklage gegen denjenigen, der sie niedergelegt hat.

**Art. 428** Niemand wird wegen Verleumdung oder Beleidigung verfolgt, außer auf Antrag des Verletzten oder der in Artikel 424 aufgezählten Personen, falls das Opfer gestorben oder körperlich oder geistig behindert ist. Der Schuldige kann von der verhängten Strafe durch Verzeihung des Anklägers enthoben werden; der Erlaß hat jedoch keine Wirkung in bezug auf die Geldstrafe, wenn diese einmal bezahlt wurde.

Die Verleumdung oder Beleidigung versteht sich als stillschweigend verziehen, wenn in der Zwischenzeit Handlungen vorgenommen worden sind, die nach Ansicht des Gerichts eine Versöhnung oder Absehen von der Klage bedeuten.

**Art. 429** Richtet sich die Verleumdung oder Beleidigung gegen die Träger öffentlicher Gewalt in ihrer Eigenschaft als solche, so können diese die Staatsanwaltschaft ersuchen, die entsprechende Klage in ihrem Namen zu erheben.*

Gleiches Recht steht dem Präsidenten der Republik und den in Chile akkreditierten Gesandten ausländischer Staaten und sonstigen Amtsträgern, die diplomatische Immunität genießen, zu, und zwar auch hinsichtlich der Verleumdungen oder Beleidigungen, die sich gegen sie in ihrer Eigenschaft als Privatpersonen richten.

**Zu Art. 426**: Nach Art. 97 Código de Procedimiento Penal (StPO) kann das Gericht bei Ehrverletzungen während des Prozesses Ordnungsmaßnahmen gemäß dem Código Orgánico de Tribunales (Gerichtsverfassungsgesetz) verhängen. Diese sind in Art. 19, 34, 90 Nr. 5, 105 Nr. 1, 530, 531, 542, 543 und 546 Código Orgánico de Tribunales geregelt.

**Zu Art. 429**: Nach Art. 20 Código de Procedimiento Penal (StPO) ist die Staatsanwaltschaft bei entsprechendem Ersuchen zur Verfolgung verpflichtet.

**Art. 430** Im Falle gegenseitiger Verleumdungen oder Beleidigungen sind folgende Regeln zu befolgen:

1. wenn die schwersten der gegenseitig zugefügten Verleumdungen oder Beleidigungen gleiche Bestrafung verdienen, so betrachtet das Gericht sie als gegeneinander aufgehoben;

2. wenn für die schwerste der von einer Partei verübten Verleumdungen oder Beleidigungen eine höhere Strafe angedroht ist als für die schwerste der von der anderen Partei verübten, so wird bei der Verhängung der Strafe dafür diese um die für jene festgesetzte vermindert.

**Art. 431** Die Verfolgung der Verleumdung oder Beleidigung verjährt in einem Jahr, gerechnet von dem Zeitpunkt, an dem das Opfer von der Ehrverletzung Kenntnis erlangte oder vernünftigerweise erlangen konnte.

Die gleiche Regelung ist im Falle des Artikels 424 zu befolgen, jedoch wird die Zeitspanne, die von dem Zeitpunkt, zu dem das Opfer von der Ehrverletzung Kenntnis erlangte oder erlangen konnte, bis zu seinem Tod verging, bei der Berechnung des Jahres, während dessen die von besagtem Artikel erfaßten Personen diese Klage erheben können, berücksichtigt.

In keinem Fall kann Klage wegen Verleumdung oder Beleidigung nach Ablauf von fünf Jahren seit der Begehung der Straftat erhoben werden.

## Titel IX

## Verbrechen und Vergehen gegen das Vermögen*

### § 1 Von der Aneignung fremder beweglicher Sachen gegen den Willen ihres Eigentümers

**Art. 432** Wer ohne den Willen des Eigentümers und mit Bereicherungsabsicht sich eine fremde bewegliche Sache unter Anwendung von Gewalt oder Einschüchterung gegen Personen oder Gewalt gegen Sachen aneignet, begeht einen Raub; fehlen Gewalt und Einschüchterung, so wird die Straftat als Diebstahl bezeichnet.

**Zu Titel IX**: Siehe die Anmerkung zu Titel VII (Art. 342 ff.). - Siehe auch Art. 18, 19 Ley Orgánica del Colegio de Abogados (Anwaltskammergesetz Nr. 4.409 vom 8.9.1928, wonach Anwälten, die wegen einer Straftat nach Titel IX des StGB verurteilt wurden, der Titel aberkannt werden kann.

## § 2 Vom Raub mit Gewalt oder Einschüchterung gegen Personen*

**Art. 433** Der eines Raubes mit Gewalt oder Einschüchterung gegen Personen Schuldige, gleichgültig, ob die Gewalt oder die Einschüchterung vor dem Raub stattfindet, um seine Ausführung zu erleichtern, während des Begehens oder nach der Begehung, um ihn zu verdecken, wird bestraft:

1. mit schwerem Zuchthaus im mittleren Grad bis zur Todesstrafe, wenn zum Zwecke oder bei Gelegenheit des Raubes zusätzlich eine Tötung, eine Vergewaltigung oder eine der in den Artikeln 395, 396 und 397 Nr. 1 enthaltenen Körperverletzungen begangen wird;

2. mit schwerem Zuchthaus im niedrigen Grad bis zu lebenslangem Zuchthaus, wenn die Opfer zur Erlangung eines Lösegeldes oder länger als einen Tag festgehalten werden oder wenn Körperverletzungen der in Artikel 397 Nr. 2 bezeichneten Art begangen werden.

**Art. 434** Wer Seeräuberei begeht, wird mit schwerem Zuchthaus im niedrigen Grad bis zur Todesstrafe bestraft.

**Art. 435** (aufgehoben)

**Art. 436** In den nicht in den vorherigen Artikeln genannten Fällen werden mit Gewalt oder Einschüchterung gegen Personen begangene Raube ungeachtet des Wertes der entwendeten Sachen mit schwerem Zuchthaus im niedrigen bis höchsten Grad bestraft.

Als Raub betrachtet und mit minder schwerem Zuchthaus im mittleren bis höchsten Grad bestraft wird die Aneignung von Geld oder anderen Gegenständen, die die Opfer bei sich tragen, wenn die Tat überraschend oder unter Vortäuschung von Raufereien an stark besuchten Plätzen oder durch sonstige Machenschaften, die darauf gerichtet sind, einen Auflauf hervorzurufen oder Verwirrung zu stiften, begangen wird.

**Art. 437** (aufgehoben)

**Zu § 2:** Beachte Art. 450 Abs. 1.

**Art. 438** Wer einen anderen, um ihn zu betrügen, durch Gewalt oder Einschüchterung zwingt, eine öffentliche oder private Urkunde, die eine in Geld abschätzbare Verpflichtung beinhaltet, zu unterschreiben, auszufertigen oder auszuhändigen, wird als des Raubes schuldig mit den jeweiligen in diesem Paragraphen vorgesehenen Strafen belegt.

**Art. 439** Für die Wirkungen des gegenwärtigen Paragraphen werden unter Gewalt oder Einschüchterung gegen Personen tätliche Mißhandlungen, Bedrohungen zum Zweck, die Aushändigung oder das Vorzeigen von Sachen zu erreichen oder den Widerstand oder das Sträuben gegen die Wegnahme zu verhindern, oder jede andere Handlung, die einschüchtern oder das Vorzeigen oder die Aushändigung erzwingen kann, verstanden. Zwang übt ebenfalls aus, wer zum Erreichen der Aushändigung oder des Vorzeigens einen gefälschten Befehl irgendeiner Behörde vorlegt oder selbst gibt, indem er sich als Justizbeamter oder öffentlicher Amtsträger ausgibt.

## § 3 Vom Raub mit Gewalt gegen Sachen

**Art. 440*** Wer sich des Raubes mit Gewalt gegen Sachen schuldig macht, der an einem bewohnten oder zur Wohnung bestimmten Ort oder in dessen Nebenräumen ausgeführt wird, wird mit minder schwerem Zuchthaus im höchsten Grad bis zu schwerem Zuchthaus im niedrigen Grad bestraft, wenn er die Straftat begeht:

1. durch Einsteigen, wobei sich versteht, daß dieses gegeben ist, wenn man auf einem nicht dafür bestimmten Weg oder durch eine Öffnung oder unter Aufbrechen von Wänden oder Dächern oder unter Erbrechen von Türen oder Fenstern hineingelangt;

2. wenn von falschen oder entwendeten echten Schlüsseln oder von Dietrichen oder ähnlichen Werkzeugen Gebrauch gemacht wird, um an den Ort des Raubes zu gelangen;

3. wenn an den Ort des Raubes eingedrungen wird, indem ein Hausbediensteter verleitet wird, oder mit Hilfe falscher Namen oder unter Vortäuschung von Amtsgewalt.

**Zu Art. 440**: Beachte Art. 450 Abs. 1. - Unter Umständen kann in den nicht erfaßten Fällen Diebstahl gemäß Art. 447 oder Diebstahl unter den strafschärfenden Umständen des Art. 12 Nr. 5, 7 oder 8 vorliegen.

**Art. 441** (aufgehoben)

**Art. 442** Der Raub an einem unbewohnten Ort wird mit minder schwerem Zuchthaus im mittleren bis höchsten Grad bestraft, wenn einer der folgenden Umstände vorliegt:

1. Einsteigen;

2. Erbrechen von Innentüren, Schränken, Truhen oder sonstigen Möbeln oder verschlossenen oder versiegelten Behältnissen;

3. Benutzung von falschen oder entwendeten echten Schlüsseln, von Dietrichen oder ähnlichen Werkzeugen, um an den Ort des Raubes zu gelangen oder die verschlossenen Möbelstücke zu öffnen.

**Art. 443** Mit der gleichen Strafe wie der im vorigen Artikel vorgesehenen wird der Raub von Sachen bestraft, die sich auf staatlichen Gütern,* die dem öffentlichen Gebrauch dienen, oder an Plätzen, die nicht zur Wohnung bestimmt sind, befinden, wenn der Täter von falschen oder entwendeten echten Schlüsseln, Dietrichen oder ähnlichen Werkzeugen Gebrauch macht, wenn er unter Erbrechen von Türen, Glasscheiben, Riegeln, Schlössern oder anderen Schutzvorrichtungen vorgeht oder Zugkraft benutzt.

**Art. 444** Als Täter eines versuchten Raubes wird vermutet, wer in ein bewohntes oder zur Wohnung bestimmtes Zimmer, Haus, Gebäude oder in deren Nebenräume durch eine Öffnung, durch Erbrechen, Einsteigen oder Benutzung eines falschen oder entwendeten echten Schlüssels oder eines Dietrichs eindringt.

**Art. 445** Wer falsche Schlüssel, Dietriche oder sonstige bekanntermaßen zur Begehung eines Raubes bestimmte Werkzeuge herstellt, vertreibt oder besitzt und keine zufriedenstellende Erklärung über deren Herstellung, Vertrieb, Erwerb oder Aufbewahrung abgibt, wird mit minder schwerem Zuchthaus im niedrigen Grad bestraft.

**Zu Art. 443**: Zu den staatlichen Gütern siehe Art. 589 ff. Código Civil (Zivilgesetzbuch).

## § 4 Vom Diebstahl*

**Art. 446*** Die Täter des Diebstahls werden bestraft:

1. mit minder schwerem Zuchthaus im mittleren bis höchsten Grad, wenn der Wert der gestohlenen Sache 40 Mindestlöhne überschreitet;

2. mit minder schwerem Zuchthaus im mittleren Grad, wenn ihr Wert 4 Mindestlöhne überschreitet, aber nicht über 40 Mindestlöhne hinausgeht;

3. mit minder schwerem Zuchthaus im niedrigen Grad, wenn der Wert der gestohlenen Sache 4 Mindestlöhne nicht übersteigt und einen halben Mindestlohn nicht unterschreitet.

Überschreitet der Wert der gestohlenen Sache 400 Mindestlöhne, so ist minder schweres Zuchthaus im höchsten Grad die Strafe.

**Art. 447** In den Fällen des vorigen Artikels kann die in ihrem Grad unmittelbar höhere Strafe verhängt werden:

1. wenn der Diebstahl von einem besoldeten Hausangestellten, Diener oder Dienstboten begangen wird, sei es im Haus, in dem er dient, oder in jenem, in das ihn sein Dienstherr oder Arbeitgeber mitgenommen hat;

2. wenn er von einem Arbeiter, Gesellen oder Lehrling im Haus, in der Werkstatt oder im Lager seines Meisters oder seines Arbeitgebers begangen wird, oder von einer Person, die regelmäßig in dem Haus arbeitet, in dem sie gestohlen hat;

3. wenn er von einem Gastwirt oder einer anderen Person, die Gäste beherbergt, an Sachen begangen wird, die diese in die Gaststätte oder Herberge eingebracht haben;

4. wenn er von einem Schiffseigner oder Kapitän, Bootsführer, Schaffner oder Laderaumaufseher einer Eisenbahn, Lagerhalter, Personenwagenführer, Frachtfuhrmann oder Tiertreiber an Sachen begangen wird, die in das Schiff, Gefährt, Lager usw. eingebracht wurden.

**Zu § 4**: Siehe auch Art. 489. - Nach Art. 168 Ley General de Servicios Eléctricos (Elektrizitätsgesetz, Decreto con Fuerza de Ley Nr. 4 vom 24.7.1959; im Anhang des Código Civil) wird gemäß Art. 446 StGB bestraft, wer elektrische Energie mittels heimlicher oder betrügerischer Leitungen entzieht. Bei Rückfall ist Art. 451 StGB anzuwenden.

**Zu Art. 446**: Siehe auch Art. 494 Nr. 19 und 496 Nr. 33.

**Art. 448** Wer eine bewegliche Sache findet, die anscheinend jemand verloren hat und deren Wert einen halben Mindestlohn überschreitet, und sie nicht der Behörde oder ihrem Eigentümer übergibt, wenn er diesen auf Grund von beim Fund vorliegenden oder nachträglichen Umständen kennt, wird als des Diebstahls schuldig angesehen und mit minder schwerem Zuchthaus im niedrigen Grad bestraft.*

Ebenfalls als des Diebstahls schuldig angesehen und mit minder schwerem Zuchthaus im niedrigen Grad bestraft wird, wer Sachen findet, die anscheinend infolge eines Schiffbruches, einer Überschwemmung, eines Brandes, Erdbebens, Eisenbahnunglücks oder einer anderen entsprechenden Ursache verloren oder aufgegeben wurden, und sie nicht den Eigentümern oder hilfsweise der Behörde übergibt.

### § 5 Gemeinsame Vorschriften zu den drei vorigen Paragraphen*

**Art. 449** In den Fällen des Raubes oder Diebstahls von Fahrzeugen, Pferden oder Sattel- oder Lasttieren, Groß- oder Kleinvieh oder Schweinen können über die Täter, Gehilfen und Begünstiger jeweils die um einen Grad höheren Strafen verhängt werden als die, die ihnen ohne den Umstand zukommen würden, daß es sich um die Entwendung von Tieren handelt.

Besteht die Strafe aus zwei oder mehr Graden, so wird die im ersten Absatz eröffnete Erhöhung vorgenommen, nachdem die Strafe bestimmt ist, die dem Täter in Ermangelung besagten Umstands zukommen würde.

Die Vorschrift des ersten Absatzes dieses Artikels wird auch in den Fällen des Artikels 448 angewendet, wenn es sich um Tiere oder Geflügel handelt, die von den vorigen Absätzen erfaßt sind.

In der in diesem Artikel anberaumten Weise wird auch bestraft, wer die Sachen, auf die er sich bezieht, zerlegt oder schlachtet, um sich lediglich Teile von ihnen anzueignen.

**Zu Art. 448**: Siehe auch Art. 494 Nr. 19.

**Zu § 5**: Siehe auch Art. 4 des Gesetzes Nr. 5.507 vom 9.11.1934. Danach wird mit minder schwerem Gefängnis im niedrigen Grad und Geldstrafe belegt, wer eine Akte oder einen Vorgang der Verwaltung oder eines Gerichtes unterschlägt, stiehlt, raubt oder zerstört.

Wer sich Federn, Haare, Mähnen, Schweife oder Borsten von fremden Tieren aneignet, indem er sie schert oder die Federn, Haare, Mähnen, Schweife oder Borsten abschneidet, wird mit minder schwerem Zuchthaus im niedrigen bis mittleren Grade bestraft.

**Art. 450** Die Straftaten, auf die sich Paragraph 2 und Artikel 440 des Paragraphen 3 dieses Titels beziehen, werden wie vollendete bestraft, sobald sie das Versuchsstadium erreichen.

Mit schwerem Zuchthaus im niedrigen bis zu schwerem Zuchthaus im höchsten Grad werden die des Raubes oder Diebstahls Schuldigen bestraft, wenn sie Waffen gebrauchen oder mit sich tragen, falls ihnen nicht eine höhere Strafe für die begangene Straftat zukommt.

Jedoch hat der bloße Umstand des Tragens von Waffen bei den Straftaten Raub oder Diebstahl nicht die Wirkung, die Strafe zu erhöhen, wenn diese nach Auffassung des Gerichts von dem Straftäter zu einem anderen Zweck als der Begehung der Straftat mitgeführt wurden.

Die Feststellung, wann der Raub oder Diebstahl mit Waffen begangen wird, erfolgt gemäß dem, was in Artikel 132 bestimmt ist.

**Art. 451** Im Fall von wiederholten Diebstählen gegen ein und dieselbe Person oder gegen verschiedene Personen im gleichen Haus legt das Gericht für die Bestimmung der Strafe den Gesamtwert der entwendeten Sachen zugrunde und verhängt sie in ihrem höchsten Grad über den Straftäter.*

Diese Vorschrift gilt unbeschadet dessen, was in Artikel 447 bestimmt ist.

**Art. 452** Dem, der nach einer Verurteilung wegen Raubes oder Diebstahls irgendeine dieser Straftaten begeht, kann das Gericht zusätzlich zu der ihm für die im Rückfall begangene Tat oder Taten zukommenden Strafe Stellung unter behördliche Aufsicht innerhalb der von Artikel 25 gezogenen Grenzen auferlegen.

**Zu Art. 451**: Vgl. auch Art. 509 Código de Procedimiento Penal (StPO); siehe hierzu die Anmerkung zu Art. 12 Nr. 15.

**Art. 453** Wenn bei einer Tat verschiedene der Umstände vorliegen, für die gemäß den vorhergehenden Paragraphen* unterschiedliche Strafen vorgesehen sind, so wird von den Umständen derjenige berücksichtigt, der in diesem Einzelfall mit der höchsten Strafe bedroht ist, wobei das Gericht diese um einen Grad erhöhen kann.

**Art. 454** Als Täter eines Raubes oder Diebstahls einer Sache wird derjenige vermutet, in dessen Besitz sich die Sache befindet, es sei denn, daß er ihren rechtmäßigen Erwerb nachweisen kann oder der Beweis seiner vorherigen tadellosen Führung eine entgegengesetzte Vermutung begründet.

Als Täter eines Raubes oder Diebstahls von Tieren wird derjenige vermutet, in dessen Besitz sich identifizierbare Teile der geraubten oder gestohlenen Sache befinden.

Das auf einem gestohlenen oder geraubten Tier angebrachte registrierte Zeichen begründet eine Eigentumsvermutung zugunsten des Inhabers des Zeichens.

Als Gehilfe des Raubes oder Diebstahls einer Sache wird derjenige bestraft, der diese kauft oder aus irgendeinem anderen Grund erlangt, selbst wenn er bereits über sie verfügt hat, sowie gleichermaßen der, der sie in seinem Besitz hat, vorausgesetzt, daß dieser oder jener ihre Herkunft kannte oder nicht umhin kam zu kennen. Das Vorliegen dieses letzteren Erfordernisses wird bezüglich desjenigen vermutet, der gewohnheitsmäßig durch den Ankauf und Verkauf von gebrauchten Sachen Handel treibt.

**Art. 455** Wenn der Wert der entwendeten Sache im Strafverfahren nicht bewiesen und auch nicht durch Sachverständige oder andere gesetzliche Mittel geschätzt werden kann, setzt das Gericht ihn vernünftig fest.

**Art. 456** Wenn der Täter vor der Strafverfolgung oder vor dem Erlaß des Haftbefehles die geraubte oder gestohlene Sache freiwillig zurückgibt und er nicht unter einen der Fälle der Artikel 433 und 434 fällt, wird die in ihrem Grad unmittelbar niedrigere Strafe als die für die Straftat anberaumte verhängt.

**Zu Art. 453**: Damit wird auf Art. 433-448 Bezug genommen, vgl. die Überschrift zu diesen Paragraphen.

**Art. 456bis** Bei den Straftaten Raub und Diebstahl sind strafschärfende Umstände die folgenden:

1. Ausführung der Straftat an Orten, die von der Polizei nicht überwacht werden, dunkel, einsam oder ohne gewöhnlichen Verkehr sind oder wegen irgendeiner anderen Bedingung die Straflosigkeit begünstigen;

2. das Opfer ist ein Kind, ein Greis, ein Behinderter oder eine Person in offensichtlich unterlegenem körperlichem Zustand;

3. der Übeltäter sind es zwei oder mehr;

4. Ausübung von Gewalt gegen Personen, die zur Verteidigung des Opfers eingreifen, sofern dies nicht eine andere Straftat darstellt;

5. zusammen mit Personen zu handeln, die gemäß Artikel 10 Nr. 1 von der strafrechtlichen Verantwortung ausgenommen sind.

Die strafschärfenden Umstände des Artikels 12 Nr. 1 und 5 finden Anwendung in den Fällen, in denen Gewalt gegen Personen ausgeübt wird.

Bei diesen Straftaten kann nicht angenommen werden, daß der strafmildernde Umstand des Artikels 11 Nr. 7 durch die bloße Rückgabe der geraubten oder gestohlenen Sachen an das Opfer vorliegt, und in jedem Fall muß der Richter die entschuldigende Wirkung des Eifers, mit dem der Täter vorgegangen ist, ins einzelne gehend abwägen.

## § 6 Von der widerrechtlichen Besitzergreifung

**Art. 457*** Wer mit Gewalt gegen Personen ein Grundstück besetzt oder sich ein dingliches Recht anmaßt, das ein anderer rechtmäßig in Eigenbesitz oder Fremdbesitz hat, sowie derjenige, der in Abwesenheit des rechtmäßigen Eigen- oder Fremdbesitzers ein Grundstück besetzt und diesen bei seiner Rückkehr zurückweist, wird außer mit den für die Gewaltanwendung verwirkten Strafen mit einer Geldstrafe in Höhe von 11 bis 20 Mindestlöhnen belegt.

Werden derartige Handlungen vom Eigentümer oder vom rechtmäßigen Eigenbesitzer gegen den begangen, der die Sache unrechtmäßig, jedoch mit einer Anscheinsberechtigung in Eigen- oder Fremdbesitz hat, so ist

**Zu Art. 457**: Zu den Besitzverhältnissen vgl. Art. 700 ff. Código Civil (Zivilgesetzbuch).

Geldstrafe in Höhe von 6 bis 10 Mindestlöhnen die Strafe, wovon die Strafen, die ihm für die Gewaltanwendung zukommen, unberührt bleiben.

**Art. 458** Wenn in den Fällen des Absatzes 1 des vorigen Artikels die Tat ohne Gewalt gegen Personen verwirklicht wird, so ist Geldstrafe in Höhe von 6 bis 10 Mindestlöhnen die Strafe.

**Art. 459** Mit minder schwerem Zuchthaus im niedrigen Grad und Geldstrafe in Höhe von 11 bis 20 Mindestlöhnen wird bestraft, wer ohne Rechtsgrund und unter Beeinträchtigung fremder Rechte:

1. Wasser aus Staudämmen, Teichen oder sonstigen Becken oder aus Flüssen, Bächen, Quellen, Becken, Kanälen oder Wasserleitungen, dem Trinkwassernetz oder dessen häuslichen Anschlüssen entnimmt und es sich aneignet, um es in irgendeiner Weise zu benutzen;

2. zum gleichen Zweck Dämme, Schleusen, Schleusentore, Uferbefestigungen oder ähnliche an Flüssen, Bächen, Quellen, Becken, Kanälen oder Wasserleitungen bestehende Werke zerstört oder verändert;

3. einen Dritten bei der Ausübung seiner Rechte an besagten Gewässern hindert;

4. sich irgendein Recht bezüglich deren Laufes anmaßt oder jemanden im rechtmäßigen Besitz derselben stört.

**Art. 460** Wenn die im vorigen Artikel aufgeführten Vergehen unter Gewaltanwendung gegen Personen begangen werden, wird der Schuldige mit minder schwerem Zuchthaus im niedrigen bis mittleren Grad und Geldstrafe in Höhe von 11 bis 20 Mindestlöhnen bestraft, falls ihm wegen der ausgeübten Gewalt keine höhere Strafe zukommt.

**Art. 461** Als der Aneignung von Gewässern Schuldiger wird mit den Strafen des Artikels 459 belegt, wer zwar zur Entnahme oder Nutzung von Wasser berechtigt ist, sich jedoch zu einem solchen Zweck der Löcher, Leitungen, Befestigungen, Schieber oder Schleusen betrügerisch in einer anderen Weise als verabredet oder in einem Umfang, der größer ist als die Menge, zu der er berechtigt ist, bedient.

**Art. 462** Wer Marksteine oder Grenzen von öffentlichen oder ,privaten Grundstücken in Bereicherungsabsicht zerstört oder versetzt, wird mit minder schwerem Zuchthaus im niedrigen Grad und Geldstrafe in Höhe von 11 bis 20 Mindestlöhnen bestraft.

## § 7 Von der Hintergehung*

**Art. 463*** (aufgehoben).

**Art. 464*** (aufgehoben).

**Art. 465*** (aufgehoben).

**Art. 466** Der nicht Handel treibende Schuldner,* der zum Nachteil seiner Gläubiger seine Vermögenswerte beiseiteschafft oder wegen Verheimlichung, Verschwendung oder böswilliger Veräußerung dieser Vermögenswerte zahlungsunfähig ist, wird mit minder schwerem Zuchthaus in einem beliebigen Grad bestraft.

Mit der gleichen Strafe wird er belegt, wenn er zum Nachteil besagter Gläubiger Scheinverträge abschließt.

**Zu § 7**: Siehe auch Art. 489; siehe ferner Art. 26 Ley General de Bancos (Bankengesetz vom 30.3.1960; im Anhang des Código de Comercio), wo Direktoren und Geschäftsführer von Firmen, die falsche Angaben über Firmenvermögen machen oder falsche oder verschleierte Bilanzen vorlegen, mit Strafe bedroht werden.

**Zu Art. 463-465**: Art. 463-465 betrafen Konkursstraftaten. Diese sind jetzt in Art. 199-205 Ley de Quiebras (Konkursordnung, Dekret Nr. 1.297 vom 23.6.1931; im Anhang des Código de Comercio) geregelt. Nach Art. 199 wird mit minder schwerem Zuchthaus oder Zwangsaufenthalt im niedrigen Grad bestraft, wer schuldhaft einen Konkurs herbeiführt. Bei betrügerischem Bankrott ist minder schweres Zuchthaus oder Verbannung im mittleren Grad die Strafe. Es schließen sich strafschärfende und Nebenstrafen betreffende Bestimmungen an sowie besondere Strafbarkeiten für Verwandte des Betroffenen, Vertreter juristischer Personen und für Konkursverwalter. Nach Art. 205 gilt für den nichtkaufmännischen Schuldner das StGB.

**Zu Art. 466**: Der Handel treibende Schuldner begeht nach Art. 190 Konkursordnung einen betrügerischen Konkurs, vgl. vorige Anmerkung.

## § 8 Betrug und andere Täuschungen*

**Art. 467*** Wer einen anderen bezüglich der Beschaffenheit, Menge oder Qualität der Sachen, die er ihm aufgrund einer Schuldverpflichtung übergibt, betrügt, wird bestraft:

1. mit minder schwerem Zuchthaus im mittleren bis höchsten Grad, wenn der Betrug den Betrag von 40 Mindestlöhnen übersteigt;

2. mit minder schwerem Zuchthaus im mittleren Grad, wenn er vier Mindestlöhne übersteigt und 40 Mindestlöhne nicht überschreitet;

3. mit minder schwerem Zuchthaus im niedrigen Grad, wenn der Wert des Betrugs vier Mindestlöhne nicht übersteigt und einen halben Mindestlohn nicht unterschreitet.

Wenn der Wert des Betrugs 400 Mindestlöhne übersteigt, findet die Strafe minder schweres Zuchthaus im höchsten Grad Anwendung.

**Zu § 8**: Siehe auch Art. 489 sowie Art. 494 Nr. 19. - Strafbestimmungen sind ferner unter anderem enthalten in Art. 27 - 30 des Gesetzes Nr. 4.097 vom 24.9.1926 sobre Contrato de Prenda Agraria (über landwirtschaftliches Pfandrecht; im Anhang des Código Civil); in Art. 33 - 37 Ley sobre Compraventa de Cosas Muebles a Plazo (Gesetz Nr. 4.702 vom 3.12.1929 über den Kauf von beweglichen Sachen zu einem Termin; im Anhang des Código de Comercio), wonach der Käufer zur Sicherheit für den Kaufpreis ein Pfandrecht an der Sache bestellen kann; in Art. 34 Ley General de Bancos (Bankengesetz, vgl. hierzu die Anmerkung zu Art. 468) sowie im Gesetz Nr. 18.223 vom 10.6.1983 que establece normas de protección al consumider (Verbraucherschutzgesetz).

**Zu Art. 467**: Art. 86 Ley de Navigación (Schiffahrtsgesetz vom 3. Juli 1878; im Anhang des Código de Comercio) verweist für den Fall, daß ein Seemann sein Handgeld oder einen Vorschuß auf seinen Vertrag erhalten hat und seinen Dienst nicht antritt, auf Art. 467 StGB.

Nach Art. 34 des Gesetzes Nr. 12.041 vom 26.6.1956 (Reservas del Cabotaje para las Naves Chilenas; im Anhang des Código de Comercio) werden Direktoren und Verwalter einer Gesellschaft, die Schiffe oder Anteile daran ohne Erlaubnis ins Ausland veräußern oder sie unter fremder Flagge fahren lassen, gemäß Art. 467 f. StGB bestraft. Art. 22 Ley sobre Cuentas Corrientes Bancarias y Cheques (Gesetz Nr. 3.777 vom 17.8.1943 über Kontokorrentgeschäfte und Schecks, geändert durch Decreto Ley Nr. 2.622 von 1979; im Anhang des Código de Comercio) und Art. 44 dieses Gesetzes in der Fassung des Art. 114 des Gesetzes Nr. 18.092 vom 14.1.1982 verweisen für bestimmte Handlungen des Ausstellers auf die Strafen des Art. 467 StGB. Dies ist auch in Art. 110 des Gesetzes Nr. 18.092 vom 14.1.1982 für betrügerische Wechselproteste der Fall.

**Art. 468*** Mit den Strafen des vorigen Artikels wird belegt, wer einen anderen betrügt, indem er einen falschen Namen benutzt, sich Macht, Einfluß oder Kreditwürdigkeit fälschlich zuschreibt, Güter, Kredit, eine Beauftragung, imaginäre Unternehmungen oder Geschäfte vorspiegelt oder sich irgendeines anderen ähnlichen Schwindels bedient.

**Art. 469*** Es werden jeweils mit dem Höchstmaß der in Artikel 467 vorgesehenen Strafen belegt:

1. die Goldschmiede und Juweliere, die Betrügereien begehen, indem sie die Qualität, den Feingehalt oder das Gewicht der Gegenstände ihres Kunstgewerbes oder ihres Handels verändern;

2. die Händler, die betrügen, indem sie falsche Gewichte oder Maße bei der Abgabe ihrer Handelsware verwenden;

3. die Beauftragten, die einen Betrug begehen, indem sie in ihren Abrechnungen die Preise oder die Vertragsbedingungen verändern, Ausgaben vortäuschen oder getätigte zu hoch angeben;

4. die Schiffskapitäne, die einen Betrug begehen, indem sie Ausgaben vortäuschen oder getätigte zu hoch angeben oder in ihren Abrechnungen irgendeinen anderen Betrug begehen;

5. diejenigen, die unter dem Vorwand von angeblichen Belohnungen für öffentliche Bedienstete einen Betrug begehen, wobei die diesen zustehende Verleumdungsklage unbeschadet bleibt;

6. der Eigentümer einer beschlagnahmten Sache oder jeder andere, der von der Beschlagnahme Kenntnis hat, der die befangenen Gegenstände betrügerisch zerstört.

**Zu Art. 468**: Siehe auch Art. 34 Ley General de Bancos (Bankengesetz vom 30.3.1960; im Anhang des Código de Comercio). Darin wird allen natürlichen und juristischen Personen untersagt, ohne gesetzliche Erlaubnis den Banken zukommende Geldgeschäfte vorzunehmen. Bei Zuwiderhandlungen, die zu einem Verlust bei dem Publikum führen, sind die Verantwortlichen als Täter eines Betruges strafbar.

**Zu Art. 469**: Siehe zu Nr. 2 auch Art. 495 Nr. 16 und 17; die gleiche Bestimmung wie in Nr. 3 findet sich auch in Art. 280 Código de Comercio (Handelsgesetzbuch) für Kommissionisten; Art. 913 Código de Comercio bezeichnet die in Nr. 4 unter Strafe gestellte Tat als Diebstahl.

**Art. 470** Die Strafen des Artikels 467 finden ebenfalls Anwendung:

1. auf die, welche zum Schaden eines anderen Geld, Wertpapiere oder irgendeine andere bewegliche Sache sich aneignen oder veruntreuen, die sie zur Verwahrung, Kommission, Verwaltung oder aus einem sonstigen Rechtsgrund erhalten haben, aus dem die Verpflichtung erwächst, diese zu übergeben oder zurückzugeben.

In bezug auf den Nachweis der Verwahrung in dem Fall des Artikels 2217 des Zivilgesetzbuches ist das in besagtem Artikel Vorgeschriebene zu beachten;*

2. auf Schiffskapitäne, die außer in den gesetzlich vorgesehenen Fällen oder ohne die erforderlichen Formalitäten die Schiffe verkaufen, den Schiffskörper mit Bodmerei belasten, Wechsel zu Lasten des Reeders ausstellen, Waren oder Vorräte veräußern oder sich den Passagieren gehörenden Proviant aneignen;*

3. auf die, die einen Betrug begehen, indem sie die Blankounterschrift eines anderen mißbrauchen und mit ihr irgendeine Urkunde zu seinem Schaden oder dem eines Dritten ausfertigen;

4. auf die, die betrügen, indem sie einen anderen durch Täuschung zum Unterschreiben einer Urkunde bringen;

5. auf die, die Betrügereien begehen, indem sie eine Gerichtsakte, ein Protokoll, eine Urkunde oder ein sonstiges Papier irgendwelcher Art ganz oder teilweise entwenden, verstecken, zerstören oder unbrauchbar machen; *

6. auf die, die unter falschen Angaben oder Verschweigen von Tatsachen, die ihnen bekannt sind, arglistig aleatorische Verträge abschließen, die solche Angaben oder Tatsachen zur Grundlage haben;*

**Zu Art. 470 Nr. 1**: Für öffentliche Bedienstete siehe Art. 235; Art. 2.217 Código Civil (Zivilgesetzbuch) enthält eine Beweisregel zugunsten des Verwahrers, falls die gesetzliche Schriftform nicht eingehalten wurde.

**Zu Art. 470 Nr. 2**: Siehe Art. 845 und 898 Código de Comercio (Handelsgesetzbuch) zu diesen gesetzlichen Befugnissen des Kapitäns. Siehe auch Art. 913 Código de Comercio, wo diese Taten als Diebstahl bezeichnet werden.

**Zu Art. 470 Nr. 5**: Siehe auch die Anmerkung zu § 5 dieses Titels (vor Art. 449).

**Zu Art. 470 Nr. 6**: Die wesentlichen aleatorischen Verträge werden in Art. 2.258 Código Civil (Zivilgesetzbuch) aufgeführt; vgl. dazu auch Art. 566 Código de Comercio (Handelsgesetzbuch).

7. auf die, die sich beim Spiel einer Täuschung bedienen, um das Glück zu sichern;

8. auf die, die betrügerisch vom Fiskus, den Gemeinden, von Versorgungskassen und -zentralen oder örtlichen Einrichtungen des Staates unzulässige Leistungen wie unberechtigte Besoldung, Vergütung, Beihilfen, Renten, Ruhegelder, Zulagen, Rückerstattungen oder Zuweisungen erhalten.

**Art. 471** Mit minder schwerem Zuchthaus oder Zwangsaufenthalt im niedrigen Grad oder Geldstrafe in Höhe von 11 bis 20 Mindestlöhnen wird bestraft:

1. der Eigentümer einer beweglichen Sache, der diese ihrem rechtmäßigen Besitzer zu dessen Schaden oder dem eines Dritten entwendet;*

2. wer zum Nachteil eines anderen ein Scheingeschäft abschließt;

3. (aufgehoben).

**Art. 472** Wer auf irgendeine Weise Werte zu einem Zinsfuß gibt, der den Höchstsatz überschreitet, den das Gesetz zu vereinbaren gestattet, wird mit minder schwerem Zuchthaus oder Gefängnis in einem beliebigen Grad bestraft.*

Wird ein Ausländer wegen Wuchers verurteilt, so wird er des Landes verwiesen. Wird ein Eingebürgerter wegen der Straftat des Wuchers im Rückfall verurteilt, so wird seine Einbürgerung widerrufen und er des Landes verwiesen.

In beiden Fällen erfolgt die Ausweisung nach der Verbüßung der Strafe.

Bei der Durchführung und Entscheidung der eingeleiteten Verfahren zur Untersuchung dieser Straftaten würdigen die Gerichte den Beweis nach freiem Ermessen.

**Zu Art. 471 Nr. 1**: Siehe auch Art. 494 Nr. 20.

**Zu Art. 472**: Siehe auch Decreto Ley Nr. 455 vom 13.5.1974, das Geldkreditgeschäfte regelt.

**Art. 473** Wer einen anderen betrügt oder schädigt, indem er irgendeine in den vorigen Artikeln dieses Paragraphen nicht genannte Täuschung anwendet, wird mit minder schwerem Zuchthaus oder Zwangsaufenthalt im niedrigen Grad und Geldstrafe in Höhe von 11 bis 20 Mindestlöhnen bestraft.*

## § 9 Von der Brandstiftung und anderen Verheerungen

**Art. 474** Wer ein Gebäude, eine Eisenbahn, ein Schiff oder irgendeine andere Räumlichkeit in Brand setzt und dadurch den Tod einer oder mehrerer Personen verursacht, deren Anwesenheit dort er voraussehen konnte, wird mit schwerem Zuchthaus im höchsten Grad bis zur Todesstrafe bestraft.

Die Strafe ist schweres Zuchthaus im höchsten Grad bis zu lebenslangem Zuchthaus, wenn durch den Brand kein Todesfall, aber die Verstümmelung eines wichtigen Körperteils oder eine der in Artikel 397 Nr. 1 enthaltenen schweren Verletzungen herbeigeführt wird.

Die Strafen dieses Artikels finden jeweils in ihrem nächstgeringeren Grad Anwendung, wenn als Folge von Explosionen, die durch Brände verursacht wurden, der Tod oder schwere Körperverletzungen von Personen herbeigeführt werden, die sich in beliebiger Entfernung zum Unglücksort befinden.*

**Art. 475** Der Brandstifter wird mit schwerem Zuchthaus im mittleren Grad bis zu lebenslangem Zuchthaus bestraft:

1. wenn die Brandstiftung an Gebäuden, einer Eisenbahn, einem Schiff oder an einem Ort begangen wird, wo sich gewöhnlich Leute aufhalten oder zu diesem Zeitpunkt eine oder mehrere Personen anwesend sind, sofern der Schuldige diesen Umstand voraussehen konnte;

2. wenn sie an mit explosiven oder brennbaren Stoffen beladenen Handelsschiffen, an Kriegsschiffen, Zeughäusern, Werften, Warenlagern,

**Zu Art. 473:** Im Dritten Buch des Strafgesetzbuches finden sich aber etliche besondere Betrugstatbestände.

**Zu Art. 474:** Siehe auch Art. 122 Ley de Navigación vom 24.6.1884 (Schiffahrtsgesetz; im Anhang des Código de Comercio), der für Fälle des Transports gefährlicher Substanzen auf Passagierschiffen auf Art. 474 f. StGB verweist.

Fabriken oder Lagern für Pulver oder sonstige explosive oder brennbare Stoffe, Artillerieparks, Geschützfabriken, Museen, Bibliotheken, Archiven, öffentlichen Ämtern oder Denkmälern oder an anderen, den aufgezählten entsprechenden Orten begangen wird.

**Art. 476** Mit schwerem Zuchthaus in einem beliebigen Grad wird bestraft:

1. wer ein zur Wohnung bestimmtes Gebäude, das augenblicklich nicht bewohnt wird, in Brand setzt;

2. wer innerhalb einer Ortschaft irgendein Gebäude oder irgendeinen Ort in Brand setzt, selbst wenn diese gewöhnlich nicht zur Wohnung bestimmt sind;

3. wer Wälder, Getreidefelder, Weiden, Gebüsch, Gehege oder Pflanzungen in Brand setzt.

**Art. 477** Das Inbrandsetzen von Gegenständen, die in den vorigen Artikeln nicht enthalten sind, wird bestraft:

1. mit minder schwerem Zuchthaus im höchsten Grad bis schwerem Zuchthaus im niedrigen Grad, wenn der einem Dritten entstandene Schaden 40 Mindestlöhne übersteigt;

2. mit minder schwerem Zuchthaus im mittleren bis höchsten Grad, wenn der verursachte Schaden vier Mindestlöhne übersteigt und über 40 Mindestlöhne nicht hinausgeht;

3. mit minder schwerem Zuchthaus im niedrigen bis mittleren Grad, wenn der verursachte Schaden vier Mindestlöhne nicht übersteigt.

**Art. 478** Falls Brandstiftung an einer Hütte, Scheune, einem unbewohnten Schuppen oder an irgendeinem anderen Gegenstand begangen wird, dessen Wert vier Mindestlöhne nicht übersteigt, zu einer Zeit und unter Umständen, die offensichtlich jede Gefahr der Ausbreitung ausschließen, so unterliegt der Schuldige nicht den in diesem Paragraphen vorgesehenen Strafen, wohl aber denen, die ihm für den verursachten Schaden gemäß den Vorschriften des folgenden Paragraphen zukommen.*

**Zu Art. 478:** Siehe Art. 484 ff. (Sachbeschädigungen).

**Art. 479** Greift das Feuer von dem Gegenstand, den der Täter zu verbrennen sich vornahm, auf einen anderen oder andere über, deren Zerstörung wegen deren Beschaffenheit oder der Folgen mit größerer Strenge bestraft werden muß, so findet die schwerere Strafe Anwendung, wenn die verbrannten Gegenstände solcherart angeordnet waren, daß das Feuer unter Berücksichtigung der Umstände des Falles von den einen auf die anderen übergreifen mußte.

**Art. 480** Mit den jeweiligen Strafen dieses Paragraphen wird belegt, wer durch Versenken oder Strandenlassen eines Schiffes, Überschwemmung, Zerstörung von Brücken, Sprengung von Bergwerken oder Dampfmaschinen und überhaupt durch Anwendung irgendwelcher sonstiger zerstörender Kräfte oder Mittel, die genauso mächtig sind wie die aufgeführten, Verheerungen bewirkt.

**Art. 481** Wer mit Sprengbomben oder Präparaten ergriffen wird, die bekanntermaßen zur Brandstiftung oder zur Verursachung irgendeiner der in diesem Paragraphen aufgeführten Verheerungen geeignet sind, wird mit minder schwerem Zuchthaus im niedrigen bis mittleren Grad bestraft, es sei denn, daß die Tat als Versuch einer bestimmten Straftat angesehen werden kann und als solcher mit einer höheren Strafe zu ahnden ist.

**Art. 482** Der der Brandstiftung oder Verheerungen Schuldige ist von der Strafbarkeit nach den vorigen Artikeln auch dann nicht befreit, wenn er zur Begehung der Straftat ihm gehörende Güter in Brand gesetzt oder zerstört hat.

Nicht bestraft wird jedoch, wer mittels Feuer rodet oder Stoppelfelder oder sonstige Gegenstände zu einer Zeit und unter Umständen anbrennt, die offensichtlich jede Ausbreitungsabsicht ausschließen, und dabei die diesbezüglich erlassenen Verordnungen beachtet.*

**Art. 483** Als verantwortlich für einen Brand wird der Kaufmann vermutet, in dessen Haus oder Geschäft er seinen Ursprung hat, sofern er nicht mit seinen Büchern, Papieren oder anderen Beweismitteln nachweisen kann, daß ihm das Unglück keinen Vorteil bringt.

**Zu Art. 482**: Die Brandrodung wird geregelt in Decreto Ley Nr. 4.363 von 1931 sowie in Decreto Ley Nr. 400 von 1974. In letzterem sind in Art. 22 weitere Strafbestimmungen zu finden. - Siehe auch Art. 495 Nr. 11.

Ebenfalls als verantwortlich für einen Brand wird der Kaufmann vermutet, dessen Versicherung zum Zeitpunkt des Unglücks übertrieben höher ist als der wirkliche Wert der versicherten Sache. In den Fällen von Versicherungen mit offener Police wird als verantwortlich der Kaufmann vermutet, der bei der dem Unglück unmittelbar vorangehenden Erklärung Werte angibt, die offensichtlich über seinen Beständen liegen.

Gleichermaßen wird seine Verantwortung vermutet, wenn er die versicherten Sachen ohne erwiesenen Grund oder vorherige Anzeige an den Versicherer vermindert oder von dem in der Police angegebenen Ort entfernt hat.

Die Vermutungen dieses Artikels hindern jedoch nicht die Beweiswürdigung nach freiem Ermessen.

**Art. 483a** Der Buchhalter oder jeder andere, der die Buchführung des Kaufmanns, der ein Unglück erleidet, fälscht oder verfälscht, wird mit der in Artikel 197 Abs. 2 vorgesehenen Strafe belegt; aber keine Verantwortung trifft den Buchhalter für die aufgenommenen Angaben über Warenbestand und Preise.

**Art. 483b** Die der Straftat der Brandstiftung verantwortlichen Kaufleute werden außerdem mit einer Geldstrafe in Höhe von 21 bis 50 Mindestlöhnen belegt, bei deren Bemessung Beschaffenheit, Ausmaß und Schwere des Unglücks sowie die wirtschaftlichen Verhältnisse des Schuldigen berücksichtigt werden.

Wird die Geldstrafe nicht bezahlt, so erleidet der Verurteilte als Ersatz und zur Erzwingung eine Gefängnisstrafe von einem Tag für jedes Fünftel eines Mindestlohnes der Geldstrafe, wobei die Gefängnisstrafe sechs Monate nicht überschreiten kann.

Die verhängte Geldstrafe wird auf ein besonderes Konto der Oberaufsichtsbehörde der Versicherungs- und Aktiengesellschaften und Handelsbörsen eingezahlt, die sie jährlich anteilsmäßig unter den verschiedenen Feuerwehreinheiten des Landes verteilt.

## § 10 Von den Sachbeschädigungen

**Art. 484** Täter einer Sachbeschädigung und den Strafen dieses Paragraphen unterworfen sind die, die an fremdem Eigentum eine Beschädigung verursachen, die in dem vorigen Paragraphen nicht enthalten ist.

**Art. 485** Mit minder schwerem Gefängnis im mittleren bis höchsten Grad wird bestraft, wer einen Schaden, dessen Höhe 40 Mindestlöhne übersteigt, verursacht:

1. in der Absicht, eine Behörde an der freien Amtsausübung zu hindern, oder aus Rache für ihre Entscheidungen, gleichgültig, ob die Straftat gegen öffentliche Bedienstete oder gegen Privatpersonen begangen wird, die als Zeugen oder auf irgendeine andere Weise an der Vollziehung oder Anwendung der Gesetze mitgewirkt haben oder mitwirken können;

2. indem er auf irgendeine Weise eine Infektion oder Ansteckung unter Haustieren oder Geflügel hervorruft;

3. unter Verwendung eines giftigen oder ätzenden Stoffes;

4. in einer Bande und an einem einsamen Ort;

5. an öffentlichen Archiven, Registern, Bibliotheken oder Museen;

6. an Brücken, Wegen, Gehwegen oder sonstigen zum öffentlichen Gebrauch bestimmten Sachen;

7. an Gräbern, Gedenktafeln, Denkmälern, Statuen, Bildern oder anderen in öffentlichen Gebäuden oder Plätzen angebrachten Kunstgegenständen;*

8. wenn der Geschädigte ruiniert wird.

**Art. 486** Wer unter einem der im vorigen Artikel aufgeführten Umstände einen Schaden verursacht, dessen Betrag vier Mindestlöhne übersteigt und 40 Mindestlöhne nicht überschreitet, wird mit minder schwerem Gefängnis im niedrigen bis mittleren Grad bestraft.

**Zu Art. 485: Nr.7:** Nach Art. 38 des Gesetzes Nr.17.288 vom 4.2.1970 sobre Monumentos Nacionales (über Nationaldenkmäler) werden die Privatpersonen, die Nationaldenkmäler oder darin oder in Museen aufbewahrte Gegenstände oder Teile davon zerstören oder beschädigen, mit den in Art. 485 und 486 StGB anberaumten Strafen belegt.

Übersteigt besagter Betrag nicht vier Mindestlöhne und unterschreitet er nicht einen halben Mindestlohn, so ist minder schweres Gefängnis im niedrigen Grad die Strafe.

**Art. 487** Die in den vorigen Artikeln nicht enthaltenen Sachbeschädigungen werden mit minder schwerem Gefängnis im niedrigen Grad oder Geldstrafe in Höhe von 11 bis 20 Mindestlöhnen bestraft.

Diese Vorschrift findet keine Anwendung auf durch Vieh verursachte Sachbeschädigungen und die sonstigen, die gemäß den Bestimmungen des Dritten Buches als Übertretungen einzustufen sind.*

**Art. 488** Für die Vorschriften des gegenwärtigen Paragraphen ist nur Raum, wenn die Tat nicht als andere Straftat angesehen werden kann, die eine höhere Bestrafung verdient.*

## § 11 Allgemeine Bestimmungen

**Art. 489** Von der strafrechtlichen Verantwortung wegen gegenseitig begangener Diebstähle, Betrügereien und Sachbeschädigungen sind ausgenommen und lediglich der zivilrechtlichen unterworfen:*

1. die ehelichen Blutsverwandten in der gesamten geraden Linie;
2. die ehelichen Blutsverwandten in der Seitenlinie bis einschließlich dem zweiten Grad;
3. die ehelichen Verschwägerten in der gesamten geraden Linie;
4. die natürlichen Eltern und Kinder;
5. die Ehegatten.

Die Ausnahme dieses Artikels findet keine Anwendung auf die Fremden, die an der Straftat teilnehmen.

**Zu Art. 487**: Siehe Art. 495 Nr. 21 und Art. 497.

**Zu Art. 488**: Siehe die Anmerkung zu Art. 334.

**Zu Art. 489**: Zu den Verwandtschaftsgraden vgl. die Anmerkung zu Art. 10 Nr. 5.

## Titel X

### Von den Fahrlässigkeitsdelikten*

**Art. 490** Wer aus tollkühner Unvorsichtigkeit eine Handlung begeht, die, läge Böswilligkeit vor, ein Verbrechen oder ein Vergehen gegen Personen darstellen würde, wird bestraft:

1. mit minder schwerem Gefängnis oder Zwangsaufenthalt im niedrigen bis mittleren Grad, wenn die Handlung ein Verbrechen wäre;

2. mit minder schwerem Gefängnis oder Zwangsaufenthalt im niedrigen Grad oder Geldstrafe in Höhe von 11 bis 20 Mindestlöhnen, wenn sie ein Vergehen wäre.

**Art. 491** Der Arzt, Chirurg, Apotheker, Aderlasser* oder die Hebamme, die bei der Ausübung ihres Berufes einer Person aus schuldhafter Nachlässigkeit einen Schaden zufügen, werden jeweils mit den Strafen des vorigen Artikels belegt.

Gleiche Strafen treffen den Eigentümer wilder Tiere, wenn diese wegen seiner schuldhaften Unachtsamkeit Personen einen Schaden zufügen.

**Art. 492** Die Strafen des Artikels 490 werden auch jeweils über denjenigen verhängt, der unter Verstoß gegen Vorschriften und aus einfacher Unvorsichtigkeit oder Nachlässigkeit eine Tat begeht oder sich eine Unterlassung zuschulden kommen läßt, die, läge Böswilligkeit vor, ein Verbrechen oder ein Vergehen gegen Personen darstellen würde.

Bei Unfällen, die innerhalb des Stadtgebietes von mechanisch betriebenen oder von Tieren gezogenen Fahrzeugen verursacht werden und die Verletzungen oder den Tod eines Fußgängers zur Folge haben, wird vorbehaltlich des Gegenbeweises die Schuld des Fahrzeugführers vermutet, wenn der Unfall an einer Straßenkreuzung oder innerhalb einer Entfernung von

**Zu Titel X**: Diese Delikte werden in der Terminologie des chilenischen StGB "cuasidelitos" genannt.

**Zu Art. 491**: Das Gesetz Nr. 3301 vom 27.9.1917 ersetzte das Wort "Aderlasser" in Art. 494 Nr. 8 und 10 durch "Zahnarzt", vergaß es aber bei Art. 491. - Siehe auch Art. 494 Nr. 10.

zehn Metern von jeder Ecke stattgefunden hat, sowie stets, wenn der Fahrzeugführer gegen die städtischen Anordnungen hinsichtlich der Geschwindigkeit oder der zu benutzenden Fahrbahnseite verstoßen hat.

Unter Kreuzung wird die durch zwei sich schneidende Straßen gebildete Fläche verstanden.

Die Schuld des Fußgängers wird vermutet, wenn sich der Unfall an einem anderen Punkt der Straße ereignet.

Die Verantwortlichen der fahrlässigen Tötung oder Körperverletzungen, die mittels mechanisch betriebener oder von Tieren gezogener Fahrzeuge begangen wurden, werden außer mit den in Artikel 490 angegebenen Strafen mit vorübergehender Aberkennung des Führerscheins, der Erlaubnis oder der Zulassung, die sie zum Führen von Fahrzeugen befähigen, für die Dauer von einem bis zu zwei Jahren bestraft, wenn die Tat bei Vorliegen von Böswilligkeit ein Verbrechen darstellen würde, und von sechs Monaten, wenn sie bei Vorliegen von Böswilligkeit ein Vergehen darstellen würde. Bei Rückfall kann der Fahrer mit lebenslanger Aberkennung der Befähigung, ein mechanisch betriebenes oder durch Tierkraft gezogenes Fahrzeug zu führen, bestraft werden, wobei der Führerschein, die Erlaubnis oder die Zulassung annulliert werden.

Der Umstand des Fliehens von dem Ort, an dem eines der Fahrlässigkeitsdelikte, auf die sich der fünfte Absatz dieses Artikels bezieht, begangen wurde, begründet eine Schuldvermutung.

**Art. 493** Die Vorschriften des gegenwärtigen Paragraphen sind nicht anzuwenden auf die Fahrlässigkeitsdelikte, die in diesem Gesetzbuch besonders unter Strafe gestellt sind.*

**Zu Art. 493**: Z.B. Art. 224 Nr. 1, 225, 234, 329, 330, 332, 333, 494 Nr. 10, 495 Nr. 21.

# DRITTES BUCH

## Titel I

## Von den Übertretungen

**Art. 494** Mit Arrest im mittleren bis höchsten Grad oder Geldstrafe in Höhe von einem bis 5 Mindestlöhnen wird bestraft:

1. wer beim Besuch einer öffentlichen Vorstellung Unruhe stiftet oder sich an ihr beteiligt;*

2. wer zu lautem Gebimmel (cencerradas) oder anderen lärmenden Veranstaltungen, die eine Person beleidigen oder die örtliche Ruhe stören, anreizt oder sie leitet;*

3. wer ohne Erlaubnis der zuständigen Behörde Waffen trägt, die durch Gesetz oder allgemeine Verordnungen verboten sind;*

4. wer einen anderen mit einer Stich- oder Feuerwaffe bedroht und wer bei einer Rauferei mit einem anderen ohne rechten Grund solche zieht;*

5. wer leichte Körperverletzungen zufügt, wobei als solche die verstanden werden, die nach Auffassung des Gerichts unter Berücksichtigung der Eigenschaft der Personen und der Umstände des Geschehens in Artikel 399 nicht enthalten sind;

6. wer mit einem Wagen oder einem Reittier unter Gefährdung von Personen in bewohnter Gegend eilt, sei es bei Nacht oder bei Tag, während es eine Menschenansammlung gibt;*

**Zu Art. 494 Nr. 1:** Siehe auch Art. 495 Nr. 2.

**Zu Art. 494 Nr. 2:** Siehe auch Art. 496 Nr. 7 und 8.

**Zu Art. 494 Nr. 3:** Siehe auch Art. 24 Ley sobre Control de Armas (Waffenkontrollgesetz Nr. 17.798 vom 21.10.1972; im Anhang des Código de Justicia Militar).

**Zu Art. 494 Nr. 4:** Siehe auch Art. 296 und 402 f.

**Zu Art. 494 Nr. 6:** Siehe auch Art. 492 und 496 Nr. 13.

7. der Apotheker, der Medikamente aufgrund eines nicht ordnungsgemäß ausgestellten Rezeptes abgibt;

8. wer gewohnheitsmäßig und nach erfolgter Mahnung ohne gesetzlichen Titel oder Erlaubnis der zuständigen Behörde den Beruf des Arztes, Chirurgen, Apothekers oder Zahnarztes ausübt;*

9. der Arzt, der an einer Person oder an einer Leiche Zeichen einer Vergiftung oder einer sonstigen schweren Straftat feststellt und dies nicht der Behörde rechtzeitig mitteilt;*

10. der Arzt, Chirurg, Apotheker, Zahnarzt oder die Hebamme, denen bei Ausübung ihres Berufes eine schuldhafte Nachlässigkeit unterläuft, ohne daß jemandem ein Schaden zugefügt wird;*

11. die gleichen in der vorigen Nummer genannten Personen, die während des ihnen von der Verwaltungsbehörde auferlegten Bereitschaftsdienstes die Dienste ihres Berufes nicht leisten;

12. der Arzt, Chirurg, Apotheker, die Hebamme oder jeder andere als Sachverständiger oder Zeuge Bestellte, der sich weigert, in den von der Prozeßordnung bestimmten Fällen und Form seinem Beruf oder Amt eigene Tätigkeiten auszuüben oder eine von der Justizbehörde verlangte Aussage zu machen; unberührt bleiben die gesetzlichen Erzwingungsmittel;*

13. wer ein verlorenes oder ausgesetztes Kind unter sieben Jahren antrifft und es nicht seiner Familie übergibt, es aufnimmt oder an einem sicheren Platz unterbringt, wobei in den zwei letzteren Fällen die Behörde zu verständigen ist;*

14. wer einen Verletzten, Mißhandelten oder in Lebensgefahr schwebenden Menschen an einem unbewohnten Ort findet und ihn nicht unterstützt oder ihm nicht hilft, wenn er dies ohne eigenen Schaden tun könnte;

**Zu Art. 494 Nr. 8:** Vgl. auch Art. 313 a und 213.

**Zu Art. 494 Nr. 9:** Die Pflicht zur Anzeige ergibt sich aus Art. 84 Nr. 5 Código de Procedimiento Penal (StPO).

**Zu Art. 494 Nr. 10:** Siehe Art. 490 f.

**Zu Art. 494 Nr. 12:** Siehe Art. 190, 227, 228 Código de Procedimiento Penal (StPO).

**Zu Art. 494 Nr. 13:** Vgl. Art. 346 ff.

15. die Eltern oder die gesetzmäßigen Vertreter, die ihre Kinder im Stich lassen, indem sie ihnen nicht die nach Stand und Möglichkeiten mögliche und erforderliche Ausbildung gewähren;*

16. wer ohne gesetzlich befugt zu sein, einen anderen mit Gewalt daran hindert, etwas vom Gesetz nicht Verbotenes zu tun, oder ihn zwingt, etwas zu tun, was er nicht will;*

17. wer gegen Verordnungen oder Verfügungen der Behörde über Aufbewahrung, Lagerung und Beförderung von brennbaren oder ätzenden Stoffen oder chemischen Erzeugnissen, die Verheerungen verursachen können, verstößt;

18. der Eigentümer wilder Tiere, der diese an einem der Öffentlichkeit zugänglichen Ort frei oder in einem Zustand hält, in dem sie Übel verursachen können;*

19. wer eine der in Artikel 189, 446, 448 Abs. 1, 467, 469 und 470 unter Strafe gestellten Taten begeht, wenn die Straftat bezüglich Werten geschieht, die einen halben Mindestlohn nicht überschreiten;

20. wer sich mit Gewalt einer seinem Schuldner gehörenden Sache bemächtigt, um durch diese Zahlung zu erhalten;*

21. wer mit Gewalt gegen Sachen einen befriedeten Ort oder entgegen einem ausdrücklichen, persönlich ausgesprochenen Verbot einen offenen Ort zum Jagen oder Fischen betritt.*

**Art. 495** Mit Arrest im niedrigen bis mittleren Grad, der in Geldstrafe in Höhe eines Viertels bis der Hälfte eines Mindestlohnes umgewandelt werden kann, wird bestraft:

**Zu Art. 494 Nr. 15**: Siehe Art. 17 und 18 Decreto con Fuerza de Ley Nr. 5.291 vom 22.11.1929 zur Grundschulpflicht und Art. 222 Código Civil.

**Zu Art. 494 Nr. 16**: Zu besonderen Nötigungsvorschriften siehe Art. 296 ff.

**Zu Art. 494 Nr. 18**: Siehe auch Art. 491 Nr. 2 und 496 Nr. 17.

**Zu Art. 494 Nr. 20**: Vgl. Art. 471 Nr. 1 StGB und Art. 2.392 Código Civil (Zivilgesetzbuch).

**Zu Art. 494 Nr. 21**: Vgl. Art. 496 Nr. 34 StGB und Art. 609, 610, 616 Código Civil (Zivilgesetzbuch).

1. wer gegen behördliche Anweisungen zur Erhaltung der öffentlichen Ordnung oder zur Vermeidung einer Störung derselben verstößt, außer wenn die Tat ein Verbrechen oder Vergehen darstellt;

2. wer durch Übertreten von Verordnungen über öffentliche Veranstaltungen eine Unruhe hervorruft;*

3. der zivile Untergebene, der den gebührenden Respekt und Gehorsam gegenüber seinen Chefs oder Vorgesetzten fehlen läßt;*

4. die Privatperson, die die gleiche Übertretung bezüglich irgendeines mit Amtsgewalt ausgestatteten Amtsträgers begeht, während dieser sein Amt ausübt, und bezüglich jeder in Würden befindlichen Person, selbst wenn diese nicht in Ausübung ihrer Funktionen ist, sofern diese bekannt ist oder sich als solche ankündigt; unberührt bleibt, daß sowohl in diesem Fall wie im vorherigen die entsprechende Strafe für das Verbrechen oder Vergehen auferlegt wird, wenn ein solches vorliegt;*

5. wer öffentlich das Schamgefühl durch unzüchtige Handlungen oder Reden verletzt;*

6. der Ehegatte, der durch seine häuslichen Zwistigkeiten Ärgernis verursacht, nachdem er durch die Behörde ermahnt wurde;

7. wer gegen die polizeilichen Bestimmungen betreffend Liebesdienerinnen verstößt;*

8. wer öffentliche Vorstellungen ohne behördliche Erlaubnis oder unter Überschreitung der ihm gewährten veranstaltet;

9. wer ohne behördliche Erlaubnis ein Geschäft eröffnet, sofern eine solche notwendig ist;

10. wer bei der Kindesaussetzung gegen die Vorschriften verstößt;*

**Zu Art. 495 Nr. 2:** Siehe auch Art. 495 Nr. 1.

**Zu Art. 495 Nr. 3:** Siehe auch Art. 263, 264.

**Zu Art. 495 Nr. 4:** Siehe Art. 263, 264.

**Zu Art. 495 Nr. 5:** Siehe auch Art. 373 ff.

**Zu Art. 495 Nr. 7:** Vgl. die Anmerkung zu Art. 367.

**Zu Art. 495 Nr. 10:** Vgl. Art. 348 Abs. 2.

11. wer gegen die erlassenen Regelungen zum Abbrennen von Wäldern, Stoppelfeldern oder sonstigen Erdgewächsen oder zur Verhinderung des Ausbreitens des Feuers bei Dampfmaschinen, Kesseln, Öfen oder ähnlichen Gegenständen verstößt;*

12. wer gegen die Vorschriften über Abholzen von Wäldern oder Baumbeständen verstößt;

13. wer gegen die Gesetze oder Verordnungen über Anlegen, Instandhaltung und Ausbesserung von öffentlichen Straßen verstößt;

14. wer an öffentlichen Wegen, Straßen, Plätzen, Jahrmärkten oder ähnlichen Versammlungsorten Verlosungen oder sonstige Biete- oder Glücksspiele veranstaltet;*

15. wer bei dem Verkauf von Lebensmitteln die Öffentlichkeit in der Qualität oder Menge um einen Wert, der ein Viertel des Mindestlohnes nicht überschreitet, betrügt, sowie wer verdorbene oder schädliche Getränke oder Lebensmittel verkauft;*

16. der Händler, der falsche Maße oder Gewichte mit sich führt, selbst wenn er damit niemanden betrogen hat;*

17. wer in seinem Geschäft ungeeichte Maße oder Gewichte verwendet;

18. der Eigentümer oder Verantwortliche von Gasthäusern, Cafés, Konditoreien oder ähnlichen zum Verkauf von Eßwaren und Getränken bestimmten Stätten, der gegen die polizeilichen Bestimmungen bezüglich der Vorratshaltung und des Gebrauchs von Behältern und sonstigen zur Bewirtung bestimmten Utensilien verstößt;

19. wer unter Verstoß gegen die behördlichen Anweisungen die Ausbesserung oder den Abriß eines baufälligen Gebäudes vernachlässigt;

20. wer gegen die Sicherheitsvorschriften betreffend Offenlassen von Brunnen oder Ausgrabungen, Lagern von Baumaterial oder Schutt oder Aufstellen von irgendwelchen anderen Gegenständen auf öffentlichen

**Zu Art. 495 Nr. 11:** Vgl. Art. 482 Abs. 2.

**Zu Art. 495 Nr. 14:** Siehe auch Art. 275 ff. und 496 Nr. 27.

**Zu Art. 495 Nr. 15:** Siehe auch Art. 315.

**Zu Art. 495 Nr. 16:** Siehe auch Art. 469 Nr. 2.

Straßen, Plätzen, Gehwegen oder im Außenbereich von Gebäuden, welche den Verkehr hindern oder den Passanten Schaden zufügen können, verstößt;

21. wer absichtlich oder aus schuldhafter Fahrlässigkeit eine Sachbeschädigung an öffentlichen Gütern oder privatem Eigentum verursacht, deren Höhe einen halben Mindestlohn nicht überschreitet;

22. wer durch Nutzung von Wasser oder Änderung seines Laufes einen Schaden verursacht, der die Höhe eines halben Mindestlohnes nicht überschreitet.*

**Art. 496** Mit Arrest im niedrigen Grad, der in Geldstrafe in Höhe von einem bis zu fünf Mindestlöhnen umgewandelt werden kann, wird bestraft:

1. wer den gebotenen Gehorsam gegenüber einer Behörde fehlen läßt, indem er unterläßt, den ihm von ihr gegebenen Einzelverfügungen nachzukommen, in all den Fällen, in denen für den Ungehorsam nicht eine höhere Strafe von diesem Gesetzbuch oder besonderen Gesetzen vorgesehen ist;*

2. wer die von der Behörde im Falle eines Brandes, einer Überschwemmung, eines Schiffsbruches oder eines sonstigen Unglücksfalles geforderte Hilfe ohne großen eigenen Schaden leisten könnte, sie aber verweigert;

3. (aufgehoben);

4. wer einen Todesfall entgegen dem Gesetz oder den Verordnungen nicht mitteilt;

5. wer seinen wahren Vornamen und Namen der Behörde oder der Person, die ein Recht hat, dessen Angabe zu fordern, verbirgt, diese anzugeben sich weigert oder einen falschen Wohnsitz angibt;*

6. wer gegen die polizeilichen Vorschriften zur Sicherstellung der Versorgung der Dörfer verstößt;

**Zu Art. 495 Nr. 22:** Siehe auch Art. 459 ff.

**Zu Art. 496 Nr. 1:** Siehe auch Art. 555 Código de Procedimiento Penal (StPO).

**Zu Art. 496 Nr. 5:** Siehe die Anmerkung zu Titel VI, § 13 des Zweiten Buches (Art. 305 ff.).

7. wer durch Ständchen oder sonstige nächtliche Vergnügungen unter Ungehorsam gegenüber der Behörde die öffentliche Ruhe beeinträchtigt;

8. wer sich an lautem Gebimmel oder anderen eine Person beleidigenden Veranstaltungen beteiligt und nicht von Artikel 494 Nr. 2 erfaßt ist;

9. wer beim Baden die behördlichen Anstands- oder Sicherheitsbestimmungen übertritt;*

10. wer ohne Waffen in der Öffentlichkeit an einer Rauferei teilnimmt, ausgenommen im Fall der gerechtfertigten eigenen Verteidigung oder der eines Dritten;*

11. wer durch Wort oder Tat einen anderen nicht schriftlich und öffentlich in leichter Weise beleidigt;*

12. wer innerhalb von Ortschaften und entgegen den Vorschriften Schußwaffen, Raketen, Feuerwerkskörper oder andere Geschosse abfeuert;

13. wer mit einem Wagen oder einem Reittier innerhalb einer Ortschaft eilt, sofern dies nicht von Artikel 494 Nr. 6 erfaßt wird;

14. wer gegen die Vorschriften bezüglich öffentlicher oder privater Fahrzeuge verstößt;

15. wer gegen die polizeilichen Anordnungen betreffend Wirtschaften, Gasthäuser, Schenken und anderer öffentliche Stätten verstößt;

16. wer mit der Aufsicht eines Geisteskranken oder Schwachsinnigen beauftragt ist und ihn ohne die gebotenen Sicherheitsmaßnahmen an öffentlichen Orten umherlaufen läßt;

17. der Eigentümer schädlicher Tiere, der diese in einer Ortschaft frei oder in einem Zustand hält, in dem sie Übel verursachen können;*

18. wer durch seine Trunkenheit einen Dritten öffentlich belästigt;*

**Zu Art. 496 Nr. 9:** Siehe auch Art. 495 Nr. 5.

**Zu Art. 495 Nr. 10:** Siehe auch Art. 394 Nr. 4 und 403 f.

**Zu Art. 496 Nr. 11:** Siehe auch Art. 419.

**Zu Art. 496 Nr. 17:** Siehe auch Art. 495 Nr. 12.

**Zu Art. 496 Nr. 18:** Vgl. Titel I des Zweiten Buches des Ley sobre Alcoholes y Bebidas Alcohólicas (Gesetz Nr. 17.105 vom 14.4.1969 über Alkohol und alkoholische Getränke; im Anhang des StGB), wo weitere Strafvorschriften für Trunkenheit zu finden sind.

19. wer tote Tiere an verbotenen Stellen oder unter Übertretung der polizeilichen Anordnungen wegwirft;

20. wer bei der Herstellung von stinkenden oder gesundheitsschädlichen Erzeugnissen gegen die polizeilichen Anordnungen verstößt oder solche auf öffentlichen Straßen, Plätzen oder Promenaden wegwirft;

21. wer Schutt oder spitze oder schneidende Gegenstände an öffentlichen Orten entgegen den polizeilichen Anordnungen wegwirft;

22. wer den Müll oder Abfall, den er in seiner Wohnung hat, nicht der Müllabfuhr übergibt;

23. wer in die Kanäle von Ortschaften Gegenstände wirft, die den freien und leichten Ablauf des Wassers hindern und dadurch eine Überschwemmung herbeiführen können;

24. wer auf Balkonen, Fenstern, Altanen oder anderen äußeren Stellen seines Hauses Blumentöpfe oder andere Gegenstände unter Verstoß gegen die polizeilichen Anordnungen anbringt;

25. wer von Balkonen, Fenstern oder irgendeiner anderen Stelle Wasser oder Gegenstände auf die Straße wirft, die Schaden verursachen können;

26. wer Steine oder andere Wurfgegenstände auf öffentlichen Plätzen unter Gefährdung der Passanten wirft oder dies auf Häuser oder Gebäude tut, wobei dieselben beschädigt oder Personen gefährdet werden;

27. wer gegen die Vorschriften über Spiele oder Vergnügungen innerhalb einer Ortschaft verstößt;*

28. wer bepflanzte oder angesäte Grundstücke mit Wagen, Reittieren oder schädlichen Tieren betritt;*

29. wer unter Verstoß gegen die Vorschriften Schornsteine oder Öfen baut oder deren Reinigung oder Wartung unterläßt;

30. wer unter Nutzung von Feuer Ballone ohne behördliche Erlaubnis aufsteigen läßt;

**Zu Art. 496 Nr. 27:** Siehe auch Art. 495 Nr. 14.

**Zu Art. 496 Nr. 28:** Siehe auch Art. 497.

31. wer in gutem Glauben falsches oder verringertes Geld oder falsche Wertpapiere in Empfang genommen hat und nach erkannter Fälschung oder Verringerung in Verkehr bringt, sofern der Wert einen halben Mindestlohn nicht überschreitet;*

32. wer mit Gewinnabsicht Träume auslegt, Voraussagen oder Wahrsagereien macht oder auf ähnliche Weise die Leichtgläubigkeit ausnutzt;

33. wer ein fremdes Grundstück betritt, um dort Früchte zum sofortigen Verzehr zu pflücken;

34. wer ohne Gewalt einen verbotenen oder befriedeten Ort betritt, um dort zu fischen oder zu jagen;*

35. wer sich grausamer oder übermäßig mißhandelnder Taten gegen Tiere schuldig macht;

36. wer gegen die Verordnungen über Jagd und Fischerei hinsichtlich der Art und der Zeit, diese auszuüben oder die Beute zu verkaufen, verstößt;

37. die Unternehmer der öffentlichen Straßenbeleuchtung, die gegen die für diesen Dienst aufgestellten Anordnungen verstoßen, und die Privatleute, die gegen die besagten Anordnungen verstoßen;

38. wer unbefugt die öffentliche Beleuchtung, die äußere von Gebäuden oder die von Vorhallen, Theatern oder anderen Schau- oder Versammlungsorten oder deren Aufgängen löscht.

**Art. 497** Der Eigentümer von Vieh, das in ein fremdes, befriedetes Grundstück eindringt und Schaden verursacht, wird für je ein Tier mit Geldstrafe belegt:

1. von einem Viertel bis zur Hälfte eines Mindestlohnes, wenn es sich um Rindvieh, Pferde, Maultiere oder Esel handelt;

2. von einem Zehntel bis zu einem Viertel eines Mindestlohnes, wenn es sich um Woll-Tiere oder Ziegen handelt und das Grundstück mit Bäumen bewachsen ist;

**Zu Art. 496 Nr. 31**: Siehe auch Art. 170, 178.

**Zu Art. 496 Nr. 34**: Siehe auch Art. 494 Nr. 21.

3. von der Höhe des verursachten Schadens bis zu einem Drittel mehr, wenn es sich um eine andere, nicht in den vorigen Nummern enthaltene Art handelt.

Gleiches gilt, wenn es sich bei dem Vieh um Woll-Tiere oder Ziegen handelt und das Grundstück nicht mit Bäumen bewachsen ist.

## Titel II

## Gemeinsame Bestimmungen zu den Übertretungen

**Art. 498** Die Gehilfen bei Übertretungen werden mit einer Strafe belegt, die die Hälfte derjenigen nicht überschreitet, die den Tätern zukommt.

**Art. 499** Dem Verfall unterliegen:

1. die Waffen, die der Täter bei der Schadens- oder Unrechtszufügung getragen hat, sofern er sie gezeigt hat;

2. die verfälschten und gesundheitsschädlichen Getränke oder Eßwaren;

3. die verfälschten, veränderten oder schadhaften Gegenstände, die als echte oder gute ausgegeben werden;

4. die Eßwaren, mit welchen die Öffentlichkeit in Qualität oder Menge betrogen wird;

5. die falschen Maße oder Gewichte;

6. die zum Spiel oder zu einer Verlosung dienenden Sachen;

7. die Gegenstände, die zur Wahrsagerei oder anderen ähnlichen Schwindeleien verwendet werden.

**Art. 500** Den Verfall der Tatwerkzeuge und der Gegenstände der Übertretung, die im vorigen Artikel genannt sind, verfügt das Gericht nach seinem verständigen Ermessen entsprechend den Fällen und Umständen.

**Art. 501** In den Bestimmungen der Stadtbehörden sowie in den künftig erlassenen allgemeinen und speziellen Verordnungen der Verwaltungsbehörden werden keine höheren Strafen angedroht als die in diesem Buch vorgesehenen, selbst wenn diese aufgrund von Regierungsbefugnissen zu verhängen sind, sofern nicht in besonderen Gesetzen ein anderes bestimmt ist.

## Schlußtitel

## Vom Inkrafttreten dieses Gesetzes

**Schlußartikel** Das vorliegende Gesetzbuch tritt am 1. März des Jahres 1875 in Kraft, und mit diesem Datum werden die Gesetze und sonstigen bisherigen Vorschriften über alle hierin geregelten Materien aufgehoben.

Und wie ich, nach Anhörung des Staatsrates, befunden habe, es gutzuheißen und zu bestätigen, so wird es in seiner Gesamtheit als Gesetz der Republik verkündet und zur Wirkung kommen.

FEDERICO ERRAZURIZ - José María Barceló

FSC
www.fsc.org
MIX
Papier | Fördert gute Waldnutzung
FSC® C083411

Kolibri 360 GmbH
Ferdinand-Jühlke-Straße 7
99095 Erfurt, Deutschland
produktsicherheit@kolibri360.de